长史短说

中国历史通识

桑宜川 主编

台海出版社

目录

穿梭于历史里的文化瑰宝

神秘遥远的夏商
与礼乐兴盛的西周

约公元前 2070 年—公元前 771 年

诸侯崛起的春秋

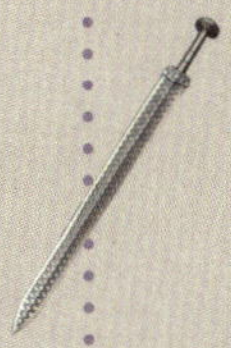

公元前 770 年—公元前 476 年

公元前 770 年—公元前 476 年

七雄逐鹿的战国

公元前 475 年—公元前 221 年

公元前 475 年—公元前 221 年

首个大一统的秦朝

公元前 221 年—公元前 207 年

开疆拓土的西汉

公元前 202 年—公元 8 年

戚宦相争的东汉

公元 25 年—公元 220 年

公元 25 年—公元 220 年

纷乱动荡的三国两晋南北朝

公元 220 年—公元 589 年

公元 220 年—公元 589 年

繁荣开放的隋唐

公元 581 年—公元 907 年

公元 581 年—公元 907 年

民族并立的宋辽夏金

公元 907 年—公元 1279 年

公元 907 年—公元 1279 年

骑在马背上的元朝

公元 1271 年—公元 1368 年

公元 1271 年—公元 1368 年

高度君主专制的明朝

公元 1368 年—公元 1644 年

公元 1368 年—公元 1644 年

遭逢大变局的清朝

公元 1636 年—公元 1912 年

307 / 时代文化

穿梭于历史里的文化瑰宝

镶嵌绿松石兽面铜牌饰

镶嵌绿松石兽面铜牌饰，夏代器物。1984 年出土于河南洛阳市偃师区二里头遗址，现藏于洛阳博物馆。与其形制相近的铜牌饰共三件。该铜牌饰长 16.5 厘米，宽 8—12 厘米，主体框衬由青铜铸就，饰以兽面纹，数百片绿松石镶嵌其上，做工精美，体现了成熟的镶嵌工艺。兽面的球形眼珠具有视觉压迫感，幽绿的光泽氤氲着神秘的气息。有关专家推测，该器物的主要功用是“布道设教，沟通天地，宣扬教化”。夏商周已形成礼仪制度，当时的人把世界分成天、地、神、人等不同层次，而不同层次间的沟通需要借助某些动物尤其是猛兽的力量，兽面图案正是重要的沟通载体。

后母戊鼎

后母戊鼎，商代，出土于河南安阳，是已知中国最重的青铜器。早期叫“司母戊鼎”，后来通过对器身上铭文的新的考释，改为“后母戊鼎”。鼎身有盘龙纹和饕餮纹，盘龙环绕，显示威严。饕餮是吃各种食物的神兽，表示吉祥、丰年足食。后母戊鼎是中国青铜文明的重要体现。

晋侯鸟尊

晋侯鸟尊，西周祭祀器物，出土于山西省临汾市曲沃县和翼城县交界处——曲村晋文化遗址中的晋侯墓。整个鸟尊主体造型为凤鸟回眸，在凤鸟的背上，有一只小鸟与之相对。整体鸟尊丰满，两翼上卷，凤尾下设有一象首，其中象鼻向下内卷。羽片纹遍及全身，部分云纹、雷纹布置其中。鸟是西周时期晋国的图腾，是连接人与天神的神物。此晋侯鸟尊现藏于山西博物院，是博物院的镇院之宝。

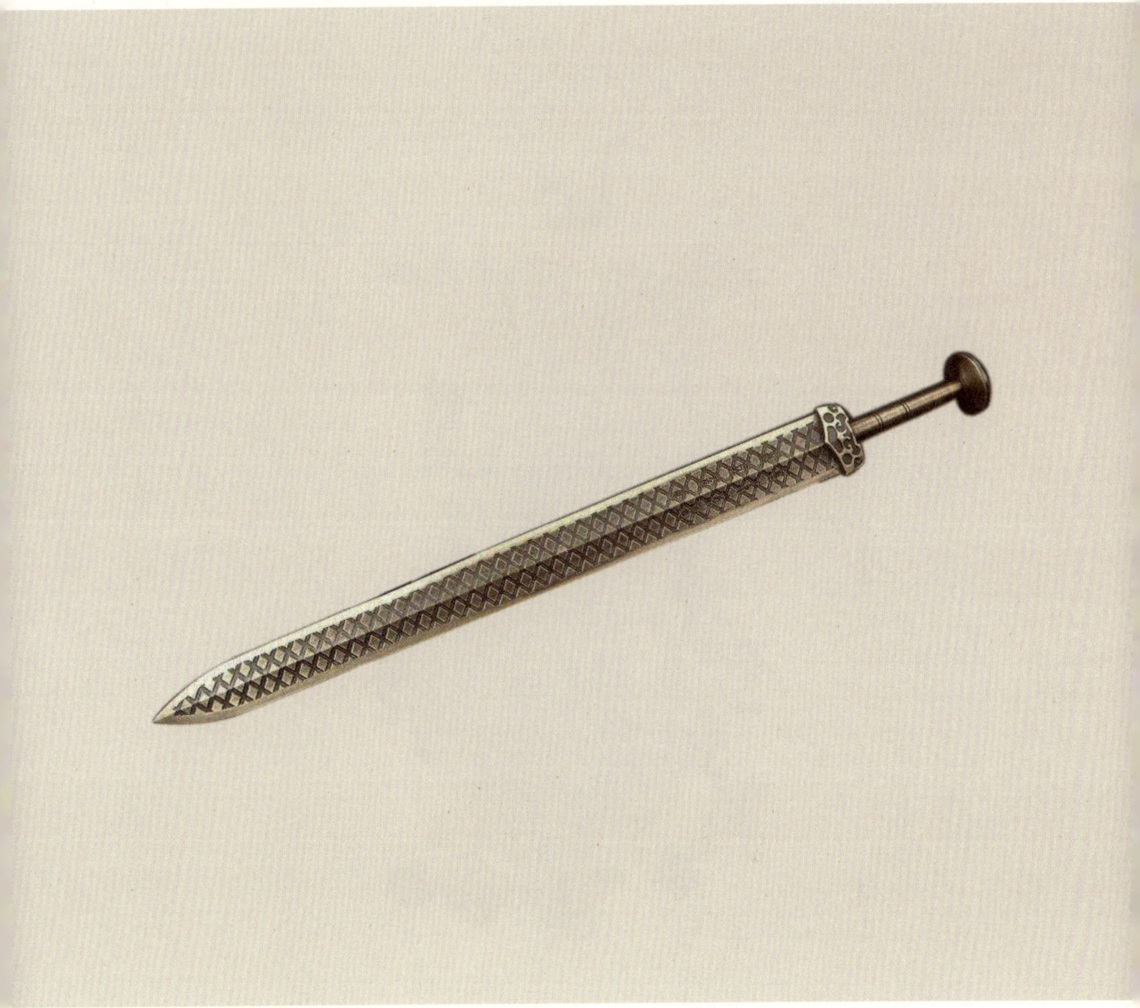

越王勾践剑

越王勾践剑，春秋晚期，出土于湖北省荆州市江陵县。剑长 55.7 厘米，剑首外翻卷成圆箍形，内铸有间隔直径只有 0.2 毫米的 11 道同心圆，剑身上布满了规则的黑色菱形暗格花纹，剑身中靠近剑首的位置铸有八字铭文，即“越王鸠浅自作用剑”。此剑造型精美，锋刃锐利，历经千年仍未生锈，体现了当时短兵器制造的最高水平，被誉为“天下第一剑”。

莲鹤方壶

莲鹤方壶，春秋时期，盛酒器或盛水器。1923 年出土于河南新郑李家楼郑公大墓，一共两件，分别收藏于故宫博物院和河南博物院。一件高 125.7 厘米，另一件高 126.5 厘米，均重 64.28 千克。造型整体方形，底部两条卷尾兽支撑整壶，壶身装饰传统花纹和蟠龙纹，壶体四面各有一只神兽，壶身上的龙、兽做向上攀爬状，壶盖为莲花瓣的形状，向四面张开，莲瓣中央有一只昂首振翅、眺望远方的仙鹤。铸造采用了圆雕、浅浮雕、细刻、焊接等多种技法，是春秋时期青铜工艺的典范之作。

牛虎铜案

牛虎铜案，战国时代古滇的案祭礼器，1972 年在江川县李家山出土。造型为两牛一虎，以一只大牛为主体，尾部有一老虎反扑，大牛腹部立一小牛，大牛四角为案足，整体造型寓意大牛牺牲自己保护小牛。牛牲为祭祀“三牲”之首位，而虎在滇文化中有崇高地位，常立于滇人祭祀的铜柱顶端，为崇拜之对象。整体来看，牛虎铜案在力学和美学上都达到了极高水平，具有浓郁的地方特点和民族风格，是中国青铜艺术品的杰作。

战国水晶杯

水晶杯，战国时期，1990 年出土于杭州市半山镇石塘村。通高 15.4 厘米，由一整块水晶打磨而成，是中国早期出土的水晶制品中器形最大的。运用了弧面打磨和抛光工艺，水晶材质的纯度非常高，杯身通体透明素净，无纹饰，整体略显琥珀色。造型奇特，酷似现代玻璃杯，是无与伦比的珍品，也是杭州博物馆“镇馆之宝”。

秦始皇兵马俑

秦始皇兵马俑，秦代，兵马形制的陪葬品，位于陕西省西安市临潼区秦始皇陵以东 1.5 公里处的兵马俑坑内。第一批中国世界遗产，被誉为“世界第八大奇迹”。兵马俑揭示了过去的人殉制度，秦国正式废止人殉制度，以“俑”陪葬来代替人殉。兵马俑有士俑、军吏俑、车马俑和鞍马俑。制作方法主要是陶冶烧制，进行彩绘。秦始皇兵马俑是“人类古代精神文明的瑰宝”。

秦量

秦量，秦代，是为统一全国量制而由官府颁发的标准量器。秦量的材质多为铜质和陶质，铜量有方升和椭量，陶量则多为圆桶形。秦量外壁大都带秦始皇二十六年（公元前 221 年）所颁发的统一度量衡的诏书，有的还带秦二世所颁袭用旧制的诏书，说明当时确向全国推行统一的量制。

素纱禅衣

素纱禅衣，西汉，1972 年出土于湖南长沙马王堆一号汉墓。素纱是秦汉时期做夏服和衬衣的一种非常流行的衣料。此件素纱禅衣为精缫的蚕丝织造，以素纱为面料，透明无色，无衬里，单经单纬丝交织的方孔平纹而成。整件衣物重 49 克。西汉直裾素纱禅衣是世界上现存年代最早、保存最完整、制作工艺最精、最轻薄的一件衣服，在中国古代丝织史、服饰史和科技发展史上有着极为重要的地位。

西汉金兽

西汉金兽，1982 年出土于江苏省盱眙县。金兽为豹形，蜷缩状，头枕于前腿之上，身短而粗壮，头大，附耳瞪目，颈部戴项圈，底座空凹，内壁刻有小篆“黄六”二字，为秦汉文字。西汉金兽是中国考古发现的金器中最重的一件，重达 9100 克，含金量达 99%。金兽全身布满大小一致不规则的圆形斑纹，是整体铸成之后，特意用工具捶击上去的，是古代金属铸造工艺和金器捶击工艺这两种技法完美结合的产物。

马踏飞燕

铜奔马，东汉，1969 年出土于甘肃省武威市雷台汉墓。铜奔马通高 34.5 厘米，重达 7.3 千克，造型昂首嘶鸣，右后蹄踏一只飞燕，其余三蹄作凌空奔腾状，整体十分灵动，彰显勇往直前的豪情壮志。铜奔马是用分范合铸的方式铸造而成，铸造工艺在当时非常先进。1983 年，铜奔马被国家旅游局确定为中国旅游标志，现珍藏于甘肃省博物馆，是国宝级文物。

击鼓说唱陶俑

击鼓说唱陶俑，东汉明器，1957 年出土于四川省成都市天回山东汉崖墓。昆俑是中国古代表演滑稽戏的俳优造型，通高 56 厘米，身上原有彩绘，现已脱落，泥质为灰陶。整体造型憨态可掬，形象生动，神态活泼，人物头扎巾帻，袒腹赤足，左臂环抱一扁鼓，右手举槌欲击，富有浓厚民间气息和地方风貌。它的发现说明在东汉时期，说唱艺术已经流传到民间。它被称为“汉代第一俑”，属国家一级文物。

三国青铜马

青铜马，三国文物，2008 年出土于湖北省襄阳市樊城区菜越三国墓。马呈现站立式，做引颈嘶鸣状，前肢微微外张，后肢直立，马尾下垂。青铜马通高 163 厘米，重约 2 吨，全身灰绿色，是国内出土的体型最大的青铜马，堪称“中华第一青铜马”。

青釉神尊兽

青釉神尊兽，西晋陶瓷器，1976 年出土于江苏宜兴周处家族墓，通高 27.9 厘米，胎质呈现棕色，造型略微呈现梨式。整个器物外部雕有神兽，瓶口处塑出头部，形象威严，面目狰狞，双目突出，器物腹部位置即为神兽腹部，器耳即为兽耳，四肢紧贴前胸及下腹，全身刻满纹饰，器底外部刻有“东州”二字。西晋青釉神兽尊显示了高超的雕塑技艺和丰富的想象力。

隋代金项链

隋代金项链，1957 年出土于陕西省西安市李静训墓。项链长 43 厘米，重 91.25 克。由 28 个金质球形链珠组成，每个球珠上都嵌有珍珠 10 颗，以多股金丝编织的索链连接，项链上端为圆形深蓝色垂珠，项链下端居中为大圆金饰，镶嵌鸡血石。鸡血石周边嵌有 24 颗珍珠，左右各有方形、圆形金饰。鸡血石下挂一水滴形青金石。整串项链制作精美，是不可多得的艺术精品。

舞马衔杯银壶

舞马衔杯银壶，唐代银器，1970 年出土于陕西省西安市南郊何家村。通高 14.4 厘米，壶的造型是北方游牧民族皮囊的形状，扁圆形壶身，上面有覆莲瓣式的壶盖，盖上还系有一条 14 厘米长的麦穗式银链，壶底与圈足相接处有“同心结”图案。壶中的主要造型在壶腹部位置，图案为一只骏马，马口衔酒杯，马尾上扬，以模压手法使图像凸起，整个图案动感十足。舞马衔杯银壶整体焊接，但几乎看不出焊接痕迹，是盛唐时期工艺品的典型代表。

官窑粉青釉弦纹瓶

官窑粉青釉弦纹瓶，宋代，通高 33.6 厘米。长颈圆腹，高圈足，圈足两侧有长方形扁口可供穿带。通体施粉青釉，釉层肥厚，釉面满布开片纹，纵横交错。此瓶瓶面素净，配以简单的弦纹作为装饰，釉色粉青，整体给人以深沉的玉质美感，是宋代官窑瓷器的代表作品。

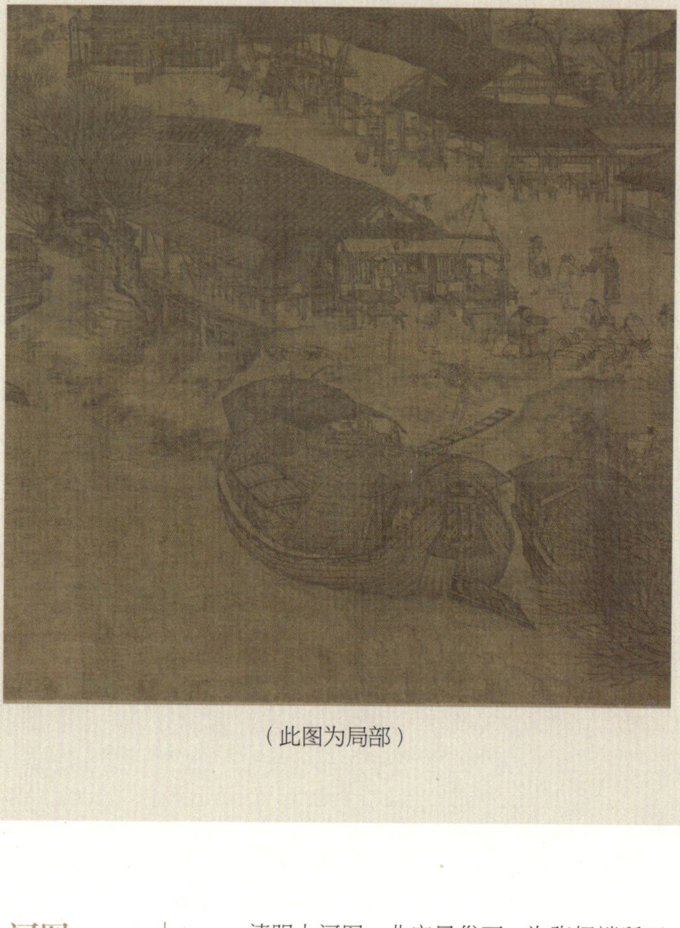

（此图为局部）

清明上河图

清明上河图，北宋风俗画，为张择端所画。此画宽24.8 厘米，长 528.7 厘米。全卷画面内容丰富，再现了北宋全盛时期都城汴京的生活风貌。图中大至原野、商廊，小至人物、摊铺，还有大量的房屋、桥梁、城楼，整个画面长而不冗，繁而不乱，严密紧凑，如一气呵成。作者用传统的手卷形式，采取“散点透视法”作画。整个作品具有很高的历史价值和艺术价值，属于国宝级文物。

元青花四爱图梅瓶

青花四爱图梅瓶，元代，2006 年出土于湖北钟祥郢靖王墓。瓶高 38.7 厘米，整体以“凤穿牡丹”和“四爱图”为主题纹饰。瓶身所饰“四爱图”内容分别是《王羲之爱兰图》《陶渊明爱菊图》《周敦颐爱莲图》《林和靖爱梅鹤图》。元青花四爱梅瓶是一种釉下彩，青花料绘制在白色的素胎上，再上一层透明釉，经烧制而成，整体胎质厚重，是罕见的元青花精品，为国家一级文物。

青花萧何月下追韩信图梅瓶

青花萧何月下追韩信图梅瓶，元代瓷器，1950 年出土于南京市江宁区将军山沐英墓，现藏于南京市博物馆。梅瓶由景德镇烧制，通高 44.1 厘米。整体造型为小口，短颈，平肩平底，上部粗圆，肩部以下收敛。腹部绘制“萧何月下追韩信”的历史故事，以松、竹、梅、芭蕉、山石为背景。在绘画技法上，此瓶采用了点染技法。梅瓶胎质洁白细密，青花呈色稳定，展现出一个时代最高的制瓷工艺文化水平。

明孝端皇后九龙九凤冠

孝端皇后九龙九凤冠，明代，1957 年出土于北京明定陵地宫。此冠通高 48.5 厘米，由九龙九凤组成，帽顶前端有九条金龙，口衔珠滴，其下有八凤，帽后部有一凤。凤冠的帽胎由漆竹扎成，面料以丝帛制成。整个凤冠的编制过程工艺复杂，采用了花丝、点翠、镶嵌等方法。全冠一共使用了珍珠 4414 颗，红宝石 115 块，加之龙象征威严权力，凤凰号称百鸟之尊，充分彰显了佩戴者身份的尊贵。

明代金镶红蓝宝石冠

金镶红蓝宝石冠，明代，于 1963 年出土于云南呈贡王家营沐氏家族墓之沐崧夫妇合葬墓。石冠呈半球形，由形似莲花瓣的薄金片，内外四层累叠而成。冠面镶有红、蓝、绿、白等各色宝石 50 多粒。冠两侧有小孔，需要用金簪插入冠内发髻中固定冠身。该冠采用多种工艺技法，如锤揲、錾刻、镂空、镶嵌、焊接等，体现了明代金器制作高超的技艺水平，彰显出明代王侯之物的雍容华贵之风。

翠玉白菜

翠玉白菜，清宫里的陈设器，由翠玉雕琢出来的白菜形状，长 18.7 厘米。原置于紫禁城的永和宫（永和宫为光绪皇帝妃子瑾妃的寝宫），现藏于台北故宫博物院。翠玉白菜有着洁白的菜身，翠绿的叶子，菜叶上还停留着两只昆虫，分别是螽斯和蝗虫，昆虫象征多产，寓意着子孙众多。无论是自然色泽、人为形制，还是象征意念，三者搭配，成就出一件不可多得的珍品。

金瓯永固杯

金瓯永固杯，清代，原属清宫旧藏。高 12.5 厘米，杯金质，外形像鼎，圆形，直口。杯口处有回纹一周，一面中部錾篆书“金瓯永固”，一面錾“乾隆年制”四字款。杯身遍布珠宝，以红蓝色宝石居多。金质雕花，珠宝镶嵌其中间位置。杯身两侧各有一变形龙耳，龙头上有珠。整杯由三足支撑，三足为象首式，额顶及双目间嵌有珠宝。金瓯永固杯是清宫内不多见的皇帝专用饮酒器。

神秘遥远的夏商与礼乐兴盛的西周

约公元前 2070 年—公元前 771 年

历史故事

夏

大禹治水

帝舜在位时，曾让禹的父亲鲧治理大水，但是因为鲧治水毫无成绩，最终被舜处死。禹很伤心，但他也明白，只要洪水横行，百姓就处于痛苦的深渊中，治水无效对百姓造成了巨大的损失。帝舜命令禹接替鲧的职位，继续治理洪水。禹此时刚新婚不久，但深明大义的禹背起行装，踏上了治水之路。传说禹治水历时 8 至 13 年，曾三过家门而不入。禹在外面治水时，他的儿子启出生了。但禹却无法照看，他也因为治水而长期劳累，同时还做了行政区域划分工作，导致身体枯瘦如柴，如此伟大的禹，被后人称颂为“大禹”，意为“伟大的禹”。由于禹治水有功，舜让位于禹。

夏启即位

禹晚年的时候，各部落首领一致推举伯益为继承人，但禹却暗中扶植自己的儿子启。禹死后，启凭借权势杀死了继承人伯益，夺取了天下，建立了中国第一个奴隶制国家——夏朝。夏启即位之后，“禅让制”被破坏，取而代之的是“父传子”“家天下”的世袭制。这一制度在中国实行了近四千年，直到 1912 年清王朝被推翻为止。

夏先后建都安邑（今山西夏县北）、阳翟（今河南禹县）、洛阳等地。

进攻有扈氏

禹的儿子启用军事暴力的手段，屠杀了禹的接班人伯益，夺得了帝位。这一举动引起了许多部落的反对，其中以有扈氏的反对最为激烈。有扈氏是与夏启同为姒姓的氏族部落。为了争取更多的土地和财富，有扈氏曾经和华夏部落联盟有过战争。传说禹曾经三次征战有扈氏，但均以失败告终。后来禹以“修教”的方式，即“教育感化”才使得有扈氏归顺。夏启杀伯益夺得帝位，有扈氏认为这是违背道义的，便公开反对启。而启也决心动用军队，攻打有扈氏。启率领大军，进行誓师大会，进而进攻有扈氏，双方均伤亡惨重。于是夏启收兵返回。夏启开始修身治国，一年后再次对有扈氏进攻，终于将有扈氏剿灭。

太康失国

夏帝启死后，由他的长子太康继位。但是太康整日游山玩水，对朝政、国事根本不管，也不关心百姓的生活。据史书记载太康“盘于游田，不恤民心”，所以是个十分昏庸的帝王。有一次，他打猎渡过洛水，越玩越有兴致，一直玩了一百多天还不想返回都城。而此时夏王朝东北部有一个叫有穷的方国，首领后羿是尧时期以善射箭技术著称的英雄羿的后代。他一直对夺取夏王朝有野心。在禹和启执政期间，他不敢轻举妄动。现在听说太康整日游玩，不问政事，并且已经出游许久，于是便率领军队，沿黄河而下，进攻夏都，并以重兵把守洛水北岸，阻止太康返都。太康得知后，便迅速回都。但后羿军队把守严格，而且太康向各地诸侯求助也无人相助，万般无奈之下，他只好向东流浪，过了数年的穷困生活，最终病死。

少康中兴

后羿执政期间，不修民事，寒浞趁机杀死后羿，夺取大权。在这期间，太康的孙子少康长大后，在有虞氏的支持下，招抚夏朝的老臣，壮大自己的势力，打败寒浞，最终夺回了王位，成功中兴夏朝。历史上称这段时期为“少康中兴”。

夏桀亡国

夏桀是夏朝最后一个君主。他荒淫残暴，不理国事，并且搜刮民脂民膏，尽情享乐，弄得天下百姓苦不堪言、怨声载道。大臣关龙逄曾多次劝谏夏桀，却为夏桀所杀。最后夏朝因夏桀的暴政而亡。

夏朝从启至桀，共有 14 代，17 王，约 472 年（约公元前 2070 年—前 1600 年）。

夏朝 · 二里头文化

夏朝是中国史书中记载的第一个世袭制朝代。一般认为夏朝延续约 472 年，为商朝所灭。

二里头文化是指以河南省洛阳市偃师区二里头遗址为代表的考古学文化遗存，主要集中分布于豫西、豫中。遗址内发现有宫殿、居民区、制陶作坊、墓葬等遗迹，出土有大量石器、陶器、玉器、骨角器等遗物。二里头遗址的发现揭开了古老“夏都”的神秘面纱，如今二里头遗址为夏朝都城遗存已逐渐成为学界共识。

商

商汤灭夏

商原是夏朝东部一个以燕子为图腾的部落，始祖叫契。发展到商汤时，商族已十分强大。夏朝末期，夏王桀大兴土木，奢侈淫逸，征伐邻国，残杀异己，横征暴敛，怨声四起。面对夏桀的暴政，商族首领汤采取“宽以待民”的政治策略，布德施惠、轻赋薄敛、扶困救穷、勤政廉明。周边诸侯都归顺他，百姓也亲附他，他统治时期社会稳固。他又任用伊尹、仲虺为左右相，伊尹为奴隶出身，深知人民疾苦，为相后，又行改革，安定社会。此后商汤入主中原，先击败韦、顾等邦国，后又击败昆吾，并于鸣条（今山西境内）与夏军决战。夏桀大败奔溃，南窜于南巢（今安徽巢湖）而死，夏朝灭亡。

盘庚迁殷

商汤建立商朝时，定都于亳（今河南商丘）。后因政治动乱和水患等原因，多次迁都。至公元前 14 世纪，时任君主盘庚将都城自奄（今山东曲阜）迁于殷（今河南安阳小屯村一带），这是第五次迁都。盘庚在那里整顿商朝的政治，使衰落的商朝出现了复兴的局面，以后二百多年，一直没有迁都。所以商朝又称作殷商，或者殷朝。

武丁中兴

武丁是商代后期功业最盛的君主。武丁在位共 59 年（公元前 1250 年—前 1192 年），商朝的政治、经济、文化都得到空前的发展，达到极盛时期，史称“武丁中兴”。武丁是盘庚之弟小乙之子。武丁继位后，先为父守丧三年。亲政后，勤于政事，取得了上层人士的支持。他任用贤才，从普通劳动者中得到贤人傅说，任为国相，还任用甘盘为大臣。武丁以傅说和甘盘二人“接天下之政，治天下之民”，力求巩固统治，增强国力。在其统治获得巩固的基础上，武丁对其周围的方国进行了一系列的战争，并让很有军事才能的妻子妇好指挥大军征讨。妇好身先士卒，冲锋陷阵，先后讨伐土方、巴方、羌国、夷国等强悍的入侵部族，一一扫平疆患，为商王朝形成“邦畿千里，维民所止，肇域彼四海”的广大疆域奠定了基础。后人称妇好是中国历史上第一位女将军，1976 年在殷墟发现了她的坟墓。

暴戾的商纣王

公元前 1075 年至前 1046 年，是商朝最后的一位君主纣王统治时期。“纣”是谥号，意思是“残义损善”。据说，当周武王征讨纣王时，给纣王罗列的罪名达 70 多条。其中比较典型的，有对美女妲己的过度宠爱，以及对忠臣的迫害。为了让妲己开心，纣王施行残忍的“炮烙”之刑：在金属柱子上抹了油，横放在炭火之上，让有罪之人从柱子上走过。因规劝和阻止纣王的暴行，有许多忠良惨遭种种迫害，并因此而名垂千古。其中，西昌伯（后来的周文王）被囚禁，九侯被剁成肉酱，鄂侯被晒成了肉干，比干被剖了心，而微子（据说是孔子的先祖）则装疯卖傻，去做了奴隶。除此之外，商纣王和妲己为了寻欢作乐，召集许多青年男女在酒池肉林里裸露、追逐游戏，丑态百出。这些罪恶加在一起，终于使商朝走上了亡国之路。

商朝共历 30 位君王，存约 554 年（公元前 1600 年—前 1046 年）。

商朝·殷墟遗址

商朝是中国历史上第二个朝代，因为在殷建都达273年，后世也称“殷商”。商朝起于“汤”，止于“帝辛”，一共有30位君王，延续500多年。

殷墟遗址是商朝后期的都城，因发掘甲骨文而闻名，出土的有字甲骨约15万片。遗址位于今河南省安阳市殷都区小屯村附近，总面积约36平方公里。现存遗址主要包括宫殿宗庙遗址、王陵遗址、聚落遗址、甲骨窖穴、铸铜遗址等。除了出土有字甲骨外，还有大量的铜器、陶器、骨器等文物。

西周

贤者文王

周朝建立以前，周族出了个著名领袖——姬昌，就是周文王。周文王是个很有作为的政治家，他很注意发展农业生产，征收贡赋也有节制，因此受到周国百姓的拥戴。商王朝的统治者纣，很不得人心。文王决心把自己的国家治理好，以便有朝一日推翻商朝。为了找到一个能辅佐自己灭商的人才，文王到处访求物色。姜尚（字子牙）才华出众，虽满腹治国安邦的才学，却英雄无用武之地，大半生贫苦潦倒。到了 70 岁，当他听说周文王广求贤人的消息后，便天天来到渭水边钓鱼，希望有机会见到周文王。果然，有一次文王打猎来到渭水岸边，看见正在钓鱼的姜尚，与他一见如故，并称他为“太公望”。从此姜尚辅佐周文王把周国建设得一天比一天强大。周文王病死以后，姜太公继续辅助文王的儿子周武王灭掉了商。

武王伐纣

周武王姬发即位后，拜精通兵法的太公望为师，以其兄弟周公旦和召公奭为助手，励精图治，加强军备，为讨伐商纣王作准备。周武王得知纣王早已众叛亲离，于是率领五万精兵，于公元前 1046 年与八百诸侯在孟津会师，举行誓师大会，共讨纣王。周武王讨纣大军所向披靡，很快就打到距朝歌（今河南淇县，商代帝乙、帝辛的别都）仅有 70 里的牧野（今河南淇县南）。牧野之战中，临时拼凑的商军士兵纷纷倒戈，纣王兵败逃回朝歌，自焚身亡。周武王终于灭亡了商朝，建立了周朝。

周公的功绩

周公名姬旦，文王之子，周武王之弟，周初政治家。周公协助武王灭商以后，在如何处理商王朝遗臣的问题上，周公向武王建议：采用分化利用和武力监督的办法，封商纣王的儿子武庚为诸侯，仍住在商都，同时又封周武王的弟弟管叔鲜、蔡叔度和霍叔处三人（管、蔡、霍是所封的地名）同驻商都和周围地区，以便监视武庚，叫作“三监”。武王在灭商两年后去世，“天下闻武王崩而叛”。周公为应付危难，立武王年幼之子姬诵为周成王，又自己摄政，引起召公奭等大臣的疑虑，管叔、蔡叔也造谣生事。武庚乘机煽动管、蔡同他一起造反，还联合了一些商朝残余势力起兵反周。周公于是以成王名义东征，前后三年，平定三监之乱，彻底征服殷族，巩固了周王朝的统治。之后周公协助成王大封诸侯，屏藩周朝，又营建成周洛邑，称原来的镐京为“宗周”。周公归政成王后，留守成周，与宗周的召公分陕而治。

成康之治

西周初年，周公以雄才大略平定东方各族的叛乱，建设东都洛邑作为统治天下的中心，同时制礼作乐，以礼乐文明来教化民众，并对继任君王进行教诲，希望他们明德慎罚，励精图治。因此到成王、康王时期，出现天下安定、繁荣昌盛的大好局面。史称“成康之治”。

孝王的智慧

周孝王闻知大骆部落中有个叫非子的人养马养得非常好，于是叫他继续养马，后使得周朝军事力量增强。周孝王奖励非子作为大骆部落的嫡嗣，继承大骆部落首领位置。这一举动，使得一直保卫西部边境的申国君王申侯非常不满，因为申侯的外孙早已定为大骆部落的嫡嗣，便以保卫西疆和睦无事为要挟，要求撤去非子首领位置。申侯的力量不可小觑，自然要考虑他的想法。于是孝王重新安排对非子的奖励。他宣称："从前有个伯益为舜驯养牲畜有功，便奖赏他一块土地，又赐给他姓嬴，现在伯益的后代非子亦养马有功，我也要分给他一块土地，作为附庸。"孝王赐给非子姓嬴，又封地在秦邑，因此非子又称为"秦嬴"。非子的后代以"秦"为国号，成为保卫周王室的另一支力量。这件事也满足了申侯的要求，这样，周王室在西部地区有了秦嬴和大骆两支军事力量屏障，又与申侯保持良好的关系，使得西戎不敢来犯。

宣王中兴

周宣王姬静即位（公元前 827 年）之后，在周定公和召穆公两位大臣的辅佐下，重修了文王、武王、成王、康王时的礼法，整顿内政，外攘四夷，使周王室的统治秩序暂时稳定下来，西周的社会生产稍有复苏，史称"宣王中兴"。但这不过是回光返照，到其子幽王时，西周还是灭亡了。

烽火戏诸侯

西周的周幽王是一个历史上有名的荒淫昏庸的皇帝，他不但没有采取措施减轻人民的负担，反而加重对人民的搜括剥削。他专宠美女褒姒，并因此废了王后和太子，立褒姒为后，将她生的儿子立为太子。为了博取褒姒一笑，周幽王下令点燃了骊山上为召集诸侯勤王而设的烽火，诸侯带兵赶来才发现没有敌寇。褒姒看见诸侯将士们一个个跑得满头大汗、气喘吁吁的样子，果然大笑起来，幽王也非常得意。前771年，犬戎真的打来了，诸侯看到烽火却不再相信幽王，结果周幽王被犬戎军杀于骊山脚下，褒姒也被抓走了。西周从此灭亡了。

西周·丰镐遗址

周武王灭商，建立西周，定都于镐。西周是我国奴隶社会的鼎盛时期，宗法制和井田制是当时最基本的社会政治制度和经济制度。西周起于周武王，止于周幽王，持续近300年。

丰镐遗址是指丰京和镐京，是西周的首都，亦称“宗周”。它是历史上最早称为“京”的城市，是中国最早期的城市，作为首都沿用近300年。丰镐遗址在陕西西安的沣河两岸，丰在河西，镐在河东。丰镐遗址总面积近17平方公里，是巨型都城遗址。

时代文化

夏

中国最早的历书《夏小正》

《夏小正》是现存最早的历书。《夏小正》中所用的月份是“夏历”的月份，即把一年分为 12 个月，对每个月的物候、气象、天文、农事、田猎以及相关的农事活动都有比较具体的记载。因为《夏小正》中所记载的历法是与农业生产的季节变化密切相关的，为农民安排各个季节的农事提供了重要依据，所以人们就把夏历也叫作“农历”（俗称阴历），现在我们每年过的春节，就是夏历年的第一天。

商

商代占卜

商代人已经有了初步的宗教观念。他们崇拜上帝、崇拜山川风云等自然物，他们还特别迷信，认为到处都有鬼魂的存在。所以，在日常生活和管理国家事务时，无论大事小事都必须占卜定吉凶。占卜时先烧灼甲骨，再看甲骨上的裂纹，并根据裂纹的走向和排列结构来判断事情的吉凶与成败，而且还要把吉凶情况刻在甲骨上，以备日后查看是否应验。

甲骨文

甲骨文是商、周时期刻在龟甲和兽骨上的文字，又叫“契文”“卜辞”“龟甲文字”“殷墟文字”。最早出土于河南安阳小屯村的殷墟，是中国已发现的古代文字中时代最早、体系较为完整的文字。1899 年被金石学家王襄、王懿荣首次发现。1928 年后经多次发掘，先后出土达十几万片。这些文字都是商朝利用龟甲兽骨占卜吉凶时写下的卜辞和与占卜有关的记事文字，为盘庚迁殷到纣亡二百多年间的遗物，是研究商朝社会历史的重要资料。现已发现的甲骨文单字在 4500 字左右，可认识的约 1700 字。

商代宗法制度

宗法制是维系宗族组织的一种制度，规定一个父亲所生的儿子中，确立嫡长子为继承人，有权继承财产和爵位，并且代代相传，叫作直系，是族里的大宗；其他各子都是旁系小宗，每宗按照此法又分为大宗和小宗，就这样世代延续，构成一个多级的宗族组织系统。宗法制在商朝只是开端，到西周才发展完成。

“商人”的起源

商朝灭亡后，商族人成了周朝的奴隶。周武王把殷商遗民分给各诸侯国，由于商族原是贵族，养尊处优，身无长技，一下变为贱民，又被剥夺了土地和特权，无力赡养家眷，只好走南闯北劳碌奔波，以做买卖为主要职业。周族人重视农业，鄙视生意人，认为买卖只是借交易获取别人的劳动成果，是士农工商最后一等。在周人的心目中，做买卖的人就是商人。这就是中国人称生意人为“商人”的缘由。“商业”“商品”“商旅”等等词汇都由此派生出来。

西周

井田制

井田制是西周时期的土地制度。它是殷商井田制的沿袭和发展。西周实行土地国有，周天子是全国土地的拥有者。为有效地统治全国，他将土地及生活在土地上的民众分封给各诸侯，史称“授民”“授土”。诸侯又将分封给自己的土地，封赏给属下。经层层封赏，直至士。井田制即产生于层层“授土”的背景下，但所封土地不准买卖。后人对井田制的解释主要有两种：一为土地形式，即由封地疆域构成土地的方块状，田中有沟渠、道路，纵横交错而将其分割成整齐的“井”字；二为经营方式，即被“井”字分割的九块方田中，分为公田和私田，居中一块为公田，周围八块皆为私田。私田由庶人（即农奴）耕种，但须先为奴隶主贵族的公田耕种后，才能在私田劳作。井田制实质是对奴隶的盘剥。随着春秋后期土地私有制的出现，这种制度逐渐瓦解。

分封制

西周的诸侯在他的封国内，把大部分土地分封给属下的卿大夫作为“采邑”，卿大夫再把“采邑”的土地分封给属下的士作为“食地”。这就是西周的分封制。这一制度自周建国之始就开始施行，但是大规模的分封是在武王克商以后和周公摄政期间。相传周初先后分封了71国，姬姓独占53国，其中鲁、卫、晋、齐、燕等诸侯国最为重要。经过分封，西周的疆域比商代大有拓展，各方诸侯都以周天子为天下之主，形成了“封建亲戚，以藩屏周”的统治格局，在此基础上形成的王权相对前朝更为集中，这对维持中央统治，发展边远地区的经济文化起到了积极的作用。

周礼

礼，是我国奴隶制法制的一个重要组成部分。周初，因成王年幼而由其叔父周公姬旦辅政。鉴于商纣王滥施刑罚“早坠厥命”，为了以礼导民，确保周室统治，在周公主持下，将夏商以来所通行的维护奴隶主阶级利益的各种行为规范，特别是其中的礼仪制度加以全面的整理、增删，形成一套完备而严谨的典章制度和礼节仪式，史称“周公制礼”。周礼分为五礼：吉礼，用于各种祭祀活动；凶礼，用于丧葬和哀吊各种灾祸；宾礼，用于诸侯朝见天子；军礼，用于军事和相关的领域；嘉礼，用于各种吉庆的活动，包括饮食、婚冠、宴享、贺庆等。在《仪礼》中记载着具体的礼仪，则有士冠礼、士婚礼、乡饮酒礼、燕礼、聘礼、士丧礼等，名目极为繁细。周代的礼乐主要通行于士和士以上的贵族阶层，天子用以约束贵族的行为，明确他们之间的尊卑关系。对于下层人民而言，则以刑罚治之，礼乐是不适用的，所以说“刑不上大夫，礼不下庶人”。

《周易》

《周易》是一部占筮之书，属于宗教神学范畴。在商代晚期的甲骨、铜器和陶器上面，就有了以数字记爻的易卦的出现。这种数字卦就是《周易》的前身。根据文献记载，周文王被囚禁在羑里的时候，曾演六十四卦，后来周公旦又做过加工。《周易》由文字和符号两部分组成。其文字部分包括卦名、爻名、卦辞、爻辞、用辞。卦名是六十四个易卦的名称，爻名是每一个卦中六爻各自的名称，卦辞是在六十四卦的卦名之下的文字，爻辞是三百八十四爻的爻名之下的文字。全书的卦辞、爻辞、用辞一共四百五十条，统称为筮辞。其符号部分由六十四卦的符号和包含于六十四卦中的三百八十四爻的符号构成。整部书的卦序、每一个卦的卦画结构、阴阳卦的观念，以及阴阳爻位的观念，都贯穿着阴阳学说，包含着深邃的哲理。

国学

西周时设于王城及诸侯国都的学校称为“学”，即“国学”。源于三代，夏曰校，殷曰序，周曰庠。国学根据学生入学的年龄和程度的高下，分为大学与小学两级，教育内容为礼、乐、射、御、书、数，合称六艺。小学以书、数为主，大学以礼、乐、射、御为主。大学又有“辟雍”“东序”“成均”“上庠”“瞽宗”五院。为天子所设者曰“辟雍”，为诸侯所设者曰“頖宫”。后世国学为京师官学的通称。西周时地方学校的最高级为“校”，设于乡，称“乡校”。初级学校则称为“塾”。至汉代，郡设立的学校称为“学”，县、道、邑或侯国设立的学校称“校”，凡“学”与“校”毕业的学生，都有升入中央太学的资格。后世也称地方所办的学校为乡学。至近现代，凡读书授教之所均称之为学校。

学者评述

夏、商、周三朝的递嬗，代表三个民族的移徙和发展。大体上说，夏人自西而东，商人自东而西，周人复自西而东，他们后先相交错，相覆叠，相同化，同时各把势力所及地方的土族同化，在一千数百年间，这参伍综错的同化作用团结成一大民族，他们对于异族，自觉为一整体，自称为“诸夏”，有时也被称并自称为“华”。

——张荫麟

商文化表现出物质生活的富庶，高度成熟的装饰艺术，明确的社会组织和祖先极度崇拜的神权政治。这是一种充满了活力和生命力的文明，但其间不免含有残酷和黩武的因素。纵然如此，这文化也为后来周朝的孔子及学派所代表的人文主义哲学奠定了基础。

——李济

商代社会由贵族、平民和奴隶构成。贵族是商代的统治者，包括商王、王室宗族、官僚和诸侯邦伯等。商代社会结构的显著特点，在于其发达的宗族体系。各级宗族既是社会组织，也是政治实体，带有政权性质。

——张岂之

（一）战火连年，百姓痛苦；（二）社会阶级渐渐消失；（三）生计现象贫富不均；（四）政治黑暗，百姓愁怨。这四种现状，大约可以算得那个时代（公元前 8 世纪—前 6 世纪）的大概情形了。

——胡适

由部落联盟向国家过渡的过程，就是民族开始形成的过程，夏、商、周三个王朝相继兴替，形成了中华民族历史上最早的国家，也促成夏人、商人、周人的融合。三族到西周时已融合为一体，具备了民族的基本特征。

——陈连开

周王朝开始走上衰败的道路，首先是统治者内部矛盾的加剧。到夷王时，“诸侯或不朝，相伐”，王室不能制；或有来朝，夷王也不敢坐受朝拜，他甚至要“下堂而见诸侯”。其次是民族矛盾的加剧。紧紧跟踪周人的西北诸游牧部落，到懿王时，以日益加强的攻势，向渭水中下游推进，成为周王朝的威胁。

——翦伯赞

夏商周帝王世系图

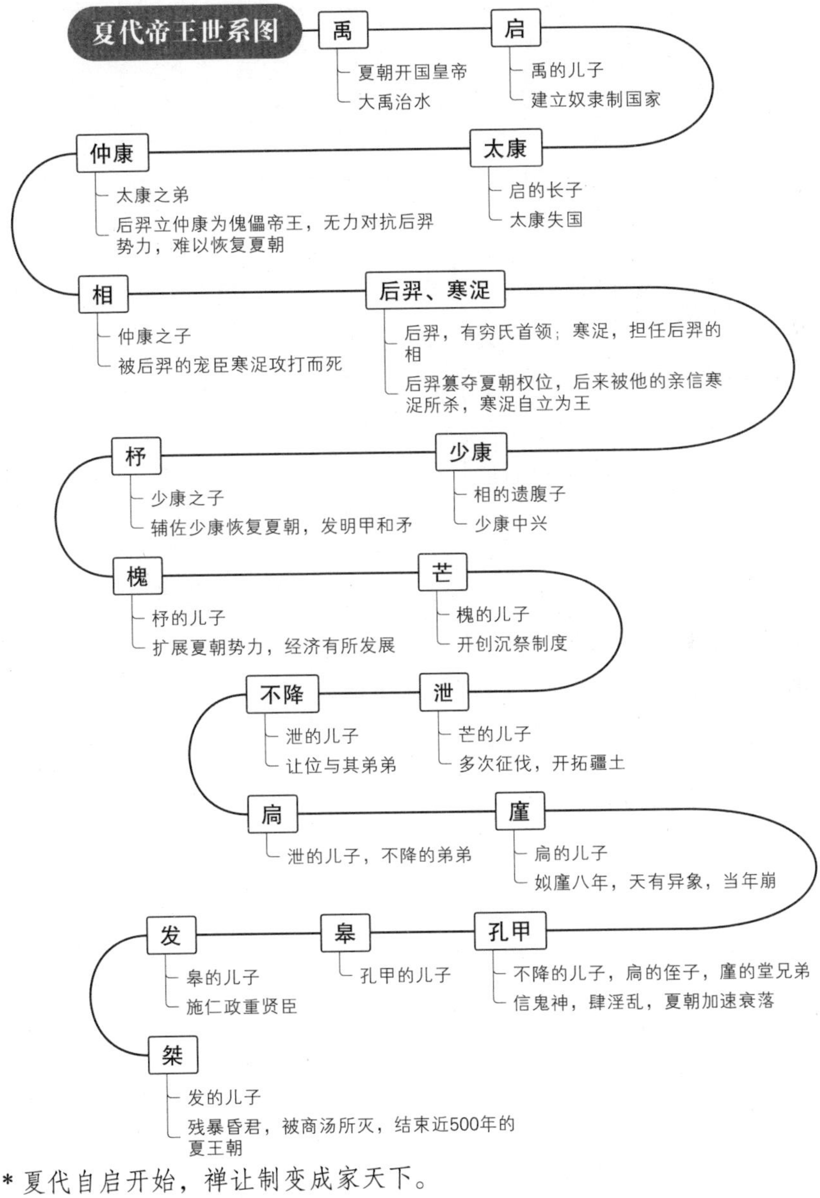

* 夏代自启开始，禅让制变成家天下。

盘庚迁殷后商代帝王世系图

- 盘庚、小帝、小乙：公元前1300年—前1239年
- 武丁：公元前1238年—前1180年
- 祖庚：公元前1179年—前1173年
- 祖甲：公元前1172年—前1140年
- 廪辛、康丁：公元前1139年—前1130年
- 武乙：公元前1129年—前1095年
- 文丁：公元前1094年—前1084年
- 帝乙：公元前（1084至1080）年—前（1060至1050）年
- 帝辛：公元前（1060至1050）年—前1027年

西周商王世系图

- 武王：公元前1027年—前1025年
- 成王：公元前1024年—前1005年
- 康王：公元前1004年—前967年
- 昭王：公元前966年—前948年
- 穆王：公元前947年—前928年
- 共王：公元前927年—前908年
- 懿王：公元前907年—前898年
- 孝王：公元前897年—前888年
- 夷王：公元前887年—前858年
- 厉王：公元前857年—前842年
- 共和：公元前841年—前828年
- 宣王：公元前827年—前782年
- 幽王：公元前781年—前771年

诸侯崛起的春秋

公元前770年—公元前476年

历史故事

平王的东迁

周幽王在位时，西周国势衰落，社会矛盾尖锐，潜伏着政治和经济的诸多危机。他为博得宠妃褒姒的欢心，废申后改立褒姒为后，其子伯服为太子。引起申后、太子宜臼的愤恨。不久，申侯（申后之父）联合缯侯和犬戎，举兵讨伐周幽王。杀幽王于骊山之下，西周灭亡。诸侯和申侯拥立太子宜臼为周天子，是为周平王。然而丰、镐（今陕西西安）地区遭兵火摧残，已成废墟，且又受戎人威胁，无法再定都于此。于是，平王被迫于公元前 770 年，东迁洛邑（今河南洛阳）。至此，周王朝政治中心东移。周平王重建的周朝，史称东周。

周郑交质

周平王东迁之后，势力日渐衰弱，不得不依靠诸侯的支持。春秋初年，郑国是诸侯中最强大的国家，郑伯被任命为执掌王政的卿士，且一向专横跋扈。周平王怕郑伯权力过大，就想再委任西虢公为卿士，郑伯质问周平王，平王由于惧怕郑国的势力便矢口否认，郑伯就胁迫王室与他互换人质。周郑交质这件事表明周王室已经降到与诸侯国同等的地位了。

公子小白夺君位

春秋前期，齐公子小白是齐襄公同父异母的弟弟。齐襄公在位期间，整日不务正业，对外施暴政，使百姓苦不堪言，对内荒淫无度。后齐襄公无端诛杀臣僚，公子小白在鲍叔牙的陪同下，向莒国逃去。而同时齐襄公另一个同父异母的长弟公子纠在谋士管仲的陪同下逃往鲁国。后来齐襄公被杀，公孙无知被立为君，但公孙无知又被雍廪、高傒所杀。为立新君，雍廪遣使者到鲁、莒二国商议继位大事。小白和公子纠都想抢先回国继位。但莒国比鲁国近，于是公子纠的谋士管仲便请求借三十乘兵马，截击公子小白，以防被他们抢先一步。果然，管仲快马加鞭追上了公子小白。管仲趁莒国兵马没有防备的时候，一箭刺中公子小白，公子小白大叫一声，伏倒在车辕上。管仲以为小白已死，随后扬尘而去，此后他便陪同公子纠缓缓入齐国。但公子小白实则为诈死躺下，等管仲带领的鲁军走后，便缓缓起身，随后继续向齐国疾行。最终，公子小白的诈死，为他赢得了抢先一步回国的时间，继而夺得了君位。

春秋五霸

春秋时期，由于各国政治经济发展不平衡，形成了五个大国争夺霸权的局面，而齐桓公、宋襄公、晋文公、秦穆公、楚庄王，历史上把他们称作“春秋五霸”。还有一些历史学家认为“春秋五霸”应该是齐桓公、晋文公、楚庄王、吴王阖闾、越王勾践。后一种说法比较普遍。

春秋无义战

春秋时期，周王室已经开始衰弱，一些较大的诸侯国开始争霸称雄。这时，齐桓公便乘机提出“尊王攘夷”的口号，经过多年征战，最终成为春秋时期的第一个霸主。齐桓公死后，齐国渐趋衰落，随着晋国的强大，晋文公成为春秋时期的第二个霸主。楚庄王继位后，北上与中原各国争雄，于公元前 597 年灭郑，成为春秋时期第三个霸主。后来，吴王夫差在战胜越国、齐国、晋国后，终于称霸中原。之后越王勾践卧薪尝胆，终于灭掉了吴国，成为春秋时期最后一个霸主。春秋时代展开的大国争霸战争，其最终目的是为了代替周王室并夺取其对各国的勒索权，实际是兼并掠夺战争另一种形式的发展。这就是所谓“春秋无义战”（《孟子·尽心下》）的原因。

管仲拜相

齐桓公即位后，旋即打败鲁国，逼鲁庄公杀了同他争夺国君的公子纠，献出召忽，召忽自杀殉节。唯独公子纠的谋士管仲忍辱做了囚犯，被押回国。齐军主帅鲍叔牙是管仲的好友，知道管仲是一个有才干的人，便在路上释放了管仲，并竭力保举管仲为相，齐桓公听从了鲍叔牙的意见，不计前嫌，重用管仲，拜其为相。后来，管仲辅佐齐桓公成就了霸业。

曹刿论战

鲁庄公曾因想送公子纠入齐，赶齐桓公下台而攻打过齐。为此齐桓公怀恨在心，准备向鲁国实施报复性进攻。为此鲁庄公召集群臣商量对策。谋臣施伯向鲁庄公推荐乡野一隐居高人——曹刿，其人精于兵法算计。鲁庄公见到曹刿便抱怨道，衣食我都共享给大家，为什么大家抗击齐军缺乏热情呢？曹刿说这只是小恩小惠，并且只涉及周边人。庄公又说祭祀典礼，我从未向百姓索取分毫，为什么不能见信于民呢？曹刿说这不足以让百姓感受到诚意。庄公再问，案子不论大小，有涉及百姓冤案的，我都力保公正。曹刿听到这里，立即觉得可以出战。鲁庄公让曹刿与自己乘同一辆车，一同作战。鲁庄公想要出兵，曹刿阻止，等待对方出兵。齐国击鼓出兵，曹刿按兵不动。过了一会儿，齐军再次击鼓出兵，曹刿依然按兵不动。无奈下，齐国第三次出兵，曹刿鸣鼓出击。以为鲁军依然不会出兵的齐军，此时一阵混乱，最终战败而逃。曹刿查看齐军车辙后，发现其队形混乱，完全是崩溃之相，便下令追击。鲁军最终大胜。

唇亡齿寒

晋献公想取临边虞、虢两个小国，但虞、虢两国交好，因此晋国不敢妄动。虢国位于虞国之南，晋国若想进入虢国，须经过虞国。公元前 658 年，虢国盗贼窜入晋国抢了几家旅店，晋献公欲对其进攻。大夫荀息建议不攻击，因为虞、虢两国关系密切，若攻虞，虢国必相救，若攻虢，虞国必相救。献公无奈，荀息献策，他了解到虞国君主十分喜好奇珍异宝，为此，献计将镇国之宝玉璧、宝马等送给虞国。晋献公不舍但最终为了大局照做。荀息来到虞国，向虞国君主献宝，同时表达出想向虢国讨个公道，以百十车骑攻打一下虢国。虞国君主果然答应。过了三年，晋国再次向虞国借道攻打虢国，虞国君主再次答应。最终，晋献公带领四百精骑兵连夜出发，一举灭虢，反过来趁势攻虞，最终虞国投降，两国均被晋国灭掉。

齐桓公伐楚

正当楚国气势逼人，北进称雄之际，作为中原各国盟主的齐国难以容忍。为了对付楚国咄咄逼人的攻势，前 656 年春，齐桓公率领齐及宋、卫、陈、鲁、郑、许、曹诸国联军南下伐楚，直抵楚国边境。楚王派使者屈完与齐桓公交涉。管仲以楚国不向周天子进贡、周昭王南征失踪两大罪状为由质问楚使。楚使只承认不纳贡不对，拒绝对昭王失踪承担责任。齐桓公面对不屈服的楚使，答应在召陵与他签订盟约修好。由此可以看出齐、楚当时力量相当。

齐桓公称霸

春秋初期，齐国经济发展较快，先后灭纪、郕等小国，又结盟于郑，势力日盛。周庄王十二年（公元前 685 年），齐桓公即位，任用管仲进行改革。管仲强调“仓廪实而知礼节，衣食足而知荣辱”，打破井田制的限制，经济上“按田而税”，采取“相地而衰征，则民不移”政策，按照土地好坏分等征税；又令士、农、工、商者分别居住，令其职业世代相传，以稳定齐国社会结构。齐桓公依照管仲的谋略，以“尊王攘夷”为号召，威信大振，为中原诸国所拥戴。周襄王元年（公元前 651 年），齐桓公约鲁、宋、卫、郑、许、曹等国国君，于葵丘（今河南兰考东）举行盟会，周天子也派人参加。盟会约定：“凡我同盟之人，既盟之后，言归于好。”规定各盟国间，“无曲防，无遏籴，无有封而不告”。史称“葵丘之会”。齐桓公以此成为中原诸侯霸主，史称“齐桓公称霸”。

城濮之战

前 634 年，鲁国因和曹、卫两国结盟，几度遭到齐国的进攻，便向楚国请求援助。而被迫屈服于楚的宋国转而依附晋国。楚国为了维持自己在中原的优势地位，便出兵攻打齐、宋；晋国以救宋为名，出兵中原。前 632 年，晋文公率军渡过黄河，攻打曹、卫两国，以诱楚军。楚军不为所动，依然全力攻宋。晋文公施用“退避三舍”的妙计，最后双方在城濮（今山东鄄城临濮）展开了一场大规模的车战。楚军在实力上占有优势，但是由于晋军善于“伐谋”“伐交”，并在战役策略上采取了扬长避短、后发制人的正确方针，最终击败了楚军，雄霸中原。

崤山之战

秦穆公即位后，秦国逐渐强大起来，图谋东进，力图在中原地区建立霸权，但是遇到晋国的阻挡。前 628 年，秦穆公决定越过晋境偷袭郑国。秦派孟明视等率军出袭郑国，次年春越过晋国南境，抵达滑。郑国商人弦高与秦军途中相遇，机警的弦高一面冒充郑国使者犒劳秦军，一面派人回国报警。孟明视以为郑国有备，于是决定返回。随后，晋国派大将先轸率军赶至崤山，并联络当地姜戎埋伏于隘道两侧伏击秦军。秦军身陷隘道，进退不能，全部被歼灭，三位大将被俘。第二年秦穆公亲率大军渡河焚舟，要与晋军决战，晋军避而不出。秦穆公到了崤山之战的战场，祭奠阵亡的将士，然后回师。

楚庄王问鼎

前 606 年春，楚庄王率军讨伐陆浑之戎，到达洛水，在周朝境内陈兵示威，周定王派大夫王孙满前往慰劳楚庄王。楚庄王问起九鼎的大小轻重，王孙满一番言语，让楚庄王知道周天子在诸侯中还是有相当影响的，使其不敢轻率攻周。鼎是古代国家权力的象征，楚庄王问鼎，有取代周室之意。“问鼎中原”成语就源于此。后来，秦始皇“泗水取鼎”，取的也是周室之鼎。

弭兵之会

春秋时期，终年战争不断，长江、黄河流域大小诸侯国几乎全部卷入战争，兵连祸结。受害最深者，以郑、宋为甚。崤之战后，晋、楚两国疲于攻战，愿意暂时休战，于是出现了结束大国争霸的弭兵局面。“弭兵”运动是由受大国争夺之祸最深的宋国发起的，前后共两次。

周简王七年（公元前 579 年），宋大夫华元召集晋、楚于宋相会，订立盟约，彼此互敬互救，不相加兵；但三年之后，楚趁晋国发生内争之机，撕毁盟约，再度与晋争霸，楚、晋经过一系列战争。

前 546 年，宋国大夫向戌再次召集晋、楚于宋都，齐、秦、鲁、郑、卫、曹、许、陈、蔡、郑、滕等国也积极参加，举行了 14 国诸侯共同与会的第二次弭兵之会。会议规定除齐、秦之外，各国都向晋、楚两国同样朝贡，以示晋楚两国平分霸权。虽然这次弭兵会议是以牺牲小国利益来满足晋、楚两国贪欲的，但此后 40 多年间，晋、楚之间再未发生较大战争，这对恢复和发展社会经济，安定人民生活，是十分有益的。

赵氏孤儿

前 583 年，奸臣屠岸贾当权得势，仗着晋景公的宠爱，诬陷赵盾、赵朔造反作乱，晋国诛杀赵盾、赵朔，并将赵氏全族杀戮。赵朔的妻子庄姬是晋成公的胞姐、晋景公的姑妈，当时有孕在身，士兵不敢动她。庄姬趁机逃入景公宫中，生下一子，取名赵武。但奸臣仍旧四处搜捕赵氏遗孤赵武。赵家门客程婴与公孙杵臼定计，以程子假冒赵武替死，于是公孙杵臼抱着程婴的婴儿冒充赵武，被锥柄砍成肉泥而死，从而救出赵武，由程婴抚养。15 年后，景公病危，找来卜师占卜，卜师说是冤死的晋国功臣作祟，其后人流离失所，景公信因果报应，便下令赵武进宫承袭赵氏卿位，同时下令灭族屠岸贾，最终平反昭雪，报了冤仇，赵氏势力重新恢复。而程婴也为守当时与公孙杵臼的约定，完成复仇任务后而赴死。元杂剧《赵氏孤儿》即演此故事。

吴王攻越

吴国和越国相邻，越国历数十世至越王允常时，国力渐渐强盛。吴越两国边境争端不断，双方积怨渐深。公元前 496 年，越王允常去世。吴王阖闾趁机伐越，而此时越王勾践刚刚登基，便迎敌出战。越国兵少，且国王刚去世，阖闾本以为会大获全胜，但没想到年纪轻轻的越王善用计谋。越军组成三排“敢死队”，面向吴军纷纷自刎而死。吴军目瞪口呆。而此时第三排刚刚倒下，后面的弓箭手便一拥而上，吴王阖闾也被射身亡，临死前对儿子夫差说完“记住越国”便咽气。夫差牢记父亲的话，并叫专人每天站在门口大喝“夫差，你忘记越国的杀父之仇了吗？”夫差总是沉痛地说“怎敢忘记！”三年后，越王勾践在得知吴王夫差想要复仇后，不听范蠡等大臣的劝告，想先发制人。夫差听说越兵将至，调集精兵打败了越兵，乘胜追击，在会稽山围剿越兵，越王勾践终兵败。在范蠡、文种等大臣的建议下，勾践将越国的所有宝器、子女、妻妾献给夫差，投降。

卧薪尝胆

越王投降后，吴越两国谈好和议条件，越王带着大臣范蠡妻子一同前往吴国做奴仆。勾践被吴王安排在了岩洞里，每天天不亮就开始干活，做一些喂马、清除马粪等工作。在卫兵的监视下，他丝毫不敢埋怨，只有到了深夜才可以稍稍叹气。虽身处厄境，但勾践和范蠡的君臣礼节，和妻子的夫妻和睦仍然让吴王动了恻隐之心，一旁的太宰伯嚭因之前收了勾践的礼，趁机劝吴王放了勾践他们，后大臣伍子胥极力反对，此事便搁置了下来。后来有一次吴王生了大病，三个月未好，范蠡请求伯嚭说情，求见吴王，正巧吴王也想见见勾践。勾践来后，亲自尝试吴王的粪便，说吴王很快便会痊愈。吴王很是感动。不久，吴王果然病好了。吴王不顾伍子胥的反对释放了越王。越王顺利地回到了越国。但越王为记住此恨，每天仍然住岩洞，早起训练士兵，穿粗布衣、吃粗粮，其妻子也依然如此。而且越王在自己的地上铺柴草当床，头顶上用绳子拴一颗苦胆，每天都要舔一舔，以记住此仇，等待有朝一日可以得报。这就是越王勾践的“卧薪尝胆”。

范蠡的功绩

范蠡，字少伯，春秋末期楚国宛（今河南南阳）人。在吴越争霸中，他任越国大夫。公元前 494 年，越国战败后，他与越王勾践夫妇一起入吴做人质，并给吴王夫差当奴仆养马守墓三年。在吴期间，范蠡与勾践朝夕相处，经常劝导勾践忍辱负重，吃苦耐劳，实施韬晦之计。三年之后，他和勾践被赦免回国，文种被封为相国，他被封为副相，实掌兵权。他与文种辅佐勾践，发愤图强，使越国兵精粮足。公元前 482 年，勾践听从范蠡计策，趁吴国空虚之机，攻打吴国，经过几年攻战，终于在公元前 473 年灭了吴国。范蠡为兴越灭吴立下了汗马功劳，但他认为，越王勾践是个只可共患难、很难同安乐的人，于是急流勇退，去官职，带上西施，泛舟五湖，然后改名鸱夷子皮到齐国经商，后定居于陶（今山东菏泽定陶区），号陶朱公，以经商致富，名闻天下。后世遂把经商称为陶朱事业。

伍子胥的劝告

伍子胥，是一心为吴国着想的忠良之臣，极力劝阻吴王不要放掉勾践，可惜吴王不听。在吴王想谋算齐国的时候，伍子胥分析形势，但态度和用语伤了吴王夫差的心，因而对伍子胥日渐冷淡。后越国范蠡向吴王示好，表示愿为吴国争霸中原打头阵，这一计策更加激怒了伍子胥，伍子胥对吴王的措辞更加激烈，吴王渐生杀机。伍子胥也深感不妙，便差人将其子送往在齐国的好友照看。太宰伯嚭趁机火上浇油，向吴王煽风点火，说伍子胥有叛国之心。吴王便赐剑给伍子胥，令他自尽。伍子胥最终含恨而死，并说终有一日，越会灭吴。果然，在公元前 473 年，越王勾践率大军攻吴，最终吴王兵败。吴王得知自己误会了伍子胥，最终用衣袍包住自己的脸自尽而死。

高山流水遇知音

伯牙是春秋时期著名的弹琴高手。一天，伯牙弹琴，钟子期在旁边听。当琴曲如高山般激昂时，钟子期赞道："弹得真好啊，就像那巍巍群山。"不一会儿，琴声如流水般细缓，钟子期又赞道："弹得真好啊，就像那潺潺流水。"于是，伯牙和子期成为知音。后来，钟子期不幸去世，伯牙万分悲痛，他砸烂了自己心爱的琴，决定从此不再弹琴。

礼崩乐坏

春秋时期，随着宗族政治的日趋解体，传统的礼乐制度也难以继续维持，出现了"礼崩乐坏"的局面。在各国的政治斗争中，以下犯上的夺权事件层出不穷，不遵循旧有礼制的现象也经常发生。一些从诸侯手中夺取了政权的卿大夫，不仅僭用诸侯之礼，甚至也僭用天子的礼制。有鉴于此，孔子继周公之后对于礼乐制度进行了再次加工和改造，努力要将社会重新纳入礼乐的规范，但是他的理想并没有实现。

历史进入了战国时代，社会变革的加速使传统的礼乐制度被彻底破坏。各国纷纷进行变法运动，法律制度普遍建立，从而取代了礼乐的地位，成为维护新的政治秩序的工具。此时残存的礼乐，已经流于形式，名存实亡了。

春秋·淹城遗址

春秋时期（公元前770年—前476年）是指东周前半段历史阶段。从“周平王东迁”起，便是东周的开始，持续了近300年。春秋时代亦是周王势力减弱，诸侯群雄纷争开始的时代。

淹城遗址，位于江苏省常州市，是全国保存最完整的春秋地面城池遗址。出土近2000件文物，其中以“独木舟、青铜器、原始青瓷器、几何印纹陶器”为特色。

时代文化

老子与《道德经》

老子姓李，名耳，字聃，是楚国苦县（在今河南鹿邑东）厉乡曲仁里人，周朝掌管藏书室的史官。他是中国古代著名思想家，道家学派创始人。老子讲修道德，主张谦让隐忍，认为天地初创时的那种万事无形无名的状态最好。他认为“道”是世界的本源，提出“道生一，一生二，二生三，三生万物”的观点。他写的《道德经》具有朴素的辩证法思想。老子的哲学思想在中国思想史上具有重要地位。

孔子与《论语》

孔子（公元前551年—前479年），名丘，字仲尼，鲁国陬邑（今山东曲阜）人，春秋末期的思想家、政治家和教育家，儒家学派的创始人。幼年丧父，家中贫困，曾给人放牛。他从小喜爱读书，知识渊博。孔子不到30岁，就已经掌握了“六艺”，此外，还掌握了《诗》《书》《礼》《乐》《易》《春秋》。孔子约在50岁的时候受鲁定公聘请担任司寇，当时鲁定公沉迷享乐，不理政事，孔子数次劝谏不听，就与弟子们离开了鲁国，开始周游列国。从前497年到前484年的十几年中，孔子先后游历了六七个国家，极力宣传仁、义、德政和礼制，但是并没有得到当权者的采纳。孔子晚年回到鲁国，从此潜心教学，整理古代典籍。他办私塾，提出有教无类的教育方针。传说孔子有弟子三千人，精通“六艺”的72人。孔子所创立的儒家思想成为中国近两千年来的指导思想，不论在中国还是世界思想史上都具有非常重要的地位。

《论语》是孔子和弟子们的言行记录，孔子死后由他的弟子编纂成书。它虽然不是孔子的著作，却是研究孔子及其思想主张的原始资料。《论语》内容广泛，言简意赅，尤其是在治学和教育等方面的观点和主张，至今依然闪耀着智慧的光芒，成为千百年来儒家弟子的必读经典。

孙武与《孙子兵法》

孙武，字长卿，春秋末期齐国人。孙武在吴国为将，曾以三万军队打败楚国的 20 万大军，是先秦兵家的始祖，其所著《孙子兵法》在中国军事史上极有影响。

《孙子兵法》又叫《孙武兵法》，是中国古代最著名的兵书，也是世界上现存最古老的军事理论著作，共 13 篇。该书总结了春秋末期及以前历史上的战争经验，揭示出一系列带有普遍性的军事规律，如“知己知彼，百战不殆”“攻其无备，出其不意”等。《孙子兵法》备受国内外人士推崇，被称为“兵经”。8 世纪该书传入日本，12 世纪又传入欧洲，现有日、法、英、俄、意、阿拉伯等语种的译本传世。

左丘明与《左传》

左丘明，春秋时期鲁国的史学家。相传他是鲁国的史官，与孔子同时代，人品受到孔子的称赞。他根据《春秋》纪年收集各国的史料，撰成了《春秋左氏传》一书，也称《左传》，此书大大丰富了原书的内容。而且史料详实，艺术性强，成为史学史与文学史上的典范之作。《左传》是中国第一部完整的编年体史书。《左传》起于鲁隐公元年（公元前 722 年），终于鲁悼公四年（公元前 464 年），比《春秋》

多出 17 年，其叙事更至于悼公十四年（公元前 454 年）。

鲁国“初税亩”

前 594 年，鲁国正式废除了过去按井田征收赋税的制度，改行“初税亩”，就是不分公田、私田，凡占有土地者均须按亩缴纳土地税。对井田之外的私田征税，标志着私田的合法性得到了承认，这是农业税制的一次重要变革。

道家

道家是春秋战国时期最主要的学派之一。道家学派以春秋时期老子关于“道”的学说为理论基础，并以此说明宇宙及社会万象的本质、根源、构成及其变化。道家学说的核心内容，是以老子的“道法自然”为基点，主张人们在思想上遵循“生而不有，为而不恃，长而不宰”“清静无为”的“道”理；政治上主张“无为而治”“小国寡民”“不尚贤，使民不争”；伦理上主张“绝仁弃义”，认为“夫礼者，忠信之薄，而乱之首”；行为上主张顺乎自然，守雌守柔、以柔克刚。由于各自阐发重点的不同，战国时期的道家分化成若干派，其中以庄子学派、杨朱学派、宋尹学派和黄老学派最为著名。道家学派对后世影响极深，成为中国传统文化的基干之一。

儒家

儒家是春秋末期、战国时期的主要学派之一。其创立者为孔子，他以六艺为法，借助对传统伦理制度的发掘，推进礼乐制度建设，以大同社会为理想目标。学说核心以“仁”“礼”为两端，反对偏执与极端，主张中庸与义、恕，强调教育的重要性，主张“有教无类”，通过教育使全社会都成为道德高尚的人。

战国时儒家分为八派，其中以孟子和荀子的学说对后世影响最大。

《春秋》

我国现存最早的一部编年体史书，为儒家的重要经典之一。其记载起于鲁隐公元年（公元前 722 年），历 12 公，迄于鲁哀公十四年（公元前 481 年），共计 242 年的历史。该书体例为比事、属辞。所谓比事，一是按年、月、日顺序，把所有史事排列下来；二是讲求史事详略取舍。所谓属辞，即强调用辞要达意。凡所录之事，在用词上要有差别，以表达不同的意义。一部《春秋》仅用一万八千字表述，简练确切，没有浮词，对后世史家撰写史书，曾产生过巨大影响。因其文辞过简，又出现解释它的《左传》《公羊传》和《穀梁传》，即所谓“春秋三传”。

《诗经》

《诗经》是我国也是世界上最早的诗歌总集，一共 305 篇，绝大部分是西周到春秋时期的诗歌。《诗经》的作品当时是用来配乐歌唱的，根据音乐的不同，可分为风、雅、颂三部分，“风”是地方的歌谣，“雅”是国都地区的乐歌，“颂”是舞乐，即用于朝廷大典和宗庙祭祀的音乐，反映了当时的社会生活和历史风貌。其表现手法有三种：赋，直抒其情；比，借物言志；兴，托物兴辞。《诗经》主要是四言诗，语言非常形象、生动，适应当时人民劳动和生活的节奏，具有很强的实用性。

学者评述

春秋时代，实可说是中国古代贵族文化已发展到一种极优美、极高尚、极细腻雅致的时代。

——钱穆

春秋是大国争霸的时代，同时也是华族与蛮族（楚、吴、越）战争的时代。战争的基本性质是华族团结在齐晋盟主周围，与蛮族争夺中国的领导权。

——范文澜

春秋时代，周室东迁，王纲解纽，封建体制一变而为列国，霸主制度应运而生。正因王室权威已经凌夷，列国都尽力扩张，中原诸国，壤土相接，不可能有多少扩张空间。中原周围的各国，则以华夷杂处，可以兼并不属于华夏系统的各种族群，既有攘夷的借口，又有扩张之实惠。

——许倬云

呜呼！时运之说，岂不信哉！当春秋、战国之交，岂特中国民智为全盛时代而已，盖征诸全球，莫不尔焉。自孔子、老子以迄韩非、李斯，凡三百年，九流百家，皆起于是。前空往劫，后绝来尘，尚矣。

——梁启超

春秋之世，诸侯只想争霸，即争得二三等国的服从，一等国之间，直接的兵争较少，有之亦不过疆场细故，不甚剧烈……春秋时的一等国，有发展过速，而其内部的组织，还不甚完密。

——吕思勉

到春秋中末期，各国氏室，日益强横，公室的政权，为它们所操纵；若干国家的公室，渐走上没落之途。氏室与氏室之间，则以兼并为务，经常在战争中。国内的篡弑兼并，配合着国际的虎噬鲸吞，渐把历史带入一个新的时代。

——傅乐成

春秋时期主要诸侯国历史纪年图

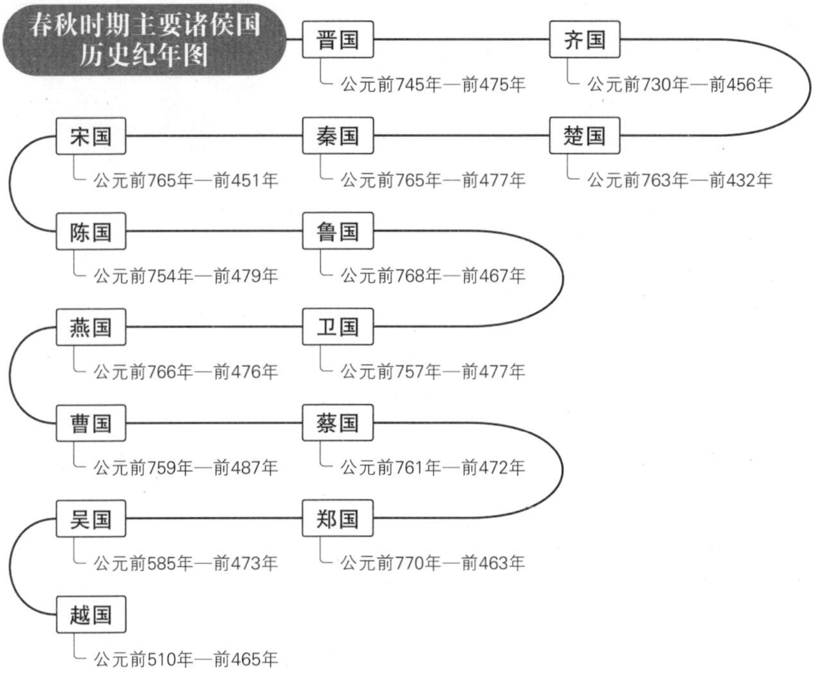

* 此表时间以春秋时期内各国诸侯王在位时间为参考。

七雄逐鹿的战国

公元前 475 年—公元前 221 年

历史故事

三家分晋

春秋后期，新兴势力与旧势力的斗争在晋国激烈展开。韩、赵、魏、知、范、中行氏六家，都是晋的新兴势力。周敬王二十七年（公元前 493 年），范氏、中行氏与郑国等联合，与赵、韩、魏在铁（今河南濮阳附近）交战。赵鞅阵前誓师时宣布：鼓励军功，庶人、工商业者以上可依军功受赐田、赐爵；奴隶身份的臣、隶、圉等，也可依军功获得自由人身份，结果一战击败范氏、中行氏。周贞定王十六年（公元前 453 年），韩、赵、魏三家再联合攻灭知氏，分别据有晋之中部、北部和南部地区，成为晋国实际统治者。晋君只保有绛和曲沃两地。周威烈王二十三年（公元前 403 年），周王正式承认韩、赵、魏三家为诸侯，晋国名存实亡。至战国周安王二十五年（公元前 377 年），韩、赵、魏伐灭晋侯，三分其地，最终完成三家分晋的历史过程。

田氏代齐

田氏代齐是指战国初年齐国大夫田氏夺取政权建立田氏齐国的事件。齐景公时，大夫田桓子以大斗出贷，小斗收进，笼络民心，民归之如流。公元前 489 年，田乞为相，专齐政。公元前 476 年，田常割齐地自安平（今山东淄博东北）至琅琊（今山东胶南西南）为封邑，到此时，齐政皆归田氏。公元前 386 年，周安王正式承认田和为齐侯，列于周室。不久，齐康公卒，姜齐亡，田氏遂有齐国。

战国七雄

战国七雄指战国时期的七个大国，即齐、秦、燕、楚、韩、赵、魏。除秦国在函谷关以西，其余六国均在函谷关以东。七国为争夺中原霸权，连年征战争雄，故名。后秦国兼并东方六国，完成统一大业。

李悝变法

战国初期的魏文侯（公元前 445 年—前 396 年在位）是位有作为的君主。他任用李悝为相，在国内推行变法。变法的主要措施有：鼓励农民勤谨耕作，实行“平籴法”；实行“食有劳而禄有功”，废除奴隶制世卿世禄制；编集《法经》，确立封建法制；改革军制，严选武士。李悝变法巩固了地主阶级的政权，发展了封建经济，使魏国在战国初期首先强盛起来。

西门豹治邺

西门豹是战国魏文侯时邺城（今河北临漳西南）太守。西门豹到任时发现邺城非常凄凉，人口也很少。经询问当地父老得知，是因为河伯娶亲造成的。原来，漳河里的水神叫河伯，他最喜爱年轻的姑娘，每年要娶一个媳妇。不然，河伯就会兴风作浪，发大水把庄稼全冲了。而且，这些都是巫婆勾结里长干的，西门豹用计将巫婆、里长投入河中。从此，谁也不敢再提给河伯娶亲的事了。以前离开邺城的人，都纷纷回来了。

西门豹让水工测量地势，动员邺城一带的百姓开了 12 条水渠，引漳河的水灌溉庄稼。有不少荒地变成了良田，一般的水灾、旱灾可以免除，老百姓安心耕种，收成比以前都好。

吴起抱尸

吴起一直盼望可以用自己的才能为楚国效力，楚悼王也知吴起大名，便任命吴起主持变法。楚悼王满足了他的愿望，吴起也对楚悼王忠心耿耿，倾其全力辅佐楚悼王。吴起分析楚国形势，认为楚国中的贵族集中占领了财产、对百姓搜刮严重，便削弱贵族财产，进行变法，这使得吴起得罪了楚国贵族。在吴起的主持下，楚国国力日渐强盛。但是在楚国国力强盛之时，楚悼王突然去世，这使得怨恨已久的楚国贵族趁机发难。吴起一看形势不对，便向宫中跑去，此时楚悼王还未入殓，叛党们便将吴起与楚悼王一起包围，乱箭射向吴起。身中数箭的吴起扑到楚悼王的尸体旁，紧紧抱住楚悼王，所有的箭都射在了楚悼王和吴起的身上。吴起大喊："我死了微不足道，你们竟然连大王都不放过，如此大逆不道，一定不会有好下场！"说罢便气绝身亡。果然继承王位的太子，马上下令搜捕叛党，将射中楚悼王和吴起的贵族等全部诛杀，处以灭门之罪的楚国贵族多达 70 多家。

商鞅变法

战国初期，秦国地处西陲，政治、经济、文化落后，被中原诸侯视为戎狄。秦孝公任用商鞅于前 356 年到前 350 年，先后两次推行变法。其主要内容：废井田开阡陌，把土地授予农民，允许自由买卖，从法律上确立了封建的土地私有制；奖耕织、奖军功，制定军功爵制；实行重农抑商政策，限制工商业发展，促进小农经济繁荣，巩固封建经济基础；规定男子成年必须与父母分居，以利增加赋税收入；实行县制，共建 31 县，县设令、丞，均由中央委派，掌管全县政务；编制户口，建立什、伍连坐制；统一度量衡；制定秦律。商鞅变法加速了秦国的封建化，剥夺了奴隶主贵族的特权，巩固了新兴地主阶级的政权，推动了封建经济的发展，使秦国走上富国强兵的道路。

濠梁之辩

惠施是宋国人，是战国时期著名的思想家和政治家，在魏国任相。惠施与庄周是好友。庄子说“惠施多方”，认为惠施非常有才华和学识。魏惠王多次想把王位传给惠施，但均被惠施拒绝。由于魏国地处秦国东边，阻挡了秦国的统一之路。秦相张仪想出联合魏、韩、齐进行连横策略，以破坏魏、燕、赵、齐、楚、韩六国的合纵战略。惠施一眼就看穿了张仪的策略，于是坚决反对。无奈惠王已经去世，现在的襄王不信任惠施。惠施见此只好离开魏国，回到自己的国家。惠施与庄周在历史上有著名的“濠梁之辩”。两人在濠水的桥梁上，看见水中的游鱼，庄子便说：“这些鱼多快乐呀！”惠施问：“先生不是鱼，又怎知鱼是否快乐呢？”庄子反问：“先生不是我，怎么知道我不知道鱼是否快乐呢？”惠施说：“我不是你，确实不知道你的感受，你也确实不是鱼，你也不知道鱼是否快乐，这就对了。”庄子说：“我游濠上而乐，故知鱼游濠下亦乐也。”

合纵与连横

战国七雄中，秦国最强大，不断出兵进攻邻近的国家。齐、楚、赵、韩、燕、魏等六国由此提出了“合纵”抗秦的主张，意思是六国联合起来，共同抵抗秦国。因为这六个国家都在秦国以东，纵贯南北叫作“纵”，所以人们把这种联合称为“合纵”。跟“合纵”唱反调的是“连横”。他们说，秦国太强大了，只有依赖秦国，与它联盟，对付其他国家，才能取得胜利。因为秦国位于西方，其他六个国家在东方，从东到西叫作“横”，所以人们把这种主张称为“连横”。当时，鼓吹“合纵连横”最有名的人是苏秦和张仪。

荆轲刺秦王

公元前 227 年，荆轲奉燕国太子丹之命，带着将军樊於期的人头和割让城池的地图前去刺杀秦王，以解亡国之危。荆轲到了秦国的朝堂上，捧着装了樊於期头颅的木匣上去，献给秦王政。秦王政打开木匣，看到里面果然装着樊於期的头颅，于是他又叫荆轲把地图拿来。荆轲把一卷地图慢慢打开，到地图全都打开时，荆轲事先藏在地图里的浸毒匕首就露了出来。荆轲抓起匕首刺向秦王政但没有刺中，秦王政往外跑。旁边的医官把手里的药袋向荆轲扔了过去。荆轲一闪身的工夫，秦王政往前一步，拔出宝剑，砍断了荆轲的右腿。这时候，武士一拥而上，杀死了荆轲。

田忌赛马

齐国人孙膑与庞涓曾一同向鬼谷子学习兵法。庞涓嫉妒孙膑的才华，一直想暗中设计害孙膑，后把孙膑骗至魏国并断其双膝。孙膑最终想办法回到齐国，在齐将田忌门下做门客。齐国人喜好赛马赌马。田忌经常与齐威王赛马，但同等级的马总是比齐威王的稍微逊色一点点，比赛中总是输。每每如此，田忌总是一脸愁容，孙膑看出后，参透其中玄机，决心帮田忌赢一回。按照规则，一共三场比赛，第一场上等马，第二场中等马，第三场下等马。如果按照这样，田忌的每一等马匹都不如同等级的齐威王的马。于是孙膑将第三等的马对战齐威王的一等马，第一局田忌毫无悬念地输了。第二局用田忌的上等马对战齐威王的二等马，田忌赢。第三局用田忌的中等马对战齐威王的下等马，田忌又赢了。事后，田忌将孙膑出计这件事告诉了齐威王，齐威王夸赞孙膑，从此知道孙膑有非凡的才能。

纸上谈兵

公元前262年，秦将白起伐韩，韩上党郡守联赵抗秦。赵孝成王命廉颇率兵进驻长平（今山西高平西北）抵御。双方相持三年之久。前260年，赵王中了秦国的反间计，罢免廉颇，以赵括为将。赵括只会纸上谈兵，没有实战经验，不知变通。其父赵奢是赵国名将，生前曾预言赵国一旦用赵括为将，必定惨败。赵括走马上任，就改变廉颇原来的战略，盲目出击，被秦军包围。赵军40万人皆降，白起仅将幼弱者240余人放归报信，余皆坑杀。赵国主力丧失殆尽，从此一蹶不振。

围魏救赵

公元前354年，赵国进攻卫国，迫卫从赵，而卫原是魏国的从属，魏不容赵国染指，便派将军庞涓率兵八万围攻赵国都城邯郸（今属河北）。赵求救于齐，齐威王派大将田忌、军师孙膑率兵八万救赵。孙膑采取"避实击虚"之法，乘魏空虚，向魏都大梁（今河南开封）进军，迫使魏将庞涓星夜兼程赶回。齐军在魏军归路上，预先在桂陵（今河南长垣西北）有利地形设伏，待魏军轻敌猛进之际，大败魏军，生擒庞涓。最终魏国同赵国讲和，将邯郸归还赵国。军事上，也把这种作战方法称为"围魏救赵"。

完璧归赵

战国时，赵惠文王得到了楚国的和氏璧。秦昭襄王闻讯后写信给赵王，说要以15座城池来换璧。当时秦强赵弱，赵王因此担心送去了璧却换不到秦国的城池。蔺相如主动请求带着璧前去换城。他到秦国献出璧后，见秦王没有诚意，不肯交出城池，就设法取回璧，送回了赵国。后人用“完璧归赵”比喻物归原主。

负荆请罪

战国时期，廉颇是赵国有名的良将，他战功赫赫，被拜为上卿。蔺相如“完璧归赵”有功，被封为上大夫不久，又在渑池秦王与赵王相会的时候，维护了赵王的尊严，因此也被提升为上卿，且位在廉颇之上。廉颇对此不服，扬言说：“我要是见了他，一定要羞辱他一番。”蔺相如知道后，就有意不与廉颇会面。别人以为蔺相如害怕廉颇，蔺相如却说：“如果我跟他互相攻击，那只能对秦国有益。我之所以避开廉将军，是以国事为重，把私人的恩怨丢一边。”这话传到了廉颇耳朵里，廉颇十分感动，便光着上身，背负荆杖，来到蔺相如家请罪。他羞愧地对蔺相如说：“我真是一个糊涂人，想不到你能这样宽宏大量！”两个人冰释前嫌，同心协力保卫赵国。后人对主动向对方认错、道歉，自请严厉责罚的行为，称为“负荆请罪”。

孟母三迁

孟子是我国历史上著名的思想家、教育家。他儿时过着清贫的日子，全靠母亲纺纱织布维持生活。孟子的母亲一心想把孟轲（孟子的名字）抚养成人，可是孟轲十分淘气贪玩，经常和村里的孩子们一起玩耍，常常玩得忘记了回家。孟母怕孟轲耽误了学业，便决定搬家。可是，新搬的地方隔壁是个铁匠铺，孟轲又学着铁匠打起铁来了。于是，孟母再次搬家到了郊外荒野之处。没想到，清明节一到，孟轲又学着人家上起坟来。孟母决定第三次搬家。这回她将家搬到了一所学校边上，将儿子送进学校拜师读书。可是枯燥乏味的学习环境又使孟轲逃学了。孟母将儿子拖到织布机旁，拿把剪刀“咔嚓”一下将自己织的布剪断了，说：“不肯读书的人将来长大了就和这剪断的布一样，是无用的东西！”孟轲幡然悔悟，明白了母亲多次搬家的良苦用心，从此发愤读书，心无旁骛，终于成为我国历史上著名的大学问家，被世人尊称为孟子。

庄子梦蝶

庄子是宋国人，是继老子后又一位杰出的道家思想家。楚威王得知庄子的贤能，派两个大夫去聘请庄子当官。庄子问那两个大夫，神龟是愿意死后被人用丝绸包在竹筒里供奉还是愿意摇尾伸颈地生活在烂泥中呢？大夫们说当然是在烂泥中，同时也明白了庄子的用意。楚威王不死心，第二次带重金去求贤。庄子又说你不知道一头祭祀的牛，供养了数年后当它被披上彩袍牵入太庙后，还有机会像别的牲口一样继续生存吗？我宁可游戏于污渎之中，也决不让高官厚禄来束缚我。楚国使者无功而返。庄子主张“人与天地万物齐一”。一次庄子做梦，梦见自己变成一只蝴蝶，翩翩起飞，十分愉悦。突然一觉惊醒，可尚在回忆中的庄子还在疑惑究竟是庄周做梦变成了蝴蝶，还是蝴蝶做梦变成了庄周。其实庄子十分清楚，人与自然为二物，但庄子坚持“万物与我为一”的道理。

狡兔三窟

孟尝君是王室亲属，又是齐相，战国有名的“四公子”之一。他搜罗人才，养了三千食客，很多人都来投奔他。后来，他受谗言被齐湣王罢官，三千门客顷刻间四散而去，只有冯谖陪他。冯谖驾车带孟尝君来到了他的封地薛城。薛城老百姓听说孟尝君回来了，都出城迎接他，拥戴他。孟尝君很感动，对冯谖说："先生善待这里的百姓为我买的义，今日见到了。"冯谖说："狡兔有三窟才可在急难时免于死亡，这只是其中一窟，还不能无忧，请允许臣再为您挖两个窟。"后来冯谖带着礼品来到梁国，说服梁惠王及时争取人才，迎接孟尝君。梁王正愁出任相国的人选呢，得此消息十分开心。趁梁王张罗之际，冯谖又驾车赶到齐国，告诉齐湣王梁国想要孟尝君之心，齐湣王看到梁国使者三次带重金聘请孟尝君，都被他坚辞不受。于是齐湣王赶紧宣告孟尝君官复原职并派人迎接。孟尝君最终又得到了原来的一切。

逐客令

秦国的丞相李斯本是楚国人，他想身居高位，便拜大师荀况为师，学习治国之道。学有所成后，他决心去秦国施展才能。起先李斯在相国吕不韦手下做事，后吕不韦发现李斯的才能，就任其为秦王嬴政的侍卫。李斯竭力辅佐秦王。但因一名叫郑国的韩国人，到秦国修渠，以兴建水利工程名义上为秦国开发关中，实则是郑国间谍，想分散秦国的人力物力财力，放慢秦国兼并六国的脚步。之后，大臣纷纷对秦王进言说把列国的人统统撵出秦国。秦王觉得有道理，下了逐客令。李斯也在名单之中，但他不愿意离开，放下自己的抱负。他向秦王上奏，举以前的君王是如何重用外来臣子并最终成就帝业的例子。秦王看过奏折后，立刻撤销了逐客令。李斯的这篇《谏逐客书》，成为千古名文。

战国四公子

孟尝君，齐公子，田婴子，名文，字孟，封于尝邑，故号孟尝君。

任魏相，曾支持齐、燕、韩、赵、魏五国攻秦，受到苏秦的称赞。还曾联合燕、赵攻齐。

信陵君（？一前243年），魏公子。安釐王之弟，封于信陵，称信陵君，合纵抗秦之著名人士，有食客三千人。

平原君，赵公子，赵惠文王之弟，名赵胜，封于东武城，号平原君，养士三千人。

春申君（？一前238年），名黄歇。其先祖受封于黄，其后乃以黄为姓。楚公子，为楚相20余年。“虽名相国，其实王也。”有门客三千人。

战国·燕下都遗址

继春秋之后，战国开始，到公元前221年秦始皇统一六国而结束，这一时期，诸侯国渐渐减少，逐渐形成“战国七雄”的格局。

燕下都是战国时期其中一个国家“燕国”的都城遗址，是目前发现的战国都城中最大的一座，位于河北省易县。总面积约40平方公里。遗址分为宫殿区、手工业作坊区、市民居住区和墓葬区。出土文物十万余件，包括铜器、铁器等。

时代文化

诸子百家

从春秋末期到战国时期，是中国社会由奴隶社会向封建社会过渡的时期，从政治到经济都发生了剧烈的变化。这种变化带来了学术思想的空前活跃，不同阶级、不同阶层的各个学派，展开了激烈的论争，形成了百家争鸣的局面。所谓“诸子百家”，又叫“先秦诸子”，“子”是古代对男子的美称或尊称，“诸子”指各学派的代表人物，“百家”是形容各学派及其著作之多。先秦至汉初的学派很多，实际超过百家以上，“诸子百家”是其总称。著名的有儒家、道家、阴阳家、法家、名家、墨家、纵横家、杂家等。其中以儒（创始人是孔子）、墨（创始人是墨翟）、道（老子、庄子）、法（商鞅、李悝、韩非等）四家影响最大。

墨家

墨家的创始人是墨翟。墨子认为，世界上一切不合理的事情，都源于人与人的不相亲爱，因此提倡“兼爱”，力主“非攻”，认为当时各国之间进行的战争是最不正义的。墨子反对孔子提倡礼乐的主张，认为儒家倡导的那一套礼乐制度纯属劳民伤财，不利于生产和生活，人们应当“非乐”和“节葬”。在治国方面，墨子的主张主要有两点：一是尚贤；二是尚同。一个国家必须要有天子，来统一人们的思想，以防天下混乱。和其他各家的思想相比，墨子的思想是典型的下层庶民的思想。

法家

法家是战国时期诸子百家中重要的思想流派之一，起源于春秋时的管仲、子产，发展于战国时的李悝、吴起、商鞅、慎到和申不害等人。到战国末期，韩非加以综合，集法家学说之大成。法家主张建立统一的君主国家，厉行严刑峻法，监察官吏职守；要求巩固封建土地私有制，提出重农抑商的观点；提倡耕战政策，以农致富，以战求强。法家为实现其政治主张，曾和旧贵族进行过激烈的斗争。

名家

名家也称辩者、察士或刑（形）名家，代表人物为惠施与公孙龙。名家又分为两大分派，一派是以惠施为首的合同异派，该派认为事物不论性质上的同异，都可在大同的基础上，不计小异而混合于一；另一派是以公孙龙为代表的离坚白派，该派认为事物的概念可以脱离事物本身而独立，有著名的“白马非马”辩。名家的学术活动，极大地促进了我国逻辑学的发展。

黄老学派

黄老学派是战国时期和西汉初期道家学派的一个分支，代表人物有慎到、田骈、环渊、接子等人。他们以老子天道自然、无为而治的道本体思想为立足点，融合儒家德治思想、法家法治思想，形成一种以清静无为、爱民惠民、刑名法术为核心的新学说体系。该学派奉黄帝为始祖，以老子为近祖，因而被称为黄老学派。

墨子

墨子名翟，鲁国人，一说是齐国人，中国古代思想家、政治家，是墨家学派创始人。曾担任宋国官职。初习儒术，后自立新说，聚徒讲学，徒属满天下，形成墨家学派，与儒学并称显学。他反对诸侯间的战争，提倡“兼爱”“非攻”“尚贤”等主张。其学说编为《墨子》一书。

孟子

孟子名轲，战国时邹（今山东邹城东南）人。孟子受业于孔子之孙子思门下，曾游学齐、魏、滕、宋等国，一度为齐宣王客卿，因意见不合隐退，居邹潜心治学。他着重发扬孔子学说中的“仁政”“王道”思想，提出“民为贵，社稷次之，君为轻”；认为人性本善，应充分运用教育的力量促进社会文明进步；强调知识分子的独立意识与社会职责，提出“富贵不能淫，贫贱不能移，威武不能屈”的操守准则。孟子被宋儒称为“亚圣”，其论述集于《孟子》一书。

荀子

荀子，名况，字卿，战国末期赵国人。儒家八派首领之一。其学虽出自儒家，但在体系上取“诸子百家”之长，批判孔孟唯心守旧成分，倾向法家，是先秦唯物主义思想的集大成者。他在著名的《天论》篇中，指明天是物质的，把列星、日月、风雨、寒暑看成是自然现象，并能看到人在认识、改造自然中的主观能动作用。他针对孟子“法先王”提出“法后王”，针对孟子“性善论”提出“性恶论”，认为人由坏变好，是教育的结果，写有《劝学》篇。

庄子

庄子（约公元前369年—前286年），名周，字子休，战国时宋国蒙（今河南商丘东北）人，中国古代著名的思想家，道家创始人之一，杰出的散文家。庄子家贫，但拒绝楚威王厚币之聘，终身不仕。他继承老子“道法自然”的观点，以道为万物的创造者，主张齐物我、齐大小、齐是非等，反对人为，强调事物的自生自灭，否认有神的主宰。其思想包含了朴素的辩证法因素，对后代思想有很大影响。著有《庄子》。

韩非

韩非（公元前280年—前233年），战国末期韩国人，法家主要代表，贵族出身，与李斯同拜荀卿为师。曾多次向韩王建议变法，未被采纳，转而发愤著书。其书传至秦，得秦王政赏识邀至秦国，但受李斯、姚贾陷害于狱中自杀。韩非学说融合商鞅的“法”、申不害的“术”和慎到的“势”，提出法、术、势三者结合，以法为中心的君主集权专制统治理论。韩非是我国先秦时期法家思想的集大成者，为数千年封建专制主义奠定了理论基础，对中国社会产生了重大影响，其著作有《韩非子》。

孙膑

战国中期的军事家。生卒年无考，齐国人，是孙武的后代。曾与庞涓共学兵法，庞涓做魏将后，忌其才能，诱之入魏，借故处以膑刑（去掉膝盖骨的刑罚），并将其软禁。后齐国使臣知其贤，设计救孙膑入齐。齐威王任其为军师，与田忌共战庞涓，取得桂陵之战和马陵之战的胜利，并创造了“围魏救赵”和“减灶退兵，诱敌人伏”等著名战例。孙膑继承和发展了孙武的军事思想。传世的主要著述是《孙膑兵法》，是继《孙子兵法》之后，又一部重要的军事理论著作。

扁鹊

扁鹊姓秦，名越人，战国时期渤海郡（今河北任丘市）人。精通各种治病的方法，是战国时期的一代名医，先秦医学的杰出代表。他是中医脉学的创导者，“望、闻、问、切”四诊法的发明者。他的妙手回春之术，简直可以和传说中的神医扁鹊媲美，后人就干脆把他叫作扁鹊，秦越人这个本名反而被人们忘却了。

鲁班

春秋时期，鲁国有一位著名的发明家公输般（班），人称鲁班。

据记载，鲁班发明了磨粉用的石磨，还为楚国制造过攻城用的云梯和舟战用的钩钜。他用竹片和木料制成的飞鹊，能连续飞行三天，可谓精巧之至。相传他还为其母亲制造木车马，他母亲端坐车上，由木人驾驭。不过，鲁班最大的贡献，据说是改进并发明了后来木工使用的基本工具，所以被尊为木工的祖师爷。

屈原与《楚辞》

屈原（公元前 339 年—前 278 年）名平，字原，又名正则，字灵均。湖北秭归人，楚国贵族。曾任楚怀王的左徒、三闾大夫。中国历史上第一个爱国诗人。楚怀王被害死，楚国人很气愤，大夫屈原更是怒不可遏，他劝楚顷襄王搜罗人才，远离小人，鼓励将士，操练兵马，为国家和怀王报仇雪耻。楚顷襄王听信谗言，把屈原革了职，放逐到湘南去。前 278 年，郢都为秦所破，屈原自感无力挽救楚国，遂于是年五月初五日怀石投汨罗江而死。后人为纪念这位爱国大诗人，每年五月初五日有吃粽子、赛龙舟等风俗，端午节遂成了我国的传统节日。

《楚辞》是屈原及其门徒宋玉、景差等人所撰，其中尤以屈原的作品艺术成就最高，影响也最大。屈原的代表作品有《离骚》《九歌》《天问》《九章》《招魂》等，其中尤以《离骚》价值最高，是中国古典文学中最长的抒情诗。诗中表现他对国家和人民的一片深情，具有很强的浪漫主义色彩，文情并茂，传唱千古，代表了战国后期文学创作的最高水平。《楚辞》之所以称“楚”，是因为它“书楚语，作楚声，纪楚地，名楚物”，汉朝人称之为“楚辞”，后世人又称为“楚辞体”或“骚体”。

《吕氏春秋》

《吕氏春秋》又名《吕览》，是战国末年秦相吕不韦集合手下的门客共同编写的。书出众手，各记所闻，因而内容虽以儒、道为主，亦取墨、法、名、农、阴阳等诸家学说，被后人尊为杂家的代表作。全书 26 卷，共 160 篇，总结了春秋战国时百家争鸣的成果。语言简洁、生动、形象，其中“刻舟求剑”等寓言脍炙人口，流传至今。

六经

六经是儒家学派的六种主要典籍，它们是：《诗》《书》《礼》《乐》《易》《春秋》。这六种典籍都与孔子有直接或间接的关系，其中，《诗》《书》都是经孔子整理、编订的；《礼》后来分为三部，“三礼”都成于孔门弟子；《乐》已亡佚，但《礼记》中的《乐记》得其精髓；《易》是孔子喜欢的书，并曾为之作《传》；《春秋》是孔子据鲁史而编撰的。

十三经

“十三经”是从宋朝开始对我国早期十三部著作的合称。这些著作的名称如下：《周易》《尚书》《诗经》《周礼》《仪礼》《礼记》《春秋左传》《春秋公羊传》《春秋穀梁传》《论语》《孝经》《尔雅》《孟子》。

《法经》

《法经》是我国第一部封建法典，由战国时期改革家李悝编纂，成书年代大约为公元前 5 世纪末。全书分《盗法》《贼法》《囚法》《捕法》《杂法》《具法》六部分。李悝编定的《法经》，基本汇集了战国时期各国法典的已有成果，在我国法制史研究领域具有重要意义。

《甘石星经》

战国时齐国的天文学家甘德写了一本《天文星占》，魏国的天文学家石申写了一本《天文》。后人将他们的著作合二为一，称作《甘石星经》，这是我国历史上最早的一部天文学著作。

这部书中记载了许多重要的天文学成就：天文学家已经掌握了月亮和月食的关系，书中写了日食肯定发生在每月初一或每月的最后一天；书中还记载了木星有卫星，这比意大利人伽利略用望远镜观察到木星有卫星早将近两千年；书中保留了我国历史上最早的星表，就是把测量出来的许多恒星的位置坐标和其他特性都汇集起来。星表中记载了二十八星宿和其他一些恒星，一共有 120 多颗星的赤道坐标位置，这个星表比欧洲最早的星表要早二百年左右。

《黄帝内经》

《黄帝内经》是我国现存的最全面的总结秦汉以前医学成就的医学著作。相传它是黄帝和他的大臣讨论医学而写的一本书，所以称《黄帝内经》。《黄帝内经》大约产生于战国时期，后来经过秦汉医学家的整理、补充、修改，最终形成。《黄帝内经》内容十分丰富，它总结了过去医学理论的成果，为我国传统医学的理论体系奠定了广泛的基础，成为以后中医理论的基本法则。

先秦诸子散文

在百家争鸣的时代里，各家各派竞相著书立说，宣扬自己的观点，由此带来了春秋战国时期诸子散文的繁荣。其发展过程可以分为三个阶段：一为春秋末年到战国初年，代表作品为《论语》（语录体）、《老子》（格言体）、《墨子》（专论体）；二为战国中期，代表作品为《孟子》和《庄子》，其中《庄子》是诸子散文中成就最高的代表之作；三为战国末期，以《荀子》和《韩非子》为代表，《荀子》一书，引物连类，设喻说理，已经从语录体和对话体发展成为颇具体系的专题论文。先秦诸子散文是中国散文史上的黄金时期，对后世文学的发展影响至深。

先秦历史散文

早在西周时期，周王室和各诸侯国已经有了自己的国史。到了春秋战国时期，历史散文的创作繁荣起来。《左传》《国语》和《战国策》就是其中的代表，其中《战国策》的文学成就极高。它以人物的活动为中心来记载史实，策士之间的相互辩难极尽夸张，铺张扬厉，而他们对于形势的判断和利弊的分析，周密准确，深刻入理。先秦历史散文的创作，表现出文学性不断增强、史学的严肃性有所削弱的特征。

二十八宿图

二十八宿图是我国古代天文图，1978 年在湖北省随县擂鼓墩发掘的战国早期曾侯乙墓中发现，用漆绘于一只自铭为“医”的木质衣箱盖子上。盖面以黑漆打底，中心篆书一象征北斗的“斗”字，四周环书着二十八宿星名，左右两端用红漆绘以白虎、青龙，其位置与古文献所载四象划分大体一致。这是我国迄今发现的记有二十八宿全部名称，并与北斗、四象相配的最早的天文实物资料。

二十八宿是我国古人为观测日、月、五星的运行，选择赤道附近的二十八个星官作为标志，用来说明日、月、五星运行所到的位置。“宿”的意思是停留，各宿所包含的恒星都不止一颗，而是相邻的若干颗恒星的组合。东方七宿是：角、亢、氐、房、心、尾、箕；北方七宿是：斗、牛（牵牛）、女（须女或婺女）、虚、危、室（营室）、壁（东壁）；西方七宿是：奎、娄、胃、昴、毕、觜、参；南方七宿是：井（东井）、鬼（舆鬼）、柳、星（七星）张、翼、轸。二十八宿实际上是把赤道附近的一周天，由西而东地分成二十八个不等分的星座。在我国古代文献《尚书》《诗经》《夏小正》等书里，已经有二十八宿中部分星宿的记载，它的起源可以远溯到商末周初。

书法的起源

中国书法起源于春秋末期。此时传统文字的艺术化现象开始出现。为求视觉上的美观，原有笔画开始被加上圆点、波折或鸟形装饰等，成为后世被称为“鸟篆”、“虫篆”或“缪篆”的起源。进入战国后，除了广泛应用的草篆，连同重要礼器上的铭文，都一改春秋之前的工整与刻板，普遍都进行了美化处理。唐代发现的《石鼓文》是战国时期秦国的刻石，雄强浑厚，朴茂自然，圆劲挺拔，是划时代的优秀书法作品。

学者评述

战国时期，封建制度战胜了奴隶制度，社会经济得到迅速发展，阶级关系也有了重大变化，于是，一切旧观念、旧思想和旧的生活习惯，都发生了动摇。一个相应的变化在思想领域也涌现了出来……诸子百家代表不同的阶级、阶层和集团的利益，从不同的角度摄取当时的文化知识，著书立说，广收门徒，互相诘辩，形成“百家争鸣”的繁荣局面。

——郭沫若

战国将近二百年的长期战争，本质是地主政权代替领主政权的战争，是家族制度代替宗教制度的战争，是中央集权的统一国家代替诸侯割据称雄的战争。秦国取得战争的最后胜利，是历史发展的一个伟大成就。

——范文澜

从战国时期社会阶级构成的主流来看，中国历史开始跨进了封建制社会。战国时期是一个历史发生巨大变化的时期，在社会各个方面都有开创性建树，也是学术文化繁荣的时期。

——张岂之

故战国虽为极残暴极混乱之时，然亦可谓极平等极自由之时。有挟策以干时者，有隐居而遁迹者。王公贵人不屈己以求士，士不之附；即屈己以求之，亦有终不可得而屈者。而贵贱之位乃相反，此亦他国史策所罕见者也。

——柳诒徵

战国时，（一）北方诸侯，亦不复将周天子放在眼里，而先后称王。（二）二三等国，已全然无足轻重，日益削弱，而终至于夷灭，诸一等国间，遂无复缓冲之国。（三）而其土地又日广，人民又日多，兵甲亦益盛，战争遂更烈。始而要凌驾于诸王之上而称帝，再进一步，就要鲸吞天下实现统一的欲望了……至战国时，则臣强于君的，如齐国的田氏，竟废其君而代之；势成分裂的，如晋之赵、韩、魏三家，则索性分晋而独立。看似力分而弱，实则其力量反而更充实了。

——吕思勉

到战国便大不同，封建制度渐趋崩溃，王室不再为人所尊重，列国也发生强大氏室对公室的地位篡夺的事。新建的和旧有的国家，相率实行新的军国主义。国君们停止国内的分封，并积极扩军，以推行中央集权。国君的地位大为提高，但整个贵族阶级的权力却逐渐降低，他们已不能完全掌握政权。相反，平民阶级日渐抬头，至于攀登政治舞台，形成所谓“布衣卿相”之局。

——傅乐成

战国七雄历史纪年图及东周周王世系图

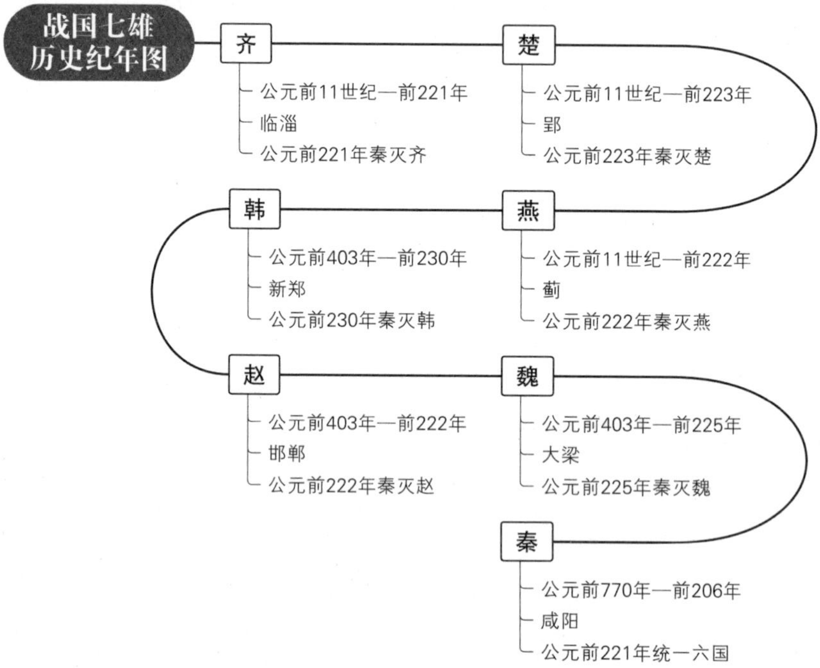

* 公元前 221 年，秦国建立了中国历史上第一个中央集权制国家——秦朝，也是中国历史上第一个多民族统一的国家。

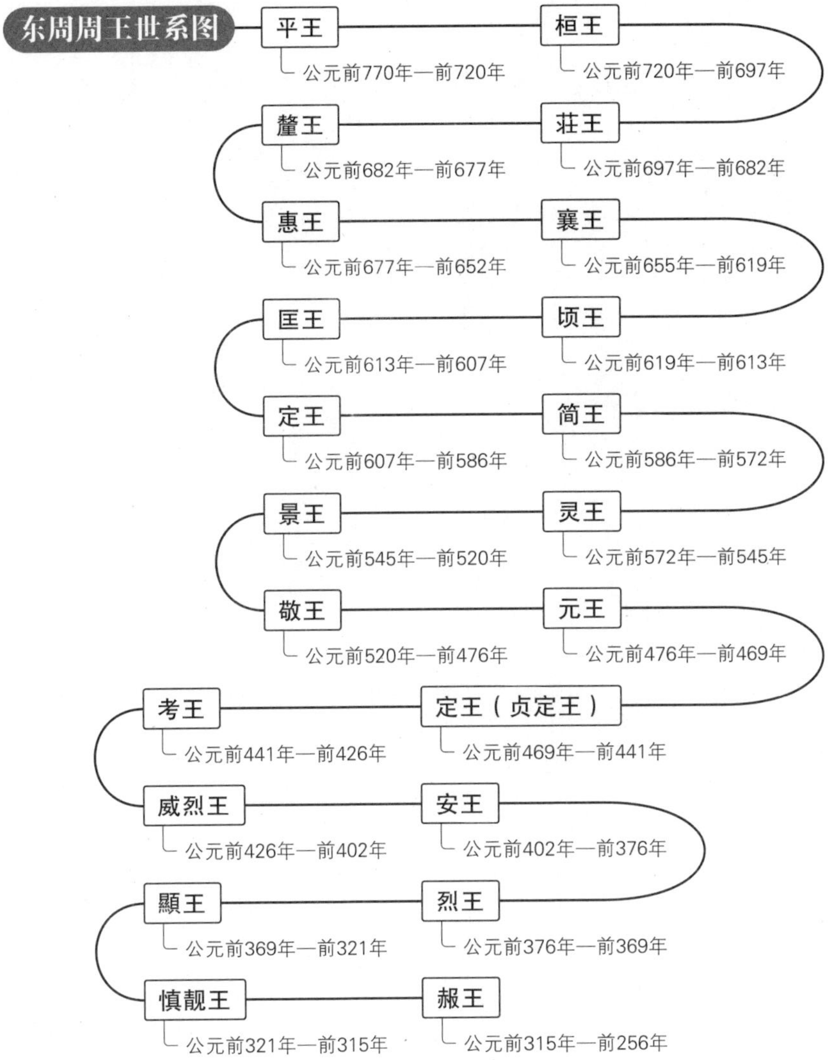
东周周王世系图
平王
公元前770年—前720年
桓王
公元前720年—前697年
莊王
公元前697年—前682年
釐王
公元前682年—前677年
惠王
公元前677年—前652年
襄王
公元前655年—前619年
顷王
公元前619年—前613年
匡王
公元前613年—前607年
定王
公元前607年—前586年
简王
公元前586年—前572年
灵王
公元前572年—前545年
景王
公元前545年—前520年
敬王
公元前520年—前476年
元王
公元前476年—前469年
定王（贞定王）
公元前469年—前441年
考王
公元前441年—前426年
威烈王
公元前426年—前402年
安王
公元前402年—前376年
烈王
公元前376年—前369年
顯王
公元前369年—前321年
慎靓王
公元前321年—前315年
赧王
公元前315年—前256年

首个大一统的秦朝

公元前 221 年—公元前 207 年

历史故事

秦始皇统一中国

秦国原是一个弱国。秦孝公时，重用商鞅实行了商鞅变法，打下了富国强兵的基础，后来秦惠王、秦昭王不断向东扩张，使秦国成为比较强大的国家。它不仅政治上比较开明，农业比较先进，而且军事制度也比其他国家优越。公元前 230 年，秦王嬴政开始发动征服六国的战争。至公元前 221 年，秦王嬴政消灭六国，完成了统一大业，自称始皇帝，建都咸阳。嬴政就是历史上著名的秦始皇。

焚书坑儒

“焚书”和“坑儒”是秦始皇为加强思想控制而制造的两起重大事件。公元前 213 年，秦统治集团内部围绕是否恢复分封制这一问题发生激烈争论。秦始皇采纳丞相李斯建议，禁止私学，发布焚书令。所焚之书包括秦统一前的列国史书和民间所藏的《诗》《书》，但是保留了秦国史书、博士官所藏的图书和民间一些技艺之书。同时宣布，有敢再谈论《诗》《书》者处死，以古非今者灭族。次年，又因方士卢生等在背后讥刺秦始皇滥用刑罚，秦始皇下令追究，受到株连的 460 余名儒生均被活埋于咸阳。焚书坑儒体现了秦国的暴虐，给中国古代思想文化的发展造成极大损失。

蒙恬对抗匈奴

公元前 215 年，秦始皇命大将蒙恬率领 30 万大军向北出击匈奴。第二年，秦军将匈奴击败并夺取了河南地（今内蒙古自治区河套一带）。秦始皇就在当地设置了九原郡，派获罪被贬的犯人去戍守。当时蒙恬驻守上郡（今陕西北部），匈奴头领单于只好率众北迁。

“封禅”大典

秦始皇二十八年（公元前 219 年），秦始皇东巡郡县，召集齐、鲁的儒生博士 70 多人到泰山下，商议封禅的典礼，以表明自己当上皇帝是受命于天的。儒生们的议论各不相同，难于施行。于是他黜退所有的儒生，借用原来秦国祭祀雍上帝的礼封泰山、禅梁父，刻石颂秦德。颂辞称“皇帝临位，作制明法，臣下修饬。二十有六年，初并天下，罔不宾服。亲巡远方黎民，登兹泰山，周览东极。从臣思迹，本原事业，只颂功德。治道运行，诸产得宜，皆有法式”云云，都是称颂自己的功德，共 147 字。刻石是四面环刻，颂辞刻了三面。秦二世胡亥嗣位，也于元年（公元前 209 年）东巡，他还在空余的一面刻上他的诏书和从臣姓名。刻辞为秦朝统一文字后的小篆，相传是李斯所书。

秦始皇之死

秦始皇于前 210 年夏，开始了第五次出巡，也是他一生中最后一次，途中在沙丘（今河北平乡东北）病逝。他死前留下玺书，让太子扶苏继承帝位。二公子胡亥的同党赵高与丞相李斯密谋，擅自篡改了遗令，立胡亥为太子，并将扶苏和大将蒙恬赐死。他们载着秦始皇的灵柩若无其事地往回走，回到咸阳才正式发丧。胡亥继位，为秦二世。

赵高的野心

赵高是秦二世胡亥的亲信，因帮胡亥篡夺帝位，深得秦二世宠信，不久便当上了丞相，被封为武安侯，大权独揽。赵高怕大臣向皇帝揭发他的恶行，就一面陷害和他作对的大臣，一面劝秦二世深居禁宫，不见臣民，从而方便自己一手独揽朝政大权。

指鹿为马

公元前 208 年，赵高掌握了朝政大权，利用秦二世胡亥杀死丞相李斯，自己当上了丞相。从此，赵高更加野心勃勃，甚至容不下与他意见不同的人。

一次，赵高在胡亥上朝时，牵着一头鹿来到殿上，故意对胡亥说："皇上，臣献给你一匹好马。"胡亥一见笑着说："你错了，这是一头鹿，怎说是一匹马呢？"赵高把脸一沉，然后奸笑了一声说道："皇上，这是一匹马，不信你问群臣。"在场的亲信都一致说是马。这时，群臣中也有几个官员实在忍不住了，纷纷指责赵高丧心病狂、颠倒黑白的行为，他们说："这明明是一头鹿，怎么故意说成是一匹马呢？"结果退朝后，这几个说鹿的官员都被赵高杀害了。

陈胜、吴广起义

公元前 209 年七月，朝廷征发河南境内的贫苦农民 900 余人到渔阳（今北京密云）屯戍。适逢大雨，他们滞留在了蕲县大泽乡（今安徽宿州市东南），不能如期赶到渔阳戍地，按秦法"失期当斩"。为了求生，这群农民在陈胜、吴广的领导下，在大泽乡举行起义，这是中国历史上第一次大规模的农民起义。陈胜、吴广率领起义军，首先攻下了蕲县，接着向西北挺进。到达陈的时候，已经是一支拥有战车六七百乘、骑兵千余人、步兵数万人的强大队伍。起义军在这里建立了政权，国号张楚，陈胜自立为张楚王。在他们的影响之下，许多郡县的农民杀掉当地的守令，响应起义，声势一度十分浩大。后来陈胜、吴广的起义军被秦将章邯所镇压，最终起义失败。

巨鹿之战

巨鹿之战指秦朝末年，反秦义军击溃秦军主力的战役。陈胜、吴广牺牲后，项梁立楚怀王之孙为王，仍称楚怀王。秦二世三年（公元前 207 年），秦将章邯派部将王离、涉间率兵围巨鹿（今河北平乡县西南），章邯驻军南面棘原作后盾，筑通道，供给粮食。楚怀王命宋义、项羽等率反秦义军援救，宋义军至安阳，坐观成败，逗留不前。项羽杀宋义代之。项羽率全军渡漳河，命士卒带三日粮，破釜沉舟，以决一死战。项羽的军队与秦军交战，大破之，解巨鹿之围，生擒王离，迫使章邯投降。巨鹿之战是中国古代战争史上以少胜多的著名战例。

楚汉之争

楚汉之争指刘邦和项羽为争夺封建统治权所进行的战争。公元前 206 年，项羽打败秦军后便攻入咸阳，自恃功高，要主宰天下。他一方面把楚怀王远徙江南，同时以“灭秦定天下者”自诩，自封为西楚霸王，定都彭城（今徐州），又以霸主身份，分封了 18 位诸侯王，其中封刘邦为汉王，管辖边远的巴、蜀、汉三郡。

后来刘邦趁项羽征讨齐地之机，决定向东占据关中，并迅速占领西楚都城彭城。项羽回师反击，大败刘邦。刘邦经过休整，联合各地反对项羽的力量，与项羽在荥阳、成皋一带相持，又派韩信攻占魏、赵、燕、齐等地。项羽腹背受敌，遂于公元前 203 年与刘邦相约以鸿沟为界，东属楚，西属汉。次年，刘邦趁项羽撤兵之机，全力追击，并与韩信、彭越合围楚军，将十万楚军包围在垓下（今安徽灵璧）。项羽在半夜听到四面汉军中传出楚地民歌的歌声，以为汉军攻占了楚地。他自知大势已去，与美人虞姬借酒浇愁，慷慨悲歌。项羽率领八百骑兵突围，到乌江边时，他不肯渡江逃命，便在江边自刎了。楚汉战争结束。刘邦称帝，建立汉朝。

秦国·咸阳城遗址

秦朝是中国历史上第一个统一的封建王朝。秦王嬴政灭六国，建立中央集权制，奠定中国此后 2000 余年政治制度的基本格局。

咸阳是秦帝国的都城，位于陕西省咸阳市。人们共发掘 3 座宫殿建筑遗址。出土的文物以砖、瓦等建筑材料居多，另有铁器、铜器、陶器等。

时代文化

“皇帝”一词的由来

中国君主自称“皇帝”的传统是从秦始皇开始的。在此之前，中国的最高统治者称“王”，或单称“皇”或“帝”。

秦王嬴政统一天下后，他认为这是自古未有的功业，甚至连三皇五帝也比不上他。如果不改变“王”的称号，无以称成功，传后世，于是让李斯、王绾等人议改称号。他们和众人商议后报告秦王说，上古有天皇、地皇、泰皇，泰皇最贵，可改“王”为“泰皇”。秦王反复考虑，认为自己“德兼三皇，功高五帝”，决定兼采“帝”号，把称号定为“皇帝”，并自号“始皇帝”。从此，“皇帝”的称号为历代封建君主所袭用。

三公九卿制

三公九卿制是秦汉时期的中央官制，秦始皇始置。三公为：丞相（或大司徒），辅佐皇帝处理全国政务；太尉（或大司马），国家最高军事长官，掌管全国军队；御史大夫（或大司空），为最高监察长官，掌图籍章奏，监察百官。三公之下又设九卿：奉常，掌宗庙礼仪；郎中令，掌宫廷警卫；太仆，掌管宫廷车马；卫尉，掌皇宫保卫；典客，处理少数民族及外交事务；廷尉，负责司法；治粟内史，掌全国财政税收；宗正，管理皇族亲族内部事务；少府，掌全国山河湖海税收和手工业制造，以供皇室需要。三公九卿均由皇帝任免，不能世袭。

郡县制

秦始皇统一六国之后，吸取了周朝实行分封制最后分裂成诸侯国的教训，在全国全面推行郡县制：秦朝把天下分成 36 个郡，每个郡下面又设立若干个县。

从秦朝开始，中国基层一级地方行政区划，主要称作县。在县的数量上也比较稳定，秦朝的县大概有几百个，汉朝达一千多个，以后历朝县的数量都是一千多个。

货币、文字和度量衡的统一

秦统一中国后，就规定黄金为上币，每 20 两为一镒；铜钱为下币，统一使用半两钱，确立了当时世界上较为先进的币制，而以前各国的货币都被废止。秦始皇还规定以秦小篆为标准文字，废除其余各国文字。此外，秦对全国的度量衡也作出了统一规定。

万里长城

为了防御匈奴人南下，从公元前 214 年起，秦始皇下令在原秦、赵、燕三国长城的基础上，修建起新的长城。秦长城西起临洮（今甘肃岷县），北傍阴山，东至辽东碣石，长达五千多里，俗称“万里长城”，至今犹有遗迹残存。秦国修建长城花费了十余年时间，耗费了无数人力物力。长城是当时世界上的巨大工程，对保障百姓的生产和生活起到了重要作用。

骊山陵墓

秦王嬴政即位之初，就开始在骊山北麓建造自己的陵墓。统一六国以后，他又征发 70 多万人继续修建骊山陵。骊山陵规模宏大，坟高 50 余丈，墓中用了大量的铜、水银和黄金等贵重物品进行装饰。皇陵东侧随葬的兵马俑坑总面积为 19780 平方米，有各种陶俑和陶马七八千件。

学者评述

春秋时代大小一百多国，所有对强国缴纳的贡赋徭役，以及列国间的战争损害，国内君主贵族的奢侈浪费，全压在人民的肩上，从这一点说，大国人民的负担，要比小国轻得多。战国时代秦、赵等强国，兵力六十万，战争中用全兵力的次数极少，可以说人民负担又比春秋大国要轻些。所以人民的经验是：做小国人民不如做大国人民，做大国人民不如做全中国统一的人民。秦在七国中有上述的优势，成为有统一全国能力的一个国家，因此人民把希望寄托在秦国；全国人民对秦国的希望，更促进秦国力量的增长，实现统一全国的历史任务。

——范文澜

秦人统一，此期间有极关重要者四事：一、为中国版图之确立。二、为中国民族之抟成。三、为中国政治制度之创建。四、为中国学术思想之奠定。

——钱穆

为什么是秦而不是别国统一中国？秦国没有严格的宗法制度，国内改革的阻力较小。秦国商鞅变法取得了很大成果，“富国强民”的法家政策在秦得到实现。秦国地理位置优越，攻守均得其便，战国时期，国都未被他国攻破的只有秦国。秦国内部纷争较少……也没有因王位的继承而引起内部分裂。总之秦统一中国是顺应历史发展要求，也是“天时、地利、人和”的综合优势造成的结果。

——张岂之

历代王朝，统治时间长的，评价者都是本朝的人，他们对本朝皇帝，多半是歌颂功德；统治时间短的，那朝代的皇帝就很容易被贬为“暴君”，因为评论者是另一个朝代的人了。秦始皇在历史上有贡献，但是吃了秦朝年代太短的亏。

——鲁迅

在秦以后的社会中，由于小农经济的分散性，统一国家在某种程度上仍旧保留着割据的状态，因而在一定条件下分裂还可能再现。虽然如此，秦始皇在历史条件所允许的限度内，开创了统一局面，并力图加以巩固，这就大大减少了割据战争，增强了抗拒外来侵略和周边各族统治者骚扰的力量，有利于经济、文化的发展。所以秦始皇的统一事业，对中国历史是一个伟大的贡献。

——翦伯赞

秦并天下，并非专靠武力；秦国的内政在七国中也最为完美。战国时，荀子游访秦国后，在《强国篇》中谈到：秦民风淳朴，官吏忠于职守，士大夫效忠公室，朝廷办事效率高，所以，它的强大是形势发展的必然。以秦为标准而使天下制度文物完全划一。

——雷海宗

秦朝帝王世系及大事件图

秦朝帝王世系图

- 秦始皇
  - 政
  - 公元前246年—前210年
  - 36年
- 秦二世
  - 胡亥
  - 公元前209年—前207年
  - 3年
- 子婴
  - 公元前207年
  - 46天

秦始皇一生重要事件

- 公元前259年
  - 出生于赵国的邯郸
  - 父亲为秦庄襄王，母亲为赵姬
- 公元前247年
  - 继位掌权
  - 庄襄王去世，嬴政13岁继位，尊吕不韦为仲父，21岁亲自掌权
- 公元前238、前237年
  - 车裂嫪毐，放逐吕不韦
  - 嫪毐与太后有染，私自育有两子，嫪毒后发动叛乱，被秦始皇处以车裂之刑，两子被摔死。其仲父吕不韦被放逐，喝毒酒自尽而死。
- 公元前237年后
  - 废逐客令，重用李斯
  - 秦王听从秦国贵族之言，下六国食客逐客令，但被李斯的《谏逐客书》所劝阻。之后重用李斯等人。
- 公元前221年
  - 灭六国
  - 秦始皇兼并六国，完成统一大业。
- 公元前221年
  - 自封“始皇帝”
  - 秦始皇认为自己“德兼三皇、功过五帝”，于是自称为“始皇帝”。实行三公九卿制治理国家，采用商鞅的法家政策，废除分封制，建立郡县制。统一货币和度量衡。北击匈奴，修筑长城。
- 公元前219年
  - 迷恋长生不老术
  - 派徐福带三千童男童女，乘船入海寻仙山，求不死药。
- 公元前215年
  - 焚书坑儒
  - 秦始皇身边有法家和儒家两派人，儒家的人反对郡县制，而法家代表李斯则表支持。李斯认为应禁止百姓以古非今，私议诽谤朝政，提出焚毁除《秦记》外各国史记以及民间所藏《诗》《书》等书。秦始皇听从了李斯的建议焚书。焚书第二年，一些方士、儒生因非议秦始皇寻求长生之术、暴戾专断等，被秦始皇活埋。
- 公元前210年
  - 东巡途中病逝
  - 秦始皇死于第五次东巡途中的沙丘宫。赵高说服胡亥并且威胁李斯与之同谋，假造诏书使胡亥继位。

开疆拓土的西汉

公元前 202 年—公元 8 年

历史故事

汉初政权的稳固

汉初，由于秦末的连年战乱，社会生产力遭到极大的破坏。农民流离失所，人口锐减，市场混乱，物价奇高，国家府库空虚，财政困难；加上异姓王对中央政权的威胁及北方匈奴对边境安宁的威胁使得汉初政权并不稳固。针对这种形势，刘邦君臣在铲除了异姓诸王、稳定边疆之后，把恢复农业生产、稳定社会生产生活秩序作为国家的首要任务，采取了一些重要的措施：兵士罢归家乡，免除一段时间的徭役；在战乱中聚居山泽的人各归本土，恢复故爵和田宅；由于饥荒自卖为奴的人，一律还为庶人；抑制商人，限制他们对农民土地的兼并；减轻田租，十五税一。这些政策的实行，使封建经济逐步得以恢复，汉初政权逐步地稳固下来了。

诸吕之乱

前 195 年，刘邦病死，太子刘盈继位，史称惠帝。吕后（刘邦妻，名雉）控制了朝政大权。她心如毒蝎，先是密谋诛杀诸将未果，后来又毒死刘邦的爱子赵王如意，以残忍手段害死赵王母亲、刘邦的宠姬戚夫人，对其他刘氏诸王大加迫害。惠帝不满吕后所为，忧郁病死，吕后临朝执政八年，大封诸吕，安插亲信。

吕后死后，诸吕欲诛功臣以绝后患，妄图篡夺汉室。正所谓“先下手为强”，于是齐王刘襄首先发难，起兵讨伐诸吕。相国吕产派大将灌婴迎击。灌婴到荥阳以后，按兵不动，反而准备和刘襄及诸侯联合，共击诸吕。同时，在长安的丞相陈平及太尉周勃等也采取了行动，从而对吕氏集团形成内外夹攻之势。可是吕氏集团依然控制南、北军，周勃用计假借符节，进入北军，夺得统军大权。他与朱虚侯刘章共同谋划，先杀吕产，后捕斩吕禄，并且遣人将诸吕不管男女老幼一并处死，从而把吕氏集团彻底消灭。经过大臣们的计议，迎立刘邦第四子代王刘恒为帝，即汉文帝。

文景之治

西汉文帝、景帝在位期间（公元前 179 年—前 141 年）推行轻徭薄赋、减省刑罚等一系列休养生息的政策，社会矛盾相对缓和，社会经济得到迅速恢复和发展。这段时期被后世史家誉为盛世，称“文景之治”。但在此期间，外有匈奴骚扰，内有诸侯王叛乱，仍有许多不稳定因素。

七国之乱

景帝在位时，诸侯王势力膨胀，威胁中央政权。景帝采纳御史大夫晁错的建议，实行“削藩”，引起诸侯王的恐惧。公元前 154 年，吴王刘濞联络楚王、赵王、胶西王、胶东王、济南王、淄川王等其他刘姓诸侯国国王发动叛乱。叛乱的口号是“诛晁错、清君侧”，目的则是想推翻汉景帝的统治。景帝在他们要挟下腰斩了晁错，但七国之乱未止。后景帝采取措施，叛乱很快就被太尉周亚夫、大将军窦婴率兵镇压下去。吴王刘濞兵败被诛，其他叛王或畏罪自杀或被诛。

张骞西域行

公元前 138 年，为了联合大月氏国共同对付匈奴，汉武帝委派张骞为特使，率一百多人的使团出使西域。但是，张骞的使团出了阳关不久，便被匈奴抓了起来。张骞被关押了十年之久，他瞅准机会逃了出去，越葱岭，经大宛、康居、大夏等中亚国家，最后历经艰辛到达了大月氏国。可是，大月氏已不想再与匈奴作战了。张骞只得再从大月氏国来到大夏国。在大夏国，张骞了解到了许多地理知识和世界各国的情况。从大夏国返回时，张骞从昆仑山北麓穿越新疆、甘肃，于公元前 126 年回到了长安。后随卫青抗击匈奴有功，张骞被封为博望侯。公元前 119 年，他又奉汉武帝命出使乌孙，并派副使出使大宛、康居、大月氏、大夏等国，后拜为大行令。张骞两次出使西域，虽未达到联络大月氏、乌孙夹击匈奴的目的，但开辟了中西文化交流通道，使汉王朝与西域的关系更加密切。

罢黜百家，独尊儒术

汉武帝初年，随着社会经济的发展和国力的增强，汉初所奉行的黄老学说已不适应封建专制主义中央集权国家的需要，因而被儒家的春秋大一统思想、神化皇权的政治理论和以仁义为核心的伦理所取代。公元前 140 年，董仲舒的《对策》和丞相卫绾的奏请都建议罢黜百家，独尊儒术；以通晓儒术作为做官的条件；通过儒家思想以巩固专制主义中央集权制度。汉武帝采纳了他们的建议，并于公元前 135 年任命好儒术的田蚡为相，延请文学儒者以百数。自此通晓儒家经典成为做官的主要途径。武帝所尊崇的儒家也逐渐吸取法家、道家、阴阳家等有利于加强君权的思想成分。此后，历代封建统治者均将其奉为正统。

两大将军征伐匈奴

汉武帝在位期间，匈奴不断进犯边境。汉武帝很想解决这个难题。

令汉武帝没想到的是，他娶的女人卫子夫的弟弟卫青是个智勇双全的人才。卫青的父母是平阳侯家的奴仆，卫青经常跟着姐姐卫子夫去宫中玩耍，与汉武帝相熟。汉武帝一心对付匈奴，他总是让卫青带兵出征。卫青也非常争气，由最初的小胜仗，一步步打出名，他一生中共经历七次大规模地出击攻打匈奴，杀死匈奴 5 万多人，令匈奴人闻风丧胆。在卫青之后，又出现了一位骠骑将军霍去病。他是卫子夫的外甥，18 岁便当了汉武帝的侍中，是个难得的武将。起初随他的舅舅卫青一起出征匈奴。在一次战斗中，他率领 800 多轻骑，深入匈奴腹地杀敌 2000 多人，活捉匈奴单于的叔祖父和叔父等。之后三年里，他战功不断，还俘获了很多匈奴王室亲戚。比较著名的一次战役是他率军深入浑邪王军中，匈奴主动投降约 4 万多人。汉武帝在位期间，这两位将军为汉朝立下了不朽的功勋。

汉武帝的推恩令

自从汉景帝削藩之后，西汉诸侯王的势力虽受到沉重打击，但与中央的矛盾并没有彻底解决。前 127 年，汉武帝采纳主父偃的建议，颁行推恩令，允许诸侯王推“私恩”，将封地进一步分封给子弟为列侯。这样一来，诸侯王的子弟人人欣喜，王国封地也越来越小，势力越来越弱了。因为按汉制，侯国隶属于郡，不再受原王国管辖，推恩令的实施等于把王国土地纳入郡县，朝廷土地扩大而王国土地缩小，进一步解决了诸侯王强大难制的问题。

汉武帝的“罪己诏”

前 89 年（汉武帝征和四年），汉武帝发布“罪己诏”，反省自己的过失。

汉武帝穷兵黩武的政策，在扩大汉朝的疆域和影响力方面颇有收效，但对国家的损耗也是有目共睹的。另一方面，他的专断独裁所引发的祸端，也给自己造成了巨大的心理压力。人到晚年，武帝在逼死太子之后，在封禅泰山和石闾山之后，开始追悔一生的种种失误行为。他采纳了田千秋的建议，停止了要求方士寻找神仙之事，并任命田千秋为丞相。他下诏追悔曾经的征伐政策，鼓励发展农业生产；在军事方面，奖励养马，不再下令出兵。

钩弋夫人

据说汉武帝在外出巡行的路上，偶遇上空有奇异的云气，术士说前方一定有奇女子。汉武帝果然发现一名双拳紧握的女子。武帝手轻轻拂过女子的双手，女子便张开双手，露出手中握着的一对玉钩。武帝十分宠幸她，称她为“拳夫人”，因居住钩弋宫，也称她“钩弋夫人”。她怀胎 14 个月才生下她的儿子刘弗陵。武帝很是喜欢这个孩子，认为这个孩子最像他，想立他为太子。但他怕自己死后，年轻的钩弋夫人替子执政，容易干扰朝政，于是便决定杀了钩弋夫人。无论钩弋夫人如何求情，武帝均不为所动。

霍光换帝

汉武帝死后，继位的汉昭帝年仅 7 岁，大司马大将军霍光受遗诏主持朝政。公元前 74 年，昭帝去世，没有留下子嗣，霍光与群臣商议后，立了昌邑王刘贺为帝。可刘贺即位后行为放荡，霍光又联合群臣请太后下诏，废了刘贺，另立武帝曾孙刘询为帝，是为汉宣帝。

昭宣中兴

汉昭帝在位期间，曾多次下诏减免赋税徭役，社会生产得到了恢复和发展。宣帝即位后继续奉行与民休息的政策，政治清明，经济繁荣。公元前 53 年，匈奴呼韩邪单于归顺汉朝，汉朝的声威震于海内，出现了武帝以后的中兴局面，史称“昭宣中兴”。

西域都护府

汉宣帝神爵二年（公元前 60 年）九月，匈奴日逐王率其众投降汉朝，骑都尉郑吉率西域诸国五万人迎之。汉朝封日逐王为归德侯。郑吉在西域，破车师，降日逐，威震西域，遂并护车师以西北道，因此号称都护。郑吉在乌垒城（今新疆轮台）设置都护府，督察乌孙、康居等 36 国，使汉朝的号令更好地在西域得到执行。

昭君出塞

西汉初期，由于国力不足，无力抵御匈奴的进攻，于是便采取与匈奴和亲的政策，以宗女为公主嫁给匈奴单于，每年送去大量的财物酒食。从汉高祖刘邦到惠帝、吕后、文帝、景帝时期，均一直执行这一政策，但并不能彻底解除匈奴的威胁，汉的北部边境仍不断受到匈奴的攻掠。随着汉朝国力逐渐强盛，到汉武帝时便放弃对匈奴单方面退让的和亲政策，向匈奴展开了大规模的反击战争。从此，西汉与匈奴“绝和亲”80 多年，匈奴在汉朝军队的连续打击下，势力衰落下去，再也没有向汉朝发动进攻的力量了。公元前 33 年，匈奴呼韩邪单于来到长安觐见汉元帝，提出了复通和亲之好的请求。元帝准其要求，把宫女王昭君以公主的礼节嫁给了呼韩邪单于。昭君出塞后，匈奴与汉朝长期和平相处，汉匈之间政治、经济、文化的联系有所发展，边境安宁，百姓也得以安居乐业。

赵氏姐妹

赵飞燕原本是阳阿公主府的一名婢女，后学习歌舞，因舞蹈跳得特别好，美名“飞燕”。后成帝微服外出至公主府，偶然看见赵飞燕的歌舞，心生爱慕，便纳其为妃，对其宠爱万分。赵飞燕有个妹妹，后也被纳入宫中。成帝本有许皇后，但他不听太后的劝阻，一定要立赵飞燕为皇后，最终赵飞燕成了皇后。赵氏姐妹被宠幸十余年，却没有一人为成帝生下子嗣。而此时定陶王的祖母傅氏贿赂赵氏姐妹请他们劝说成帝立自己的侄子定陶王刘欣为皇太子。不久后，成帝突然身亡，赵飞燕的妹妹也自尽而死。哀帝刘欣登基后，尊赵飞燕为皇太后。其间不断有谗言说赵飞燕坏话，认为成帝曾有过孩子，但均被赵飞燕姐妹谋害。但哀帝心里明白自己能够当上皇帝也有赵飞燕的功劳，便不再深究。

王莽篡位

汉元帝死后，太后王政君临朝掌权，王氏子弟显赫一时。公元前1年，汉哀帝死，王政君的侄子王莽被拜为大司马大将军，拥立9岁的汉平帝即位。此后，王莽开始结党营私，铲除异己，为篡权作准备。公元5年，王莽毒死汉平帝，另立2岁的孺子刘婴为帝，并自称“摄皇帝”，行使一切大权。公元8年，王莽废掉了孺子婴，自立为帝，改国号为“新”，并开始推行新政。

绿林、赤眉起义

王莽天凤四年（17年），荆州一带发生严重饥荒，新市（今湖北京山）人王匡、王凤聚众起义，他们隐蔽在绿林山（今湖北京山境内）中，因而被称为“绿林军”。仅几个月的时间，绿林军就发展到七八千人。后来，在人心思汉的情况下，绿林军在宛城南面的清水上拥立刘玄为皇帝，恢复汉的国号，年号“更始”。更始三年（25 年），刘秀即皇帝位，改元建武。绿林起义的第二年（18 年），琅琊（今山东诸城）人樊崇率众在莒县起义。樊崇作战勇敢，青、徐各地（今山东东部和江苏北部）的起义部队都归顺了他。参加这支起义军的都是为饥饿所迫的农民。他们为了在作战时还分敌我，就把眉毛涂红，因此被称作“赤眉军”。赤眉军多方转战，后来西攻长安，起义在建武三年（27 年）春宣告失败。这两次农民起义打击了封建统治，推翻了王莽政权。

昆阳大战

昆阳大战是历史上著名的以少胜多的战例之一。绿林起义建立了更始政权后，派王凤、王常、刘秀攻下昆阳（今河南叶县）、定陵、郾城；派刘縯围攻宛县（今河南南阳）。篡汉自立的王莽大为惊慌，急派司徒王寻、大司空王邑征调州郡兵 43 万，号称百万，对绿林军进行镇压。公元 23 年 6 月，王莽军队直逼昆阳，把绿林军八九千人围得水泄不通。刘秀力主起义军主力坚守昆阳，他自己率领十三骑突出重围，调发郾城、定陵营兵数千人驰援昆阳，冲破王莽军队的包围圈，击杀王寻，使王莽大军陷入了一片混乱。城中守军乘机出击，里应外合，莽军大败，王莽的主力被消灭。昆阳大战后，绿林军逼近长安，长安城内发生暴动，王莽被杀，新朝灭亡。

西汉·汉长安城遗址

西汉（公元前202年—8年），亦称“前汉”“大汉”，共持续210年。由汉高祖刘邦所建，止于王莽篡权。

汉长安城，位于陕西省西安市未央区，遗址总面积65平方千米，是西汉时期的政治、经济、文化中心，也是中国现存规模宏大、格局明确、保存较为完整的古代统一帝国的都城遗址。建筑包括长乐宫、未央宫、桂宫等。

时代文化

贾谊与《过秦论》

贾谊（公元前 200 年—前 168 年），洛阳人，世称贾太傅、贾长沙、贾生，西汉初期著名政论家、文学家。汉文帝时，力主改革，著有《过秦论》三篇，结果遭到朝廷中权臣的排挤，最后被贬长沙，改任梁怀王太傅。被贬途中，贾谊渡湘水时写下了著名的《吊屈原赋》以自喻。三年后，梁怀王坠马而亡，贾谊忧愤而死，年仅 33 岁。

司马迁与《史记》

司马迁（约公元前 145 年—前 87 年），字子长，夏阳（今陕西韩城）人。公元前 108 年被任命为太史令，汉代著名史学家、文学家、思想家，中国古代史学奠基人。他写的《史记》是我国第一部纪传体通史，从传说中的黄帝时代开始写起，一直写到汉武帝太始二年（公元前 95 年）为止，汇编成 130 篇、52 万字的历史巨著。《史记》在我国史学史、文学史上都占有很重要的地位，鲁迅誉之为“史家之绝唱，无韵之离骚”。

太学

元朔五年（公元前 124 年），汉武帝采纳董仲舒的建议，创建了太学，标志着我国封建官立大学制度的确立。汉朝掌管文化教育的官员为太常，总负责太学的管理。皇帝也亲自到太学视察。太学的教授称博士，主要职责是教授学生。太学的学生称博士弟子，东汉时简称“太学生”，通常是太学直接挑选，各地方官员也可以选送条件优秀的人才到太学。从西汉一直到清朝，太学（有的朝代叫国子学或国子监）一直都是国家的最高学府。

我国古代第一部完整的历法——《太初历》

《太初历》是中国古代有文字记载的第一部完整的历法，汉武帝太初元年（公元前 104 年）到东汉章帝元和二年（85 年）实施，由司马迁和唐都、落下闳、邓平等人创制。它在中国历史上第一次科学测定出 135 个月的日食周期以及五大行星的会合周期。《太初历》规定以无中气的月份为闰月，第一次把二十四节气订入历法。这部新历法的诞生，使汉朝中止沿用秦朝的以每年十月为岁首的计年方法，而以每年正月为一岁之始，这正与夏历相合。围绕着《太初历》的制订，还进行了制造天文仪器、测量天体位置等工作。这一切都表明这次历法的制订有积极的意义。《太初历》是中国历史上第一部比较完整的历法，也是中国历法史上的一次重大改革。

我国最早的词典——《尔雅》

《尔雅》是我国最早的一部训诂专书，是我国词典的雏形，对后世影响很大。关于它的来源，一般认为是春秋以后儒家经师解说经书的杂记，经汉代学者加以整理而成。现在流传下来的《尔雅》分 19 篇，共有词组 2000 余条。前三篇（释诂、释言、释训）是一般词语，即用当时的通语解释古语或方言。后 16 篇（释亲、释宫、释器、释光、释天、释地、释丘、释山、释水、释草、释木、释虫、释鱼、释鸟、释兽、释畜）是分类汇释语词，对各种名物加以解说。《尔雅》

是一部研究先秦词汇、阅读古籍的重要参考书。

我国最早的方言学著作——《方言》

《方言》是我国最早的方言学著作，由西汉扬雄著，全名为《輶轩使者绝代语释别国方言》，或为《扬子方言》等，其体例模仿《尔雅》，分类编集各地方言同义词语，一名一物皆详述其地域言语之异同，大略反映了汉代及先秦不同方言的分布情况。

我国最早的综合性图书分类目录——《七略》

西汉刘歆在其父刘向《别录》的基础上，整理编辑国家藏书，分为辑略、六艺略、诸子略、诗赋略、兵书略、术数略和方技略，《七略》因此得名。其中，辑略为编辑凡例，总述各略图书源流；其余六略分类著录各种图书。《七略》是我国最早的综合性图书分类目录。原书已失传。

博大精深的理论巨著——《淮南子》

《淮南子》是西汉前期出现的一部博大精深、气势恢宏的理论巨著。它并非一人所著，而是由汉高祖刘邦的孙子、淮南王刘安组织门客撰写而成。全书共21篇，除第21篇《要略》作为介绍著书目的及各篇的内容提要外，其他各篇均冠以“训”，如“原道训”“天文训”“人间训”等，意为各种理论观点的阐释、解说。就涉及内容来看，可谓当时的百科全书。“原道训”是全书的理论总纲，在此基础上，阐述了宇宙发生论、天文学、地理学、人性论、道德论、政治论、军事论等理论。

谶纬之学

谶纬起源于原始社会后期河图洛书的神话传说。西汉末年，谶纬思想甚为风行。谶是当时的巫师、方士制作的一种托为天命的预言隐语，作为吉凶福祸的征兆或符验，其实质属于以阴阳五行为骨架的天人感应论的范畴。“纬”与“经”相对，是方士化的儒生附会儒家经典以诡语解经的书。为了经学神学化和神化现实统治者的需要，纬书中引用和编造了大量的谶言，这种经学神学化的产物就被称为“谶纬”。王莽利用谶纬之说，为其改制寻找合法依据。东汉初年，谶纬主要有 81 篇，有的解经，有的述史，绝大部分都是宣扬神灵怪异的荒诞言论。汉光武帝刘秀建国以后，把谶纬作为一种重要的统治工具。建初四年（79 年），汉章帝大会群儒于白虎观讨论五经同异，由班固等人写成《白虎通德论》（即《白虎通义》，亦简称《白虎通》）。与会的今文经学、古文经学和谶纬神学的代表们求同存异，在三纲五常的基础上实现了经学与谶纬神学的结合。

东汉末期，受到黄巾起义的打击，谶纬逐渐衰败，但直至隋炀帝正式禁毁以前，仍流行于社会。

丝绸之路

亦称丝路，是古代横贯亚洲的交通道路。约自公元前 2 世纪以后千余年间，大量的中国丝和丝织品皆经此路西运，故名。其他的商品以及东西方各种经济和文化的交流，在整个古代和中世纪时亦多通过此路。丝绸之路大致可分为两条：一条为陆上丝绸之路，形成于西汉时期，即自长安西行，穿河西走廊，出玉门关、阳关，越葱岭，至中、西亚地区；另一条为海上丝绸之路，形成于宋代。时因陆上丝绸之路为西夏所断，宋朝遂经海上与西亚、阿拉伯地区、南亚、东南亚等地区的诸国进行联系与交往，进而形成了联系中外海上交通的丝绸之路。两条丝绸之路在中国古代历史上，对促进中外经济、文化的交流，增进中外各国人民之间的相互了解和友谊，发挥了极重要的作用。

三纲五常

三纲五常是儒家政治道德、社会道德、家庭道德以及个人道德的总概括。汉儒董仲舒依照“阳尊阴卑”理论，明确提出“三纲”思想，说：“君臣父子夫妇之义，皆取诸阴阳之道。君为阳，臣为阴；父为阳，子为阴；夫为阳，妻为阴。”又说：“王道之三纲，可求于天。”把“三纲”说成是天意的体现。唐代经学家孔颖达明确将三纲概括为“君为臣纲，父为子纲，夫为妻纲”。所谓五常，即仁、义、礼、智、信。最早由孟子提出以仁、义、礼、智为人心固有的先验道德观念，董仲舒增一“信”字，并明确提出“五常”观念。

学者评述

经过战国二百四五十年的斗争，到秦始皇二十六年灭六国，而中国史遂开始有大规模的统一政府出现。汉高称帝，开始有一个代表平民的统一政府。武帝以后，开始有一个代表平民社会、文治思想的统一政府。中国民族的历史正在不断进步的路程上。

——钱穆

汉武帝继承了汉高祖以来数十年休养生息所累积的国家资源，对内以“罢黜百家，独尊儒术”，奠下中央集权官僚体制运作的理论与方法；对外则连年发兵征讨匈奴，开拓四裔，使大汉声威远播，国势达于顶峰。

——黄仁宇

文景之治后，盛世并未结束，武帝即位后虽然改变了文景时期的政策，却把西汉的盛世推向高峰。武帝晚期虽有颇多失误，但国家元气未伤。经过昭帝和宣帝的调整，即“昭宣中兴”，保持了盛世的延续。元帝即位时，西汉的户口达到了汉代的最高点。因此，西汉盛世的终结，以宣元之际为界，前后延续了一百三十多年。

——张岂之

汉初七十年的历史，是社会经济从凋敝走向恢复和发展的历史，也是中央集权逐步战胜地方割据的历史。

——翦伯赞

秦始皇建造了有阶梯的官僚金字塔，汉武帝布下了搜尽天下士的大网，合成为周朝比不上的大帝国的稳固结构，历时两千多年，断裂后还能重建。这是世界上称得上大帝国的国家都比不起的。

——金克木

西汉帝王世系图

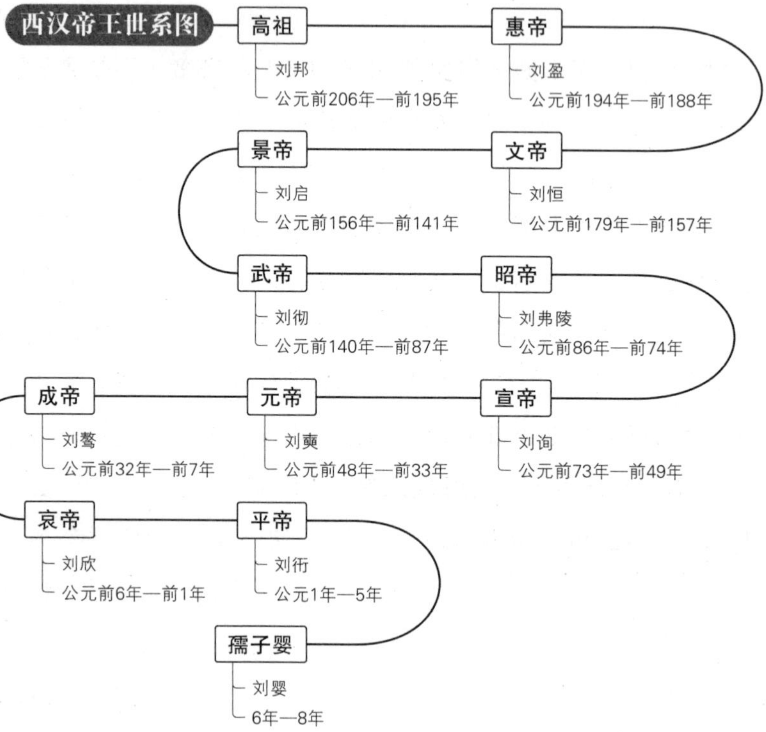

* 西汉重要皇帝：

汉朝开国皇帝：汉高祖

文景之治：汉文帝、汉景帝

杰出的政治家、文学家：汉武帝

昭宣中兴：汉昭帝、汉宣帝

为“王莽篡汉”埋下祸根：汉成帝

戚宦相争的东汉

公元 25 年—公元 220 年

历史故事

光武中兴

公元22年，南阳的豪族刘縯、刘秀兄弟为了恢复汉室，率领七八千人发动起义。后来他们与绿林军联合作战，屡次大败王莽军，更始帝刘玄怕刘縯功高震主，就找个借口把他杀了。公元23年，更始帝迁都洛阳，刘秀被派到河北，发展自己的势力。两年后，刘秀统一了河北，正式称帝，开始建立东汉王朝。

开国功臣咸阳王

咸阳王是指汉光武帝的开国功臣冯异。冯异作为刘秀的臣子，一直跟随刘秀开拓局面，为刘秀攻下邯郸、平定河北等地。刘秀很看重他，给他封侯。冯异为人谦逊，每次回营休整，其他将士都一起讨论各自的功劳，而冯异大都自己一个人在大树底下休息，军中称他为“大树将军”。一次，冯异和寇恂合力击败苏茂，追击到洛阳并绕城一周，大大宣扬了刘秀的声威，刘秀也因此下决心称帝。刘秀命冯异去攻打关中，亲自送他到洛阳西郊并赐给他乘舆和玉饰的七尺长剑。冯异没有辜负刘秀的期待，为刘秀攻下了关中等地，顺利助刘秀登帝位。冯异在刘秀的许可下，在上林苑屯驻了三年，把这个地方治理得很和谐。后有人上奏折，说冯异在关中专断，权力非常大，当地称他“咸阳王”。在这个皇权至上的时代，这无疑会为冯异惹来杀身之祸。而刘秀竟然直接将奏折拿给冯异看，冯异被吓坏了，连忙上前谢罪。刘秀却大度地说：“你我虽是君臣，但却亲如父子，我们有什么猜疑可言呢？你又怕什么呢？”冯异入朝为官后，又被刘秀允许带着妻儿回关中，专心驻扎在关陇一带，最终病死在前线。刘秀对功臣冯异很信任，这也是历史上君臣相互信任的一个典型。

娶妻当得阴丽华

刘秀还未称王的时候，曾看见京城巡警总头领执金吾威风八面的样子，他十分羡慕。他在去新野游历时曾听说附近有个出名的美人叫阴丽华，对她也心生爱慕。刘秀常说：“仕宦当做执金吾，娶妻当得阴丽华。”刘秀参加反王莽义军时，终于娶了阴丽华为妻。可是刚娶不久，便奉命去行军了。后来为了仕途，他又娶了郭圣通为妻，因为郭圣通的舅舅拥兵十余万。后来刘秀称帝，立阴丽华和郭圣通为贵人。郭圣通先为刘秀诞下皇子。刘秀想立原配阴丽华为皇后，但因郭家有功有权势又有第一个子嗣，而阴丽华也本性善良，宽容大度，多次辞让皇后之位，刘秀便立了郭圣通为皇后。后来阴丽华为汉光武帝生下了五个儿子且陪伴刘秀征战多年。而郭后逐渐宠衰，心中充满怨念，进而被废。阴丽华的儿子也继承了皇位，阴丽华最终被尊为皇太后。永平七年，阴丽华崩逝，与刘秀合葬原陵。

糟糠之妻不下堂

光武帝的妹妹湖阳公主刚失去丈夫，光武帝想在朝中给妹妹找个合适的人作丈夫，便问妹妹看中了谁。湖阳公主很有眼光，一眼便相中大司空宋弘。宋弘相貌德才在朝中均十分出色，但是已有妻子。光武帝知道宋弘是一个好人，也不敢保证一定能够让宋弘娶湖阳公主，便一直在找能够试探宋弘的机会。一日，他提前把湖阳公主安排在屏风后，在屏风前约见宋弘，对他说："人若显贵，朋友也会换；人若发财，老婆也可以换。"宋弘立刻说："我只知道贫贱之交不可忘，糟糠之妻不下堂。"光武帝听后便知此事做不成了。

得陇望蜀

东汉建武六年，刘秀率兵平定关中之时，遇到割据陇西的隗嚣和称霸巴蜀的公孙述这两股强大势力。公元 32 年，大将岑彭随光武帝亲征陇西，把隗嚣围在西城，公孙述派兵去救援，光武帝又派兵围之，并写信给岑彭说："如果攻下两城，就可以率兵南下攻蜀，人若不知足，既平陇，又望蜀。"得陇望蜀这个成语由此而来。后来这个词的意思变成了比喻人贪心、不知足。

投笔从戎

"投笔从戎"的典故出在西域名将班超身上，意即弃文从武，放下笔杆参军。班超是史学家班固的弟弟，少时因为家境贫寒，为了维持生计，给官府做些抄抄写写的工作。有一天，他把笔往桌上一丢，感叹道："大丈夫如果做不出别的大事业，也应该像张骞那样到边疆去为国家创业立功啊！怎么能安闲地和笔砚打一辈子交道呢？"班超感叹之日，也正是东汉初军中急需用人之时。汉明帝刘庄招募勇士，班超真的"投笔从戎"了，被任命为假（代）司马。奉车都尉窦固派他带兵进攻伊吾（今新疆哈密），他与北匈奴呼衍王战于蒲类海（今新疆巴里坤湖）旁，大获全胜，因而受到窦固的赏识。

班超出使西域

公元 73 年开始，班超曾奉命多次出使西域，并联络各国对抗匈奴。到公元 91 年为止，他成功地驱逐了北匈奴的势力，收服了鄯善、于阗、龟兹、姑墨等西域诸国，被封为西域都护。公元 94 年，西域地区的 50 多个国家都臣服于汉朝。从此，中西经济、文化交流的要道——“丝绸之路”又开始畅通。直到公元 102 年，70 岁的班超才回到洛阳，并在当年死去。他在西域前后度过了整整 30 个年头。

名将风范

皇甫规出身于军人家庭，从小便有着爱国情怀。起初，他只是一介布衣，看到当地将士毫无军事素养，就上书表明自己对局势的看法并判断打仗必败。后来当地军队果然战败。他的才能被郡太守看中。皇甫规对抗羌人时立下显赫战功，一举成名。羌人也对其十分敬佩，主动投降达十余万人。皇甫规是一名关心国家大事的将军，在朝中向皇帝推荐了人才，他推荐的人都十分清廉，也很有才华。但皇甫规不与得势宦官勾结，因此得罪了宦官，遭到污蔑，去皇家工场服苦役，后因其学生等人求情才被释放回老家赋闲。后来为抵御北方的匈奴、鲜卑，皇甫规又被重用。到“党锢之祸”时，皇甫规主动上书说：“我曾经推举过张奂，这是我依附党人；我被送去服役时，学生张凤等人为我上书，这是党人依附我。如果惩恶，我也应该一同受罚。”但朝廷还需要他守边疆，所以没有理会。当时的人们得知这件事后，都认为皇甫规高尚，有名将风范。

“宽厚长者”汉章帝

永平十八年（75 年），汉明帝刘庄卒，太子刘炟继位，为肃宗孝章皇帝。章帝在位期间，改变了光武帝和汉明帝的“严切”政治，被称为“宽厚长者”。他在嗣位的次年正月即诏令二千石劝农桑，慎选举，顺时令，理冤狱。同时还进一步强化了察举选官制，下令举贤良方正及能言极谏之士，并令举孝廉、郎中宽博有谋能任政事者。章帝虽然仍对外戚实行抑制政策，但外戚宦官已得到宽厚待遇，开始作起恶来，章帝一死，东汉政治便进入了黑暗时期。

东汉外戚、宦官之争

东汉的皇帝从汉和帝开始都是幼年即位。和帝即位的时候只有 10 岁，殇帝即位的时候还不到半周岁，安帝即位时 13 岁，顺帝 11 岁即位，冲帝即位时 2 岁，质帝 8 岁即位，桓帝即位时 15 岁。国家大事一般由他们的母亲皇太后处理。外戚指的就是皇帝的母族、妻族，也就是太后、皇后的亲戚们。年幼的皇帝长大后，想把权力从外戚的手中夺回来，就依靠身边最亲近的宦官打击外戚。宦官指的是宫中伺候皇帝及其后妃的人。宦官得到皇帝的信任，同样把持朝政，拿皇帝当傀儡。外戚利用皇帝对宦官的不满，卷土重来。这样东汉就出现了持续不断的外戚与宦官争权夺利的斗争。

十常侍专权

汉灵帝时专权的宦官集团被称为“十常侍”，其首领是张让和赵忠，他们玩弄小皇帝于股掌之上，以至于灵帝称“张常侍是我父，赵常侍是我母”。十常侍横征暴敛，卖官鬻爵，他们的父兄子弟遍布天下，横行乡里，祸害百姓，无官敢管。百姓不堪剥削、压迫，纷纷起来反抗。

党锢之争

东汉后期，宦官专政引起大地主出身的官僚以及一般地主阶级知识分子的不满。洛阳的太学生们，利用太学这个阵地讨论政治，抨击宦官，造成很大的舆论声势。这种风气被称为“清议”。他们的活动得到官僚、士人的支持。宦官们对此恨之入骨，诬蔑官僚和太学生结为朋党，对朝廷不利，对他们进行了严厉的打击。第一次打击党人是公元166年，在宦官的蛊惑下，桓帝通告各郡，逮捕党人，牵连了二百多人；第二次开始于公元169年，被杀死、流放、监禁的党人有六七百人，接着又有一千多太学生被关押起来。所有党人和党人的学生、父子兄弟以及其他亲戚，一律被免除官职，禁锢终身，不许再做官。这次“党锢之祸”一直持续了十多年。

黄巾军起义

东汉末年，统治集团十分腐朽，外戚、宦官竞相压榨农民，豪强势力不断扩张，土地兼并非常严重。农民的处境日趋恶化，很多被迫奋起反抗。黄巾起义的领袖张角以传道和治病为名，在农民中宣扬太平道的教义，进行秘密活动。他广泛传播“苍天已死，黄天当立，岁在甲子，天下大吉”。灵帝中平元年（184年）二月，由于计划泄密，起义提前举行。以黄巾为标志的农民起义军在七州二十八郡同时出现，攻城夺邑，取得了很大的战果。黄巾军人数极多，遍布大江南北，声势浩大，京师震动。但是他们组织涣散，各支力量未能协调配合。统治者采取集中兵力各个击破的策略，黄巾军主力在短短九个月的时间就被镇压了。主力部队失败后，分散在其他各地的农民起义军，仍然高举着黄巾军的旗帜，继续进行战斗，一直持续了20多年。这次起义瓦解了东汉政权，进而结束了极端黑暗的外戚宦官统治。

云台二十八将

新莽末年，刘秀在建立东汉前后，邓禹、马成、吴汉、王梁、贾复、陈俊、耿弇、杜茂、寇恂、傅俊、岑彭、坚镡、冯异、王霸、朱祐、任光、祭遵、李忠、景丹、万脩、盖延、邳彤、铫期、刘植、耿纯、臧宫、马武、刘隆这二十八人战功居多，皆封列侯，世代承袭。汉明帝永平（58 年—75 年）年间，于南宫云台绘此二十八人像，以志表彰。史称云台二十八将，或称中兴二十八将。

东汉 · 洛阳城遗址

东汉是继西汉之后又一个大一统的中原王朝，与西汉统称两汉。起于汉光武帝刘秀，止于汉献帝刘协，共存续 195 年，历经 14 帝。

东汉洛阳城遗址，位于河南省洛阳市偃师区，东汉光武帝于公元 25 年（即东汉第一年）在此建都。城内宫殿主要分为南宫和北宫。

时代文化

三公

“三公”是汉朝朝廷中最尊显的三个官职的合称。从汉武帝起，受经学影响，称丞相、御史大夫、太尉为三公。西汉成帝后，渐改丞相为大司徒、大尉为大司马、御史大夫为大司空，并以改称后的三大臣为三公，同行相权，并称宰相。东汉以太尉、司徒、司空为三公，但因尚书台上升为政务中枢，三公被架空。汉和帝以后，外戚、宦官交相专政，三公仅为备员。东汉末年，董卓自封相国，居三公之上。建安十三年（208 年），曹操罢去三公而置丞相、御史大夫，并自封丞相，汉朝三公制遂告终止。

九卿

中国古代中央政府机构和官员的合称。先秦文献中有卿之说。秦始皇时无九卿之称，实则中央事务机构也超过九个。汉初沿秦制，名称有所变更。宣帝、元帝时，九卿称谓出现于诏书之中。《汉书》中的卿，有太常、光禄勋、太仆、廷尉、太行、大鸿胪、宗正、大司农、少府、卫尉、执金吾、右内史、左内史、主爵都尉、太子太傅等十余种官。将九卿定为九个机构及其长官名称始于新莽，其制以中二千石为卿，即以大司马司允、大司徒司直、大司空司若、羲和、作士、秩宗、典乐、共工、予虞为九卿，分属于三公。东汉中央政府中亦设九卿官职。《续汉书》中将太常、光禄勋、卫尉、太仆、廷尉、大鸿胪、宗正、大司农、少府列为九卿。九卿固定为九官之后，和九卿相近的其他重要官员被排斥在九卿之外。刘熙《释名》否认汉有九卿之说，认为所置是十二卿；韦昭《辨释名》则认为九卿是指正卿，九卿之外尚有所谓外卿。

班固与《两都赋》

班固（32 年—92 年），字孟坚，扶风安陵（今陕西境内）人，东汉著名史学家、文学家。史学家班彪之子。班固继承父业，经 20 年潜心著述，修成《汉书》。后任汉兰台令史，死前《汉书》还缺八表和《天文志》。他还著有《白虎通义》《两都赋》等，后人辑有《班兰台集》。

《两都赋》分为《西都赋》和《东都赋》，西都指长安，东都指洛阳。《西都赋》主要赞扬了长安城物产丰富以及地势险要；《东都赋》则描绘了洛阳的繁荣景象，歌颂了东汉朝廷的政治措施，并以东都的节俭之风抨击了西都的奢侈浪费，使西都宾从内心折服。全篇气势宏大，条理清楚，说服力强，是汉赋的代表作之一。

张衡与浑天仪、地动仪

张衡（78 年—139 年），东汉南阳西鄂人，在安、顺二帝时任太史令，精通天文历算。117 年，张衡创制了一架精确的浑天仪。这架浑天仪是个可以转动的空心铜球，一根铁轴贯穿球体，轴的两端象征北极和南极；球体的外面有几个铜圈，分别代表地平圈、子午圈、黄道圈、赤道圈，赤道和黄道上还刻有二十四个节气。为了使浑天仪能转动，张衡又设计了滴壶滴水推动齿轮。浑天仪旋转时，标志各种天象的铜圈一起运动，和天体上星球的运动相似。

132年，张衡发明测定地震方位的地动仪，它以精铜制成，圆径八尺，合盖隆起，形如酒樽，中有都柱，傍行入道，施关设机，外应八龙衔珠，遇震，龙口张吐铜珠，适堕于其下方之蟾蜍口中。此仪器成功地测报了汉顺帝永和三年（138年）陇西地震。地动仪的发明比欧洲早1700多年。

华佗与五禽戏

华佗，东汉末年医学家，又名敷，字元化，沛国谯（今安徽亳州）人，精内、外、妇、儿各科和针灸，外科尤为擅长。他发明“麻沸散”给患者麻醉后施行手术，是世界上最早施用全身麻醉术的医生。他认为人体必须经常活动，才能使饮食消化，血脉流通，少生疾病，遂模仿虎、鹿、熊、猿、鸟的姿态，创“五禽戏”气功术以锻炼身体。华佗后因不从曹操征召为侍医，死于牢中。

蔡伦与造纸术

蔡伦（？—121年），字敬仲，桂阳郡（今湖南郴州）人，东汉宦官、发明家。蔡伦于明帝后期入宫，章帝时为小黄门，和帝即位后升为中常侍，参与政事，加位尚方令。114年，蔡伦被封为龙亭侯、长乐太仆，历经明、章、和、安四帝，服侍宫廷40余年。他有巧思，监作御用器物，精工坚密，曾改进西汉以来用丝麻纤维造纸的技术，以树皮、麻头、破布、旧渔网等易得到的原料造纸，使纸的质量提高，造价更便宜，时称“蔡侯纸”。后世遂以蔡伦为造纸术发明人。

张仲景与《伤寒杂病论》

张仲景（150年—219年），名机，中国古代名医，东汉南阳郡

（今河南南阳）人，有“医圣”之称。张仲景辞官行医，博采众方，著《伤寒杂病论》16卷，记治传染病方30种，治疗原则397条，原本已佚。该书经后人整理为《伤寒论》和《金匮要略》两书。张仲景确立中医学辨证施治的法则，明确提出了包括理、法、方、药在内的一整套诊治原则，使基础理论与临床实践密切结合，为后世临床医药学发展奠定了基础。

《汉书》

《汉书》由东汉班固所撰，共100篇，120卷，是我国第一部纪传体断代史。该书叙述了西汉200多年政治、经济、文化的发展情况，内容丰富，构思缜密，继承《史记》体例而稍有改变，如改“书”为“志”，取消“世家”，增加了“刑法”“五行”“地理”“艺文”四志及“百官公卿表”等，是后世研究西汉历史的重要史料。

我国第一部字典——《说文解字》

《说文解字》是东汉人许慎所撰，是我国第一部按部首编排的字典。全书共分540个部首，把部首相同的字排列在一起。全书一共收录了9353个字。它以秦汉通行的小篆为主体，把不同于小篆的古文、籀文形体列在下面，按照“六书”的原则分析字的形体构造，从而说明字的本义，在解释字义的时候，也涵盖了天地、鬼神、山川、草木、鸟兽、昆虫、杂物、制度、礼仪、世间人事等各个方面的内容。许慎时代尚无反切注音方法，故注音仅云“读若某”而已。北宋人徐铉根据孙愐《唐韵》加注反切于每字之下，但与汉人读音不符。此书是帮助我们认识甲骨文和金文的桥梁，对阅读古汉语和研究中国古代史均有参考价值。

我国现存最早的数学著作——《周髀算经》

《周髀算经》是我国现存最早的数学著作，也是天文学著作，大约在 1 世纪成书。该书对数学上难度大、相当复杂的分数乘除计算方法进行了较系统的阐述，对勾股定理也进行了论述，还记载了它的应用情况。三国时期东吴人赵爽注解《周髀算经》时，用弦图给勾股定理作了证明。在天文学方面，该书对宇宙结构等问题也作了初步描述。

《九章算术》

《九章算术》共分九章，系统总结了我国秦代以来的数学成就，含分数、四则运算和比例计算，还有各种面积、体积的计算方法，以及利用勾股定理进行测量，一次方程、二次方程的解法和开平方、开立方的方法等。特别是在世界数学史上，该书第一次记载了负数的概念和正负数加减的运算法则。书中还涉及几何学的内容，构成了完整的数学体系。《九章算术》对中国古代数学的发展所产生的影响，巨大而深远。它不仅在中国数学史上有很高的地位，同时也影响到朝鲜、日本，被译成多种文字出版发行。

汉赋

赋是介于诗歌和散文之间的一种文学体裁，初期多为骚体，形式近于《楚辞》，以屈原的《离骚》为代表。赋的名称始于战国时荀卿的《赋篇》，到汉代形成一种特定的体制。西汉辞赋家枚乘作《七发》，开创了一种比较散文化的新体赋。所谓汉赋，一般指的是这种新体赋，又分为大赋和小赋。大赋气势宏大，富丽堂皇，多用铺张手法描写都城、宫宇、园苑和帝王穷奢极侈的生活，于篇末或寓讽谏之意，间有辩难、说理之作；小赋多为抒情作品，风格比较清新。

乐府诗

乐府原为掌管宫廷音乐的机构，始设于秦。汉武帝时，为宫廷娱乐和庙堂祭祀，广搜民歌，配乐加工成乐府诗。“乐府”便由机构名称转义为一种带有音乐性的特殊诗体。这些民歌深入反映了当时社会生活的各个方面，名篇有《病妇行》《陌上桑》《十五从军征》《东门行》《战城南》等。东汉末年的长篇叙事诗《孔雀东南飞》，则是汉代乐府民歌的杰出代表作，也是我国诗歌史上不朽的名篇。东汉时期还出现了文人学习改造乐府形式的五言诗，其代表作《古诗十九首》，是一群无名诗人所作，后人习惯以首句标题。汉乐府不仅哺育了汉代文人的诗歌，而且对魏晋南北朝以至唐代诗人都有巨大影响。

《孔雀东南飞》

《孔雀东南飞》是东汉乐府民歌中最著名的长篇叙事诗。全诗共350多句，通过叙述焦仲卿和刘兰芝这对恩爱夫妻在封建礼教摧残下的婚姻悲剧，有力地揭露了封建礼教、封建家长制的深重罪孽，表达了青年男女追求婚姻幸福的美好愿望。故事情节曲折生动，表现形式丰富多彩，为世人广泛传颂，堪称是乐府诗中的代表作。

汉画像砖

画像砖是古代祠堂、墓室的一种装饰画，盛行于东汉时期，四川、山东、河南等地发现较多。其表现形式为阳刻线条、阳刻平面、浅浮雕等相结合，用模型印制，或直接刻在砖上，有的施加色彩。图案内容有割禾、制盐、采莲、射猎，以及饮宴、舞乐、杂技、车马出巡、神仙故事等，反映了当时劳动人民和统治阶级的不同生活。

学者评述

士人在政治上占有地位，自西汉武、宣以来，已逐步显著，而到东汉更甚，这里有几层因缘：一、朝廷帝王之极端提倡。二、民间儒业之普遍发展。三、博士弟子额之日以增添。而尤要者则在当时之地方察举以及公府征辟制。

——钱穆

东汉从统一走向长期的分裂也有极其复杂的因素。举其荦荦大者，第一是匈奴、羌族不断内徙，在北方和西北边疆形成极大的势力。第二是世族的兴起，士大夫保家之念远重于效忠朝廷。第三是在思想上儒学重群体的意识开始衰落，代之而起的是重个体自由的老庄。第四是民间文化对上层的儒教文化公开反抗。

——余英时

这个时代（灵帝献帝时代）是个大乱的时代。政治的昏乱到了极端。清流的士大夫都被那“党锢”之祸一网打尽。这个纷乱的时代，却是文学史上的一个很灿烂的时代。这个时代的领袖人物是曹操。

——胡适

后汉的乱源，共有好几个，其中最重要的，就是外戚和宦官。

——吕思勉

从长远的历史眼光看来，后汉因袭前代过甚，只能继续充实一个原始型以小自耕农作基干的大帝国，不能替中国打开新局面。

——黄仁宇

在东汉建国以后的十余年中，兵长、渠帅的活动迄未停止。他们散在郡县，威福自行，权势胜过官府，“小民负县官不过身死，负兵家灭门殄世”。在光武帝的攻击下，这些兵长、渠帅更是“各生狐疑，党辈连接，岁月不解”。所以，尽管全国统一战争已经完成，地方豪强势力仍然很嚣张，东汉统治很不巩固。

——翦伯赞

和帝以后百年间是汉室渐趋灭亡的时期，同时也是古代中国大崩溃的开始。外戚与宦官是帝制的两种不可避免的弱点。作为皇权制度的寄生虫，皇权越集中，他们的权势也就越大。随着东汉以来皇权的膨胀和专制政治体制的加强，外戚和宦官的势力也开始狐假虎威，在绝对皇权的庇护下作威作福，甚至达到了操纵皇帝、肆行废立的地步。

——雷海宗

东汉帝王世系图

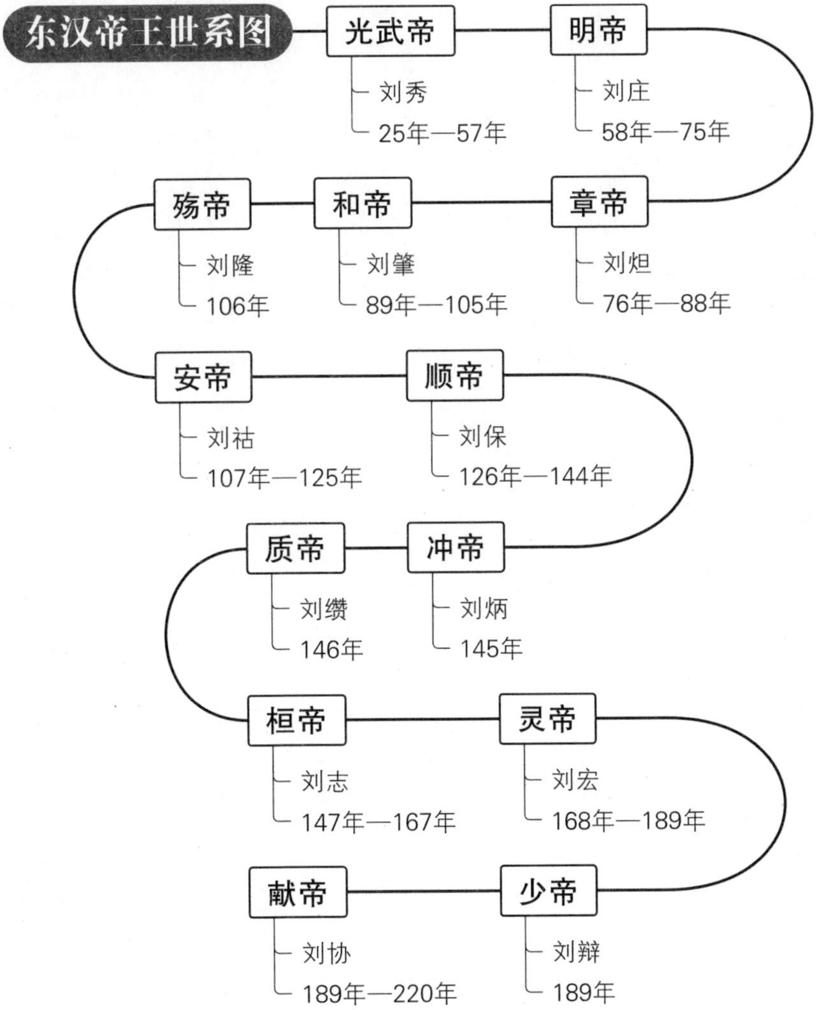
东汉帝王世系图
光武帝
刘秀
25年—57年
明帝
刘庄
58年—75年
章帝
刘炟
76年—88年
和帝
刘肇
89年—105年
殇帝
刘隆
106年
安帝
刘祜
107年—125年
顺帝
刘保
126年—144年
冲帝
刘炳
145年
质帝
刘缵
146年
桓帝
刘志
147年—167年
灵帝
刘宏
168年—189年
少帝
刘辩
189年
献帝
刘协
189年—220年

纷乱动荡的三国

两晋南北朝

公元 220 年—公元 589 年

历史故事

魏

曹操献刀

曹操（155 年—220 年），字孟德，小名阿瞒，谯（今安徽亳州）人，三国时政治家、军事家、诗人。

东汉末年，董卓任西凉刺史，统率 20 万大军。他专断朝政，利用朝中宦官争权夺利之机，率兵攻陷京城洛阳，废少帝刘辩，立献帝刘协，自封为相国。

曹操为人刚毅、足智多谋，总想找机会除掉董卓。于是他假意投靠董卓，骗取了董卓的信任。一天，曹操将一把七星宝刀藏在身边，准备行刺董卓，却找不到下手的机会。正当他鼓足勇气准备拔刀时，却被董卓发现。曹操假装镇静，跪在地上不慌不忙地说："相国大人，臣有宝刀一把，想献给大人。"董卓见曹操献上宝刀，也未多加疑惑，连声说"好刀，好刀"，便收下了。

这时，吕布牵着一匹好马来到相府，曹操看了马后，要求试骑。董卓让曹操上了马，只见曹操扬鞭跃马走出相府，直奔东南而去。曹操刚走不远，董卓顿时醒悟过来，立即命手下去捉拿曹操。可是，曹操骏马奔驰，早已逃得无影无踪了。

挟天子以令诸侯

196 年，汉献帝和大臣们从长安返回洛阳。由于董卓之乱，洛阳一片残破，粮食匮乏。曹操此时已经占据了许县（今河南许昌），他采纳谋士荀彧的建议，以方便供给粮食为由，将汉献帝迎接到了许县，并将许县改名为许都。从这以后，曹操以天子的名义向天下诸侯发号施令，掌握了巨大的政治优势。

官渡之战

东汉末年，军阀割据，北方逐渐形成了袁绍和曹操两个强大的军事集团。袁绍占有幽、冀、青、并四州，自恃兵多粮足；曹操占有兖、豫二州，并把汉献帝挟持到许都，双方都企图独霸天下。建安四年（199 年）春，袁绍组织十万大军，进驻黎阳（今河南浚县东北），企图南下攻打许昌，一举消灭曹操。时曹兵力单薄，用来迎敌的军队仅有二三万人。为争取战略主动，曹操抓住时机，调兵遣将，先行攻占一些战略要地，并把主力布置在许昌北面的官渡（今河南中牟县东北），以待袁绍。200 年二月，袁绍分兵包围了屯驻白马（今河南滑县东南）的曹军，曹操以声东击西的战术，大败袁军。初战获胜后，曹操退守官渡，两军对阵相持。十月，曹操又派兵偷袭乌巢（今河南延津县东南），焚烧袁军的粮草辎重，并趁袁绍军心动摇之机挥兵猛进，歼灭袁军七万余人。袁绍父子带着八百残兵逃回北方。两年后袁绍忧愤而死。官渡之战为曹操统一北方奠定了坚实的基础，并为其在三国鼎立的局面中占据优势提供了有利条件，是我国历史上以弱胜强的著名战例。

击鼓骂曹

曹操为了扩大自己的势力，想请人去刘表那里游说，孔融就推荐了他的好朋友祢衡。祢衡被请来后，曹操对他未以礼相待，惹得祢衡当面骂遍了曹操手下的谋士和大将。第二天，曹操大宴宾客，让祢衡击鼓取乐，想当面羞辱他。祢衡身穿破衣上堂，有人责问祢衡为何不更衣，祢衡当场脱衣，光着身子站立，吓得宾客以手捂眼，气得曹操大骂祢衡无耻。祢衡反唇相讥，说："什么叫无耻？欺君才叫无耻。我光着身子，是让大家看看我的清白。"随后一面击鼓，一面大骂曹操，毫无惧色。

曹冲称象

曹冲是曹操的儿子，小的时候聪明敏慧，智力超人。当时孙权送给曹操一头大象，曹操想知道大象的重量，遂问群臣，无人能答。曹冲给出了自己的答案：把大象放在船上，刻下船的吃水线。再把其他物品放到船上，直到到达同样的吃水线，再称这些物品，就可以知道它的重量了。曹操听了，十分欢喜，命令手下依此照办，称得大象的重量。

曹操称魏王

自从曹操统一了北方以后，便加快了取代汉室的步伐。他首先清除了倾向于东汉王朝的力量，又于 208 年废三公官制，自封为丞相，总揽军政大权。216 年，汉献帝被迫封曹操为魏王。虽然曹操始终没有正式称帝，但他已经为曹氏代汉称帝作好了准备。

曹丕称帝

220 年，曹操病逝，其子曹丕继位当了丞相和魏王。当时东汉已完全沦为曹魏的傀儡王朝，曹丕又实行九品中正的选官制度，得到世家大族的支持。同年十月，曹丕迫使汉献帝让位，即位为帝，定国号为魏，改元黄初，定都洛阳，并追尊曹操为武皇帝。

司马懿平辽东

东汉末年，辽东太守公孙度自称辽东侯，拥兵割据辽东。他对曹操时叛时降，让辽东保持着半独立的地位。公孙度的孙子公孙渊继任了辽东太守之后，自立为燕王，对魏形成了威胁。238 年春，魏明帝曹叡派太尉司马懿率兵平定了辽东。此举从根本上扫除了魏国北方的威胁，为后来司马氏夺取曹氏政权奠定了基础。

高平陵事变

239 年，魏明帝病死，即位的齐王曹芳只有 8 岁，由大将军曹爽和太尉司马懿辅政。曹爽为了独揽大权，将司马懿改任太傅，而司马懿则称病在家，密谋对策。249 年，曹爽兄弟跟随魏少帝曹芳出城到高平陵祭拜祖陵，司马懿趁机发动兵变，控制了洛阳城，并以太后的名义免除曹爽大将军的职务，曹爽被迫交权。司马懿不久便以谋反罪名诛杀了曹爽及其心腹何晏等三族，司马氏成功地掌握了曹魏大权。

司马昭杀曹髦

260 年，司马懿的儿子司马昭自封为晋公，依然独揽曹魏大权。当时的魏帝曹髦不甘心长期受制于司马氏，对几个臣子说：“司马昭之心，路人皆知。”他准备讨伐司马氏。有人向司马昭告密，司马昭的部下贾充率众拦截曹髦，曹髦被杀。司马氏终于彻底击垮了曹氏集团。

蜀汉

三顾茅庐

官渡之战后，原本依附袁绍的刘备，在北方站不住脚，被曹操所逼，投靠了荆州牧刘表，率军驻扎在樊城（今湖北襄樊）。为了发展自己的力量，刘备在别人推荐之下，亲自带着关羽、张飞二将到隆中（今湖北襄阳西，一说今河南南阳）拜访具有济世之才的诸葛亮，连去了三次才如愿以偿。诸葛亮为刘备制订了发展战略，并出山开始了辅佐刘备的生涯。

刘备称帝

刘备（161 年—223 年），字玄德，涿郡（今属河北）人，自称是汉景帝之子中山靖王刘胜的后代。汉灵帝末年黄巾起义爆发，刘备随关东各州郡起兵平定义军，先后投靠过公孙瓒、陶谦、曹操、袁绍、刘表等人，备尝寄人篱下、流离奔走之苦，后得到诸葛亮的佐助决定联吴抗曹。208 年赤壁一役，孙刘联军败曹后，刘备得以立足荆州，不久占益州、取汉中后，刘备建立了稳固的根据地。赤壁战后，三国分立的趋势已成，但由于汉献帝刘协正统名分的存在，曹操、刘备、孙权在十余年间，都没有公开称帝。220 年，曹丕代汉后，谣传汉献帝已死于曹丕之手，于是蜀中文臣武将纷纷上表，进劝刘备早即皇位。

于是次年，刘备在成都即皇帝位，继续以“汉”为国号，建元章武，以诸葛亮为丞相，封吴氏为皇后，立刘禅为太子，史称“蜀汉”。222年，孙权也称王江东，229年正式称帝。三国鼎立局面正式形成。

诸葛亮挥泪斩马谡

街亭为汉中咽喉要地，诸葛亮欲派将驻守，马谡主动请命。诸葛亮再三叮嘱须靠山近水扎营，并令王平辅之。马谡刚愎自用，又不听王平谏言，竟在山顶扎营，因而被魏将张郃所败，街亭失守。马谡不遵诸葛亮将令，失守街亭，与王平回营请罪。诸葛亮虽然爱惜将才，但军法无私，于是挥泪斩马谡，并因自己用人失当，上表自贬。

白帝城托孤

222年，吴、蜀夷陵之战，蜀军在猇亭大败，刘备遭受了巨大的精神打击，心情抑郁；长期的戎马征战，又给他的身体带来极大的损伤。退回白帝城后，刘备一病不起，病情日甚一日，于是召诸葛亮来到白帝城，托付后事。无才而年幼的太子刘禅和尚不稳定的蜀汉形势，都令刘备放心不下。他叮嘱诸葛亮：“如果太子可以辅政，以丞相的才能辅佐太子，定能成就国家；如果太子实在不行，请自代刘禅为帝，以拯救国家。”诸葛亮动情地表示：要鞠躬尽瘁，死而后已。白帝城托孤后，刘备于223年在白帝城永安宫病逝，享年63岁。之后刘禅即位，是为蜀后主，改元建兴，封丞相诸葛亮为武乡侯。白帝城托孤，刘备深深信赖诸葛亮；日后辅政，诸葛亮不负先主重托。

七擒孟获

后主刘禅即位后不久，南蛮不断犯蜀，诸葛亮当即点兵南征，擒住了南蛮的首领孟获。孟获不服气，说什么胜败乃兵家常事。诸葛亮得知后，下令放了孟获，然后找来孟获的副将，故意说孟获将此次叛乱的罪名都推到了他的头上。副将听了十分生气，大声喊冤，于是孔明将他也放了回去。副将回营后，心里一直愤愤不平。于是，他将孟获请入自己帐内，将孟获捆绑后送至了汉营。孔明用计二次擒获了孟获，孟获却还是不服，诸葛亮便又放了他。就这样，捉了放，放了捉，前后捉了孟获七次。孟获第七次被擒时，孔明要故意再放了他。孟获忙跪下起誓：以后将决不再谋反。诸葛亮见他已心悦诚服，觉得可以利用，于是便委派他掌管南蛮之地，孟获等听后不禁深受感动。从此诸葛亮便不再担心南蛮犯境，专心对付魏国去了。

邓艾灭蜀

蜀汉后期，后主刘禅昏庸无能，政治日益腐败。263 年，曹魏大将军司马昭派出三路大军讨伐蜀汉。魏将邓艾率军走小路偷渡阴平，很快直逼成都。刘禅经过与群臣会商，决定投降曹魏。刘禅被押到了洛阳，蜀汉就此灭亡了。

㊐吴

孙策定江东

孙策是三国吴郡富春（今浙江富阳）人，字伯符，孙坚之子。孙坚死后，孙策依附袁术，收领其父残部千余人。兴平二年（195 年），年仅 21 岁的他摆脱袁术的控制，独自率兵前往江东，击溃了扬州刺史刘繇，成功地在江东壮大了自己的势力。196 年，孙策攻下会稽（今浙江绍兴），在接下来的几年间，又先后削平了当地的割据势力，大体上统一了江东。200 年，孙策遇刺身亡，但他为弟弟孙权在江东地区建国打下了良好的基础。

赤壁之战

曹操统一北方后，欲南下完成统一大业。建安十三年（208 年），曹操改编荆州刘琮降卒，组织二十多万人马，号称八十万，由江陵（今属湖北）顺江而下。诸葛亮奉刘备之命，联络江东，与孙权联兵抗曹，遂与曹军先头部队相遇于赤壁（今湖北嘉鱼东北，一说湖北蒲圻西北）。曹军初战不利，将军队撤回长江北岸。孙刘联军利用曹军远来疲惫、骄傲轻敌之机，派黄盖诈降。时曹操军中疾疫流行，加之北方人不习水性，便令战船首尾相连，以习水战。黄盖发现了铁索连船的弱点，采用火攻战法突袭曹军。曹军大乱，夺岸纷逃。孙权的大将周瑜与刘备主力军随即水陆并进，追击堵截曹操，曹军全线溃败，死伤过半。赤壁之战后，曹操无力再战，率残兵逃回江陵，命曹仁守江陵，乐进守襄阳，曹操本人率军退回北方。赤壁之战奠定了三国鼎立的基础。

吕蒙袭取荆州

219 年，关羽在樊城之战中水淹七军，威震华夏。曹操暗中派人联络孙权，双方达成了前后夹击关羽的密谋。孙权为了麻痹关羽，派不出名的陆逊代替大将吕蒙驻守陆口（今湖北嘉鱼）。关羽看不起陆逊，果然上当，抽调荆州守军支援襄樊前线。这时吕蒙趁机率领精兵偷袭，很快夺取了刘备集团占据的荆州地区。关羽急忙回撤，结果败走麦城（今湖北当阳东南），最后全军溃散，关羽及其儿子关平都被吴军斩杀。

夷陵之战

建安二十四年（219 年），吴军俘杀关羽，出兵攻占荆州。章武元年（221 年），蜀主刘备为夺回荆州，以为关羽报仇为名，亲率大军数十万东进攻吴。孙权派大将陆逊率兵五万迎敌。蜀军连战连捷，攻入吴境五六百里，自巫峡连营至夷陵（今湖北宜昌东），同时得到武陵蛮的支持，声势浩大，锐不可当。刘备沿江设置几十个军营。陆逊以逸待劳，坚守不出达六七个月之久。到次年，蜀军已是疲惫不堪，士气低落。陆逊于猇亭（今湖北宜都北长江北岸）与蜀军决战。吴军利用火攻，大破蜀军四十余营。刘备尽失舟船器械，狼狈逃回白帝城（今重庆奉节东北）。蜀军主力严重受挫，刘备于 223 年忧愤病故。夷陵之战后，蜀再无力攻吴，吴亦无力西进，三国鼎立局面最终稳定。

卫温求夷洲

230 年，孙权派将军卫温等人率船队出海寻找亶洲，当时民间流传为秦始皇寻找仙药的徐福将所带童男童女留居亶洲，并传岛上人民“时有至会稽货布”以及大陆人民至亶洲者。结果未找到亶洲而找到夷洲（夷洲是三国时对今天台湾的称呼）。船队历尽艰辛，终于抵达了夷洲。他们在岛上停留数日后，掳得数千人而回。这是大陆王朝与台湾岛的最早一次交往。此后，双方的海船频频来往于两岸，台湾成为中国领土不可分割的一部分。

西晋

司马炎称帝

司马昭派贾充杀曹髦之后，将自己封为晋王，作好了称帝的准备。265 年，司马昭去世，他的儿子司马炎继位为晋王，并命令魏的文武大臣都改任晋官。同年十二月，司马炎迫使魏元帝曹奂让位，正式称帝，建国号为晋，定都洛阳，改年号为“泰始”，史称西晋。司马炎就是晋武帝。

晋武帝统一全国

司马炎即位后，所做的最大的一件事就是统一全国。当时，蜀国已亡，所谓统一全国，就是消灭吴国。由于吴国水军强大，他派得力将领在巴蜀训练水军，定下水陆并进的策略。而此时，吴国政治腐败，人心离散。于是，晋武帝决定趁机伐吴。太康元年（280 年），二十万晋军在东西千里的战线上，兵分六路，同时出击，直捣吴都建业。鼎立数十载的三国，至此成为司马氏的江山。

石王斗富

西晋的统治阶级享有政治、经济等特权，他们广殖财货，骄奢淫逸，竞相炫耀。晋武帝的舅父王恺和荆州刺史石崇经常以斗富为乐，浪费了大量的财富。王恺以糖水洗锅，石崇就用蜡烛代柴，石崇用椒泥涂屋，王恺就用赤石脂泥做墙等。西晋的门阀士族糜烂腐化，从而使得阶级矛盾迅速激化，并造成了西晋末年的天下大乱。

八王世系与八王之乱

八王之乱中的八王世系是：

汝南王司马亮是司马懿四子；

楚王司马玮是司马炎五子；

赵王司马伦是司马懿九子；

齐王司马冏是司马炎弟司马攸之子；

长沙王司马乂是司马炎六子；

成都王司马颖是司马炎十六子；

河间王司马颙是司马懿侄太原烈王司马瑰子；

东海王司马越是司马懿侄高密王司马泰子。

晋朝初年，晋武帝大封司马子弟为王，并使他们握有军政大权，用以屏藩宗社。西晋太熙元年（290 年），晋武帝死，惠帝司马衷继位，外戚杨骏辅政。皇后贾南风于永平元年（291 年）三月矫诏诛杀了杨骏。后朝政由汝南王司马亮和太保卫瓘主持，贾后又指使楚王司马玮杀掉二人，然后否认曾下过密诏，以“擅杀”大臣的罪名处死了司马玮。永康元年（300 年）贾后又杀死了对她不满的太子司马遹。贾氏乱政滥杀引起了诸王和朝臣的怨恨，赵王司马伦以替太子报仇为名率兵入宫，毒杀贾后并消灭其党羽，随即控制朝政，封惠帝为太上皇，自称皇帝。301 年，齐王司马冏、成都王司马颖、河间王司马颙、长沙王司马乂、东海王司马越等联合起兵讨伐司马伦。此后，这一场争权夺利的战争由京城波及地方，演变成为大规模的武装混战。光熙元年（306 年）东海王司马越入朝专政，杀颖与颙，毒死惠帝，另立怀帝司马炽。诸王势力在混战中消耗殆尽，这场历时十六年的司马王族争夺中央统治权的“八王之乱”才算结束。

永嘉之乱

八王之乱中，北方少数民族贵族乘机反晋。建武元年（304 年）匈奴贵族刘渊称大单于，又于永嘉二年（308 年）称帝，迁都平阳（今山西临汾），王弥和石勒都来归附。永嘉四年（310 年）刘渊卒，其子刘聪杀兄夺位，命刘曜和王弥、石勒攻取洛阳。东海王司马越率晋军主力弃洛阳而奔许昌。永嘉五年（311 年）三月司马越病死军中，太尉王衍率军行至苦县宁平城（今河南郸城东北）被石勒追及。石勒纵骑围射，晋军十余万人全部被歼。东海王司马越的儿子和晋宗室四十八王自洛阳出逃，也尽被石勒杀害。同年六月，刘曜、王弥攻破洛阳，晋百官士庶死者三万人，城市变为废墟。晋怀帝被俘，后被杀害。

西晋灭亡

晋愍帝司马邺 14 岁继皇帝位。匈奴汉国中山王刘曜驱军大进，攻打长安。建兴四年（316 年），晋愍帝向刘曜递交降表。第二天，愍帝乘羊车，光着上身；口衔玉璧，带着棺木，出长安东门，去刘曜军营投降。刘曜以礼接待晋愍帝，焚烧了棺木，接受了玉璧，为他解开绑绳，表示接受他的投降。至此，西晋宣告灭亡。从司马炎称帝到司马邺投降，西晋共历四帝，约 52 年。

东晋

永嘉南渡

司马睿是司马懿的曾孙，15 岁时袭父封为琅琊王，其封国紧邻东海王司马越。八王之乱时，他追随司马越，并受命镇守下邳（今江苏睢宁西北），后因下邳难以守御，得司马越同意，于永嘉元年（307 年）以安东将军、都督扬州江南诸军事，移镇建邺（今江苏南京，后又改称建康）。司马睿与琅琊著名士族王导交好。司马睿初镇江东，南方士族心存疑虑，对其态度冷淡。王导帮他拉拢南方士族，于是任命名士顾荣为军司马、散骑常侍，贺循为吴国内史，以此吸引南方士族归附司马睿。此后多数南方士族对司马睿的态度由观望转为支持。王导又极力周旋其间，终使南北士族政治联合。建武元年（317 年），得知晋愍帝投降后，司马睿自称晋王，次年称帝，定都建康，历史上称为东晋。司马睿即是晋元帝。

王与马共天下

王导因为有辅佐皇帝再造晋室之功，深得司马睿的信任。王导身为宰相，掌握中央的行政大权，其堂兄王敦手握重兵，掌握军事大权。其他重要的官职，也被王家人所占有。在东晋王朝，王家几乎和司马氏平起平坐，所以当时流传一句话“王与马共天下”，意思是王导和司马睿共同掌握天下。

祖逖北伐

祖逖，范阳遒县（今河北涞水北）人，年轻时即胸怀大志，枕戈待旦、闻鸡起舞的奋发精神一直被后世有志之士传为美谈。他曾做过太子中书舍人，随晋惠帝北伐，兵败后退居洛阳。西晋末，京师大乱，祖逖率族南迁。东晋建立前，他就向司马睿请求北伐。司马睿命他为豫州刺史，仅给他一千人和三千匹布，要他自筹人马、自制兵器进行北伐。建兴元年（313 年），祖逖率百余部曲渡江，在船划到中流时，他慷慨激昂地敲着船楫起誓说："祖逖不能清中原而复济者，有如大江！"跟随他的人都被其豪情壮志所感动，斗志倍增。这就是历史上有名的"渡江击楫"的故事。渡江以后，他在淮阴（今属江苏）打造武器，招募士兵。在北方广大汉族人民支持下，很快收复黄河以南的全部失地。正当祖逖满怀信心，继续北进时，司马睿派南方大族戴渊为征西将军，司兖、豫、并、雍、冀、梁六州诸军事，以钳制祖逖。祖逖处处受制，忧愤成疾，于大兴四年（321 年）病故。河南之地旋又为石勒所据，北伐成果被断送。

桓温北伐

桓温，晋明帝婿，在晋穆帝司马聃时任荆州刺史，握长江上游兵权，在攻灭成汉后，声威大振。

东晋中期，桓温为捞取政治资本和抢夺军权，先后三次北伐中原：第一次攻打前秦，直抵关中，进军灞上（今属陕西），由于决心不大，遭前秦反击而失败；第二次攻打羌族姚襄，一举攻克洛阳（今属河南），但不久被前燕收回；第三次攻打前燕，直抵枋头（今属河南），由于坐失战机，给养供应不足，最后也被迫撤兵。桓温还朝后继续专权，废司马奕，立简文帝，以大司马身份出镇姑熟（今安徽当涂）。

宁康元年（373 年），桓温病死。

王敦反晋

王敦出身士族，任扬州刺史、都督征讨诸军事，后以镇压杜弢起义，升为镇东大将军，握重兵驻扎在武昌。西晋灭亡，王敦拥护司马睿建立东晋政权，升任为大将军、荆州牧。

由于司马睿抑制王敦的势力，王敦于永昌元年（322 年）写了一道表文，指责刘隗是“佞邪谗贼”，宣布“吾欲除君侧之恶”，在武昌起兵反晋。不久，王敦将建康围困，且袭击石头城。晋元帝司马睿见势不妙，便让刘隗等领精兵速离建康，各奔前程。

同时，东晋的开国元勋王导反对其堂兄这样公开夺取朝廷大权，劝告王敦退兵。王敦也认为时机尚未成熟，于是退回武昌。

淝水之战

前秦苻坚统一北方后，想乘机进攻东晋，意图统一全国。前秦建元十九年（383 年），苻坚与其弟苻融率兵八十七万南下攻晋。东晋以徐、兖二州刺史谢玄等率北府兵八万迎战。谢玄派名将刘牢之率精兵五千人，偷渡洛涧（即洛河，位于今安徽淮南），击败苻坚军前锋，继而挺进淝水。苻坚登寿阳城（今安徽寿县），见晋军齐整，又见八公山（今安徽凤台东南）上草木森然，皆以为晋军，心生疑悸。谢玄派使者要求前秦军后撤，以便晋军渡河决战。苻坚、苻融企图乘晋军半渡时加以截击，就下令后撤。可是，秦军将士不明白后撤的意图，以为秦军败了，顿时大乱，一退便不可收拾，自相践踏，死者不可胜数，正所谓“风声鹤唳，草木皆兵”。晋军趁势渡水猛攻，大败秦军，苻融战死，苻坚带伤逃归。淝水之战，使南方免于战祸，江南经济得以持续发展。战后，北方分裂，南北方进入对峙状态。

桓玄之乱

东晋末年，会稽王司马道子父子专权。398 年，桓温之子桓玄等人相继起兵反抗。桓玄趁机壮大自己的势力，自称占有东晋领土的三分之二。402 年，桓玄打败了司马氏的军队，控制了朝政大权。次年，桓玄自立为帝，改国号为楚。不久，北府兵将领刘裕赶走桓玄，恢复了晋安帝的皇位，乱事遂平。

刘裕北伐

刘裕平定了桓玄之乱以后，逐渐掌握了东晋政权。409 年，北方南燕政权出兵攻打东晋，刘裕为了建立个人威望，率军北伐南燕，于第二年灭了南燕，收复了青州和兖州地区。416 年，刘裕再次北伐后秦，于次年八月攻陷长安，灭了后秦，收复了黄河以南的地区。

五胡十六国

五胡十六国

五胡是指东晋时期居住在我国北方地区的五个少数民族，即匈奴、鲜卑、羯、氐、羌。西晋末年，这些民族相继内迁中原北部地区。自永安元年（304 年）至南朝宋文帝元嘉十五年（439 年）的三十五年间，这五个民族先后建立了十六个割据政权，即：成汉、汉（前赵）、后赵、前秦、后秦、西秦、前燕、后燕、南燕、北燕、前凉、后凉、南凉、北凉、西凉和夏，故称五胡十六国。另有冉魏、西燕和北魏的前身代国，也都是同时出现的割据政权，但这三国一般不列入十六国之内。

汉（前赵）

刘渊是匈奴左部帅刘豹之子。西晋末年八王之乱，社会动荡，匈奴贵族认为这是恢复匈奴统治的好机会，于是共推刘渊为大单于。刘渊于 304 年率众起兵反晋，定都左国城（今山西离石），改称汉王，定国号为汉。刘渊接着打败了司马腾的多次进攻，把势力扩展到山东、河北。308 年，刘渊改称皇帝，迁都平阳（今山西临汾）。310 年，刘渊病死，其子刘聪继位。

刘聪继位后，进一步健全胡汉分治制度。他以子刘粲为大单于，设左右辅，各管六夷十万落，每万落置一都尉；另设左右司隶，专治理汉人，各管二十余万户，每万户置一内史，共四十三内史。其实质是依靠和利用匈奴及其他胡人贵族压迫汉人。318 年，刘聪死后，其子刘粲继位，大臣靳准发动政变，杀刘粲自立为汉天王。刘聪的族弟刘曜闻讯也自立为帝，进兵平阳，灭了靳准一族，并且迁都长安。319 年，刘曜改国号为赵，史称前赵。前赵统治区域有今陕西渭水流域及山西、河南、甘肃各一部分。328 年，刘曜被羯族将领石勒所建立的后赵政权击败。第二年，后赵大军进占长安，前赵灭亡。

后赵

304 年，羯族首领石勒与汲桑聚众起义，攻破邺城，杀司马腾。汲桑死后，石勒投刘渊，为刘渊手下大将。319 年，石勒自称大单于赵王，建都襄国（今河北邢台西南），后又迁都邺（今河北临漳西南），史称后赵。329 年初，石勒在洛西俘杀刘曜，灭前赵，据有北方大部分地区。330 年，石勒正式称帝。后赵成为当时与东晋抗衡的北方大国。351 年，后赵为冉魏所灭。

前秦

永嘉之乱时，氐族的贵族苻洪被部众推举为盟主，后来又先后归附了前赵和后赵，并于 349 年被封为雍州刺史，镇守关中。350 年，苻洪自称大都督、大将军、大单于、三秦王。不久，他被后赵的降将麻秋毒死，其子苻健率领部众进入长安，捕杀了麻秋，平定了变乱。351 年，苻健自称大秦天王，建国号为秦，次年称帝，史称前秦。

357 年，苻坚即位后，重用王猛，整顿政治，打击豪强，休息民力，使国力大增，出现汉魏以来少见的清明政治。前秦先后灭前燕、前凉及代国，曾一度统一北方。383 年，苻坚大举出兵进攻东晋，在淝水之战中溃败。前秦国分裂成燕、秦、凉三部分。394 年，前秦为后秦姚兴所灭。

后秦

前秦苻坚在淝水之战溃败后，羌族贵族姚苌于 384 年在北地（今陕西富平县）自称秦王，而后于 385 年擒杀苻坚，取长安，386 年称帝，国号仍为大秦，史称后秦。后秦统治区域有今陕西、甘肃、宁夏、山西一部分。417 年，后秦为东晋刘裕所灭。

西秦

西秦创建者乞伏国仁是陇西鲜卑人。其父乞伏司繁为鲜卑部族首领，曾归附前秦。乞伏司繁死，乞伏国仁袭父职。淝水之战后，他返回陇西，割据一方。385 年，他自称大都督、大将军、大单于，领秦、河二州牧，建都勇士城（今甘肃榆中）。388 年，乞伏国仁病死，其弟乞伏乾归继位，称河南王，迁都金城（今兰州）。400 年改称西秦王，史称西秦。西秦统治区域有今甘肃西南部。西秦连年与羌、匈奴、吐谷浑人混战，431 年为夏所灭。

成汉

301 年，巴氐族领袖李特率六郡流民在绵竹（今四川绵竹东南）起义，303 年被西晋政府军镇压杀害。304 年，其子李雄率领起义军攻占成都，自称成都王，306 年称帝，国号大成。李雄在位二十四年，轻徭薄赋，发展生产，开办学校，刑政宽和，秩序安定。334 年，李雄死，堂兄李寿受顾命辅政，后封为汉王。李寿杀尽李雄诸子，于 338 年自立为帝，改国号为“汉”。在位六年，其间役使百姓大修宫室，嗜杀成性，使这个原由流民起义军打出来的天下，又产生了许多流民，朝野民怨沸腾。成汉统治区域有今四川和云南、贵州的一部分，347 年为东晋桓温所灭。

前燕

西晋初年，鲜卑族慕容部贵族慕容廆受封为鲜卑都督，从辽东迁居大棘城（今辽宁义县西北），吸收大量的西晋士族和流民，该部的经济文化有了很大的发展。337 年慕容廆死后，其子慕容皝自称燕王，后击败石赵（后赵）进攻，迁都龙城（今辽宁朝阳），又破高句丽（今辽宁新宾县东），袭夫余（今松花江中游平原上），攻灭鲜卑宇文部，国势渐渐强大。慕容皝的儿子慕容儁于 352 年攻灭冉魏，迁都到蓟（今天津蓟县），称帝，357 年再迁都邺（今河北临漳西南），统治区域有今河北、山东、山西、河南和辽宁的一部分，史称前燕。370 年，前燕为前秦苻坚所灭。

后燕

前燕皇室慕容垂曾助苻坚攻灭前燕。淝水之战后，趁前秦衰落，他率部北上，图谋复国，途中自称燕王，后于 386 年称帝，定都中山（今河北定州），国号燕，史称后燕。慕容垂在位期间，先后攻灭翟魏、西燕等小政权，后倾全国之力与北魏交战，接连失利，国力大损。后燕统治区域有今河北、山东、山西和河南、辽宁的一部分，与后秦东西对峙。后为北魏打败，内部又起纷争，退到辽河流域，徙都龙城（今辽宁朝阳）。407 年，燕帝慕容熙被高句丽人高云所杀，后燕亡。

北燕

高云，原为高句丽支庶，后燕慕容宝在位时，被任为侍御郎，因击败叛军有功，被慕容宝收为养子，改名慕容云，并被封为夕阳公。他与中将军冯跋是好友。407 年，冯跋杀死慕容熙后拥立他为天王，国号燕，史称北燕，并恢复原姓高。高云称帝后，冯跋专政。409 年，高云被两个贴身护卫杀死。冯跋平定事变后，自立为天王，国号仍为燕，统治区域有今辽宁和河北东北部。436 年，北燕为北魏拓跋焘所灭。

南燕

南燕的创建者慕容德是前燕太祖慕容皝少子，后燕世祖慕容垂弟，曾协助慕容垂大破东晋桓温军。前燕灭亡，他投靠前秦苻坚，任张掖太守。后燕建立后，他被任为司徒，封范阳王，镇守邺城。397 年，北魏军攻破中山，后燕被一分为二。他率众南迁滑台（今河南滑县），自称燕王，史称南燕。400 年，南燕攻占广固（今山东青州市西北），并定此为都城，称帝，占有青、兖两州（今山东、河南的一部分）。410 年南燕为东晋刘裕所灭。

前凉

西晋末年，北方混乱，凉州刺史张轨守土保境，社会秩序比较稳定，中原和关中人民多往凉州避难。西晋亡后，张氏世守凉州，张轨所筑姑臧城（今甘肃武威）成为西北地区的文化中心。张轨于 314 年病死，其子张寔继任为凉州牧。张寔于 320 年被部将谋杀，其弟张茂袭位，后归降前赵刘曜，被封为凉王。张茂于 324 年病死，由其侄，张寔子张骏袭位，称凉州牧、西平公，继续效忠于晋室。张骏积极对外扩张，控制了从陇西到西域的广大地区，在今吐鲁番建置高昌郡，分全境为二十三郡，前凉进入最盛时期。345 年，张骏自称大都督大将军、假凉王，建都姑臧，史称前凉。376 年，前凉为前秦苻坚所灭。

后凉

后凉的创建者吕光是前秦时任步兵校尉、骁骑将军。383 年，他奉苻坚之命进兵西域，降服焉耆，攻破龟兹，归附者三十余国。在东归途中，他得知前秦在淝水一役中大败，苻坚被杀，便留兵割据，386 年自称酒泉公；389 年大败前秦凉州刺史梁熙的军队，进占姑藏，称三河王；396 年称大凉天王，史称后凉，统治区域与前凉略同。吕光死后，诸子互相残杀。403 年，后凉为后秦姚兴所灭。

南凉

南凉的创建者秃发乌孤是河西（今宁夏及甘肃省东、青海省东北一带）鲜卑族首领，居于廉川堡（今青海海东市乐都区），着力于发展畜牧业和农桑，与邻邦修好，势力逐渐壮大。397 年，他自称西平王，建立了南凉，定都西平（今青海西宁），立即向后凉发动进攻，当年攻取了后凉的金城郡，次年又攻取位于今青海的乐都、湟河、浇河三郡，399 年建都于乐都。南凉的统治区域有今甘肃、青海的一部分，415 年为西秦乞伏炽磐所灭。

北凉

北凉创建者沮渠蒙逊是临松（今甘肃张掖市）卢水匈奴族人，世代为部落酋长，后凉时任宿卫。397 年，伯父罗仇等曾被后凉太祖吕光所杀，为报家仇，沮渠蒙逊与堂兄沮渠男成拥立吕光部将段业称建康公，割据于张掖一带。399 年段业改称凉王，史称北凉，沮渠蒙逊被封为尚书左丞。401 年，沮渠蒙逊发动兵变，攻杀段业，自称张掖公，夺得王位。412 年攻占姑臧，改称河西王，420 年并吞西凉，431 年称凉王，统治区域有今甘肃西部。439 年，北凉为北魏拓跋焘所灭。

西凉

西凉的创建者是李暠，陇西狄道（今甘肃临洮南）人，为汉名将李广十六世孙。北凉主段业在位时，曾任敦煌太守。400 年，李暠自称凉公，定都敦煌，405 年迁都酒泉，史称西凉。李暠在位期间，维持河西（今甘肃、青海两省黄河以西地区）交通，恢复封建经济、文化，在玉门、阳关屯田，并派使者朝贡东晋。西凉的统治区域在今甘肃西部，421 年为北凉沮渠蒙逊所灭。

夏

夏创建者赫连勃勃是匈奴铁弗部人。其父刘卫辰被前秦苻坚任为西单于，管辖河西诸部落，后在与拓跋部的争战中被杀，赫连勃勃率余众南逃，依附后秦姚兴，受封为五原公。407年，赫连勃勃拥众自立，自称大夏天王、大单于，国号大夏，史称夏。413年，夏攻占统万城（今陕西靖边县白城子），定为都城。东晋大将刘裕攻灭后秦、赶回建康夺取东晋帝位之时，赫连勃勃率大军夺取长安，于418年十一月自称皇帝。夏的统治区域有今陕西北部和内蒙古的一部分。赫连勃勃在位期间，残暴嗜杀，狂妄自恣，关中百姓深受其害。431年，夏为吐谷浑所灭。

南朝

刘裕代晋

刘裕本是东晋北府兵的将领，在404年平定桓玄之乱后掌握了东晋政权。接着，他通过发动北伐，为自己树立了威望。420年六月，晋恭帝被迫让位，刘裕即位称帝，建立了南朝宋政权，刘裕就是宋武帝。东晋自此灭亡，共历11帝，104年。

元嘉之治

刘裕建宋以后，大力革新内政，推行改革。但在位不到两年，即于422年五月病死。他死后，长子刘义符继位，但整日游乐，不理朝政，不久便被废掉。第三子刘义隆于424年八月即位，这就是宋文帝，他在位30年，是一位很有作为的皇帝。他继承前代的事业，进行了一系列的改革：在政治上，整顿吏治，加强对于地方官的考察监督，同时放宽刑罚，诏求贤才；在经济上，兴修水利，奖励耕织，减免赋税，积极开展赈灾活动；在社会思想文化建设上，大力发展教育。刘宋王朝出现了政治清明、社会安定的大好局面。宋文帝的年号是元嘉，因此历史上把这一时期称为“元嘉之治”。后因全面防御北魏进攻，耗竭民力，国势渐渐衰落。继位的几个君主，大都荒淫残忍，终于479年为将军萧道成所废。

南齐的兴衰

萧道成废宋称帝、建立南齐以后，实行了一些有利于社会发展的措施，他下令禁止大族招募佃客和占山封水，又减免赋税，发展教育。其子齐武帝萧赜也比较重视生产，社会逐渐稳定。武帝末年，皇室和贵戚大肆聚敛资财，生活极其奢侈腐化。武帝死后，他的儿子们为争夺皇位而相互残杀，国家政局动荡不堪。齐明帝萧鸾通过流血政变登上皇位以后，大肆杀戮，诛杀了十二位亲王。东昏侯萧宝卷更加残暴，几乎把前代皇帝的子孙全部杀光。501年，雍州刺史萧衍起兵攻进建康，次年废掉了齐和帝萧宝融，南齐灭亡。

萧梁的统治

萧衍灭南齐即位以后，改国号为梁，历史上称为“萧梁”。萧衍博学多才，在位时，努力调和国内的矛盾，选贤才，重农业，但是他不断加重刑罚，同时大力提倡佛教，意在用两手巩固自己的统治。萧衍晚年时，朝政黑暗。河南王侯景作乱，攻入建康，困死萧衍，立萧纲为帝，自己做了丞相，不久又废帝另立。551年，侯景自立为帝，建国号汉，第二年被王僧辩和陈霸先等人打败。侯景败后，梁朝的宗室诸王相继拥兵自重，割据一方。陈霸先杀掉王僧辩，控制了萧梁政权。

梁武帝出家

梁武帝萧衍晚年开始崇信佛教，并借佛教名义愚弄百姓、搜刮钱财。他修建了一座规模宏大、富丽堂皇的同泰寺为自己诵经拜佛所用。529 年，他到同泰寺“舍身”出家做和尚，一时国中无主，大臣们到寺中劝他回宫。73 天后，他被大臣们用钱从同泰寺中赎了出来。这种闹剧共演了四次，大臣们为他花了四万万赎身钱。梁朝就这样被梁武帝折腾得日趋衰弱了。

侯景之乱

547 年，北朝东魏叛将侯景向梁投降。梁武帝派萧渊明率大军接应，结果萧渊明在与东魏交战时战败被俘。不久，东魏表示愿与梁重新通好，于是梁武帝答应以侯景交换萧渊明。侯景走投无路，于 548 年八月起兵反梁，勾结萧衍养子萧正德进攻建康，开始了长达四年之久的“侯景之乱”，并在次年三月攻入梁武帝居住的台城。五月，梁武帝饿死于台城，侯景立武帝第三子萧纲为帝，即简文帝。

550 年，陈霸先时任振远将军、西江督护、高要太守、督七郡诸军事，他率先正式起兵平叛，成为一支重要的武装力量。551 年，侯景杀死简文帝，自立为帝，建国号为汉，同时派兵进攻巴陵地区，结果被荆州刺史萧绎手下的大将王僧辩击败。552 年二月，陈霸先与王僧辩会合，共同攻打侯景，侯景的叛军很快土崩瓦解。侯景在东逃的路上被部下刺杀，持续四年之久的叛乱终告平定。这次变乱使江南社会经济遭到极大破坏，成为南朝历史的转折点。

陈的兴亡

557 年，陈霸先代梁称帝，国号陈，仍建都建康（今南京）。统治区域有今长江下游和珠江流域各省，是南朝版图最小的王朝。559 年，陈霸先病死。至后主陈叔宝时，陈叔宝残暴荒淫，醉生梦死，最终，陈于 589 年为隋所灭。

北朝

北魏建立与北朝形成

拓跋部最初活动于大兴安岭一带，是鲜卑族的一支。东汉时期，拓跋部逐渐向南迁移，势力逐渐发展壮大起来。十六国时期，拓跋鲜卑曾建立代国，于 376 年被前秦所灭。386 年，拓跋珪重建代国，同年又改国号为魏，史称北魏，398 年建都平城（今山西大同），399 年称帝，他被尊为太祖道武帝。到 439 年，北魏消灭了黄河流域的大小割据国家，统一了北方，结束了十六国时期。534 年，北魏分裂为东魏和西魏，最后东魏为北齐所代，西魏为北周所代。因为它们都在北方，所以叫作北朝。历史上把这段南北长期对峙的时期，称为南北朝时期。

孝文帝改革

北魏孝文帝元宏统治时期，在各种有利改革的形势下，孝文帝与冯太后共同推行了改革。改革的第一阶段始于太和八年（484 年），主要是变革政治经济制度；第二阶段始于太和十八年（494 年），着重变革鲜卑族的社会生活习俗。改革的主要内容有：整顿吏治，颁布均田令，废除宗主督护制并实行三长制，实行定额的租调制，从平城迁都洛阳。除此之外，还实行一系列汉化措施，如：改鲜卑姓为汉姓，把皇族拓跋氏改为元氏，丘穆陵氏改为穆氏等；禁止鲜卑族同姓通婚，鼓励鲜卑人和汉人结婚；禁士民胡服，一律改穿汉装；禁止说胡语，改说汉话；改变官制和刑律；尊孔尊儒并兴复礼乐。改革加速了北方民族融合的历史进程，使他们由以游牧经济为主迅速转变为以农业经济为主，北魏出现了空前的繁荣景象。

北齐代东魏

高欢拥立东魏政权后，一直将朝政大权掌握在自己手中。549 年，高欢的长子高澄被人刺杀，次子高洋继掌大权后，革除了高澄时的弊政，顺利控制了局面。550 年初，高洋被任命为丞相，晋爵齐王；同年五月，高洋废东魏孝静帝，自立为帝，建立了北齐，建都邺（河北临漳西南），史称文宣帝。

北周灭北齐

北齐后期，政治腐败，贪污奢侈，社会矛盾尖锐。此时西魏已经被北周政权所取代，而且日益强大起来。575 年，北周武帝宇文邕亲率大军，兵分几路讨伐北齐，齐军很快就被击溃了。577 年正月，北周大军攻入邺城，北齐灭亡了，北周统一了北方。

北周武帝改革

为统一北方，北周武帝宇文邕进行了相应的改革。他减轻徭役时间，同时还下令把适龄的壮丁编入军队，扩大府兵的队伍；下诏废佛，把近百万僧侣和僧祇户、佛图户编为均田户；制定惩治贪污条例，并统一权衡度量。北周武帝的改革使国力大为增强，为统一北方创造了充分的条件。

杨坚代周

杨坚是北周的大将军、大司马，被封为隋国公。580 年，北周皇帝周宣帝宇文赟病死，继位的周静帝宇文阐年仅 8 岁，朝政由杨坚总揽。杨坚革除弊政，法令清简，得到了舆论的支持。随后，杨坚铲除了各地反对自己的势力，巩固了权力，于 581 年年底逼周静帝退位，代周称帝，建立了隋朝。

魏晋南北朝・建康

亦称三国两晋南北朝（220 年—589 年），存续约三百多年，主要分为三国、西晋、东晋、南北朝时期，是政权更迭很频繁的时期。由于割据和连绵不断的战争，文化大受影响，玄学、道教等兴起，波斯、希腊文化涌入。

建康是南京在这段时期的名称，是当时中国的经济、文化、政治、军事中心，也是世界上第一个人口超过百万的城市。建康城的建设遵循中国传统礼教制度，首开中轴对称布局的先例，主要建筑左右对称的布局和风格，其平面布局、建筑形制对后世影响深远。

时代文化

魏

屯田制

屯田亦称屯垦。西汉以来，为解决军粮供给、军费开支及补充国库储备，多组织士兵、利用犯人或招募百姓垦种。屯田制主要有军屯和民屯两种形式。军屯即以军事组织形式由士兵及其家属进行垦种，民屯则以民户为主体进行有组织之屯垦，其中也有利用犯人的。此外，明代还有商屯。东汉末，曹操组织的屯田为民屯，取得了显著效果。其后，历代多沿此制，唐以后又称营田，元、明、清一般仍称屯田。各代均设专门机构管理之，具体名称、制度或有不同。

租调制

在实行屯田制的同时，曹操于建安九年（204 年）在《收田租令》中颁布了新的租调制，规定的田租是每亩每年缴纳粟四升；户调是平均每户每年缴纳绢二匹、绵二斤，具体实行时根据民户的资产划分等差进行征收。这种征收实物的户调制，实际上自东汉后期以来就已经开始，曹操把它正式确定下来，并以此取代繁重的口赋和算赋。这对促进北方社会经济的恢复和发展起到了积极的作用，巩固了曹魏政权，使曹魏集团在三国鼎立的局面中占据了实力上的优势。租调制也是中国古代赋税史上的一次重要变革，对后代的赋税制度产生了极其深远的影响。

三曹

三曹是曹操和他的两个儿子曹丕和曹植的合称。这父子三人都擅长诗文，是著名的文学家。曹操的四言诗写得很好，曹丕的《燕歌行》是我国第一首七言诗，曹植的文学成就更大，他留下许多诗歌、散文名篇。他们的政治地位和文学成就对当时文坛颇有影响，故后人以“三曹”称之。

曹植和《七步诗》

曹丕称帝后，一直将曹植看作敌手，总想寻找机会将他除掉。一天，有人告发曹植侮辱威胁朝廷的使者。曹丕将曹植抓来，准备治他死罪，曹丕的母亲大惊，立刻为曹植求情。曹丕不敢违抗母亲，于是将曹植叫来，限他在七步之内吟诗一首，若是作出，就免曹植一死。曹植随口吟道：“煮豆持作羹，漉菽以为汁，萁在釜下燃，豆在釜中泣。本是同根生，相煎何太急！”诗吟完了，还没有跨出七步。曹丕听了受到触动，禁不住流下眼泪，于是免除曹植死罪，将曹植贬为安乡侯。

建安七子

建安七子是指东汉末年建安时期以文学著名的七位作家。建安是汉献帝年号。七子之称始自曹丕的《典论·论文》。七子是鲁国孔融、广陵陈琳、山阳王粲、北海徐干、陈留阮瑀、汝南应玚、东平刘桢。又因七人同居邺中，故又称“邺中七子”。

建安文学

建安文学是指东汉末年建安时期的文学。当时有不少作品能继承汉乐府民歌精神，反映社会动乱和人民流离失所的痛苦，体现了人民要求全国统一的愿望和对理想生活的追求。建安文学的情调慷慨悲凉，语言刚健爽朗。后人把建安时期比较优秀的诗歌称为“建安风骨”。代表作家有三曹、建安七子和蔡琰等。唐代诗文革新运动的先驱者陈子昂所提倡的“汉魏风骨”亦是指此。

竹林七贤

司马氏控制了朝政以后，一些名士对司马氏十分不满，就以蔑视礼法、纵酒玩乐的方式消极对抗，拒绝与司马氏合作。“竹林七贤”就是这些名士的代表。这七个人的名字是嵇康、阮籍、山涛、阮咸、向秀、刘伶、王戎。他们经常在竹林里携手共游，开怀畅饮，高谈阔论，所以被人们称为“竹林七贤”。“竹林七贤”中文学成就最大的是阮籍和嵇康。阮籍的《咏怀》五言诗和散文《大人先生传》最为著名。嵇康的文学成就是散文，著名的有《难自然好学论》《声无哀乐论》《与山巨源绝交书》等，他还精通音律、绘画和书法。

玄学兴起

玄学就是玄虚之学，是风行于魏晋时期的一种唯心主义哲学，创始人是何宴、王弼，代表人物还有嵇康、阮籍、向秀、郭象。玄学强调“以无为本”，主张“无为”和“自然”。玄学家们将《老子》《庄子》和《周易》称为“三玄”，所以说玄学糅合了儒道两家的思想。魏晋之际，朝廷权力斗争激烈，士族知识分子为了明哲保身，整日坐而论道，因此玄学具有“清谈”的特色。早期的玄学，对于打破经学对思想界的禁锢，起过一定的作用。玄学发展到后来，则直接为门阀地主的腐朽统治辩护。当门阀地主逐渐走下历史舞台时，玄学也便跟着衰落下去了。

宗族制度

魏晋南北朝时期的宗族组织是整个中国历史上最强盛的，从结构上看，分为皇室宗族、士族宗族、寒门宗族三种类型。皇室宗族拥有最大的政治经济特权，但是由于皇权的更替不断使他们的影响受到限制。寒门宗族由于缺乏政治权势，影响较小。而士族宗族拥有强盛的政治、经济、军事实力，处于社会的支配地位。在宗族制度的影响下，社会上呈现重门第、轻才德，重宗族、轻个人，重孝悌、尚复仇的观念。

西晋

西晋分封制

西晋汲取曹魏集权被异姓篡位的教训，实行分封制。泰始元年（265 年），分封宗室 27 个王：一个叔祖父，六个亲叔叔，三个亲兄弟，17 个同族的叔伯和兄弟。几年以后，又陆续增封。前后共有 57 个王。诸王以郡为国，规定大国有民户两万，置上中下三军，共五千人；次国民户一万，置上下二军，共三千人；小国民户五千以下，置一军，1500 人。同时大封功臣和异姓世家大族为公侯，一次就封五百多人。

这些人在西晋形成一个庞大的贵族地主阶层。

陈寿与《三国志》

陈寿字承，西晋巴西安汉（今四川南充东北）人。他自幼好学，曾师从谯周，蜀汉时历任卫将军主簿、东观秘书郎、散骑黄门侍郎等职，入晋后，又历任著作郎、治书侍御史等职。太康元年（280年）晋灭吴后，陈寿搜集魏、蜀、吴史料，终于撰成《三国志》六十五卷。《三国志》是纪传体三国史，分魏、蜀、吴三志，其中《魏志》三十卷，《蜀志》十五卷，《吴志》二十卷。在中国古代纪传体正史中，《三国志》与《史记》《汉书》和《后汉书》并称为前四史。

洛阳纸贵

左思是西晋时期的作家。他写文章非常认真，每篇文章都要反复修改、推敲，所以文章质量很高。他计划写《三都赋》（描写魏、蜀、吴三国都城的景况），整天苦心构思，每时每刻都在想着这篇文章。他在书房外的走廊里、院子里，甚至厕所里都挂上纸笔，每想出一个好句子，立刻记录下来。这样努力了十年，终于写成了这篇《三都赋》。

最初文章写成后，人们并不看重它，认为没什么了不起的。后来几个有影响的大学问家都给这篇文章写序言、作解释，并给予了高度的评价，认为这篇文章在内容和形式上都达到了空前的高度，艺术价值非常高。这时洛阳城里有地位的人纷纷争先恐后地买纸抄这篇文章，以至于当时洛阳城里的纸都不够用了，纸价上涨了好多。后来人们用“洛阳纸贵”这个成语形容文章风行一时，人们争相先睹为快。

东晋

王羲之与《兰亭序》

王羲之，字逸少，东晋琅琊临沂（今山东临沂北）人，出身高门士族，东晋著名书法家，官至右军将军、会稽内史，世称“王右军”。353 年，王羲之与谢安等会于山阴兰亭，作《兰亭序》。他从卫夫人学书，后博采魏晋书法之精华，创立了自己的风格，尤工隶书、正楷和行书，字势妍美，一改魏晋质朴书风，后代尊为“书圣”。他还喜欢鹅，曾写经换道士的鹅。

陶渊明及其作品

陶渊明，字元亮，浔阳柴桑（今江西九江西南）人。他是东晋著名大诗人，博学善文。他出世时家道中落，曾任江州祭酒，因不满士族地主把持政权，不久就自行解职，回家耕田，后又为生活所迫，出任镇军参军、彭泽令等职。他当彭泽令时，在官 80 余天即解印离职，留下“不能为五斗米折腰”的名句，遂赋《归去来辞》，隐居乡里，与周续之、刘遗民共称“浔阳三隐”。现存诗 120 多首，散文六篇，辞赋三篇，其中代表作有《归田园居》《桃花源记》等。

西行印度取经第一人——高僧法显

法显，本姓龚（名不详），东晋时平阳郡武阳人（今山西临汾）。童年时因其三个哥哥皆夭亡，父母唯恐灾难再降临到他头上，只得忍痛将年仅 3 岁的他送往寺庙，期望他长大成人。但出家后，法显对佛教的信仰虔诚有加，并立志成为佛门中有作为的人物。在法显生活的东晋时代，佛教进入大发展时期，但佛教经典显得缺乏，译本严重失真。为求取真经，尤其为改变佛教界混乱不堪的局面，年迈的法显于399年（晋安帝隆安三年）从长安出发，踏上了艰苦的西天求经之路，402年到达北天竺。在那里，法显参访佛迹，取经求法，学习梵书梵语，然后南下中天竺，在四年多时间里，其足迹踏遍这一佛教圣迹荟萃之地。最后法显又用了五年时间，游历了南天竺、西天竺、东天竺和狮子国（今斯里兰卡），收集、抄录了许多珍贵的佛教经典，计有十部之多，其中大部分是佛教戒律经典。412年，法显回到东晋都城建康，此时他已78岁。回国后，法显即着手翻译带回的佛经，在八年时间里共译出经典六部六十三卷，一百多万字。所译的戒律经典，后来被广大佛教徒引为立身处世的准则。在译经的同时，法显还根据西行沿途见闻写成了著名的游记——《佛国记》，这是中国古代记录中亚、印度、南洋的地理、风俗、历史的第一部最原始的书籍。该书被陆续译成英文和法文，广为流传。420年，法显以86岁高龄圆寂。法显的西行印度取经比唐朝高僧玄奘取经早了二百多年。

火药

最早的炸药即黑色火药，用作引燃、引爆、发射和推进的一种药剂，为中国古代四大发明之一。最早的火药是东晋的黑火药。唐代开始用于军事。最早的火药武器是火箭。

南朝

诗人谢灵运

谢灵运（385 年—433 年），东晋名将谢玄之孙，晋时袭封康乐公，世称谢康乐，山水诗代表作家。因仕途坎坷，常放浪山水，探奇览胜，其诗歌多为描绘自然景物、山水名胜，其中不乏名句。谢灵运以他的创作极大地丰富和开拓了诗的境界，使山水的描写从玄言诗中独立了出来，从而扭转了东晋以来的玄言诗风，确立了山水诗的地位，从此山水诗成为中国诗歌发展史上的一个流派。

科学家祖冲之

祖冲之，字文远，范阳遒县（今河北涞水）人，南朝宋、齐时期的科学家。他博学多才，尤擅长历数，在前人研究的基础上，推算出圆周率为 3.1415926 至 3.1415927 之间，是世界上第一个把圆周率计算到小数点以后第七位数的人。他还用两个分数表示圆周率，约率为 22/7，密率为 355/113；而德国的鄂图到 1573 年才达到这个水平。在天文历法方面，祖冲之编制了《大明历》，定一回归年为 365.2428 天，与近代科学测定的一天长度差额不足 50 秒。在机械制造方面，祖冲之制成用机械传动的日行百里的“千里船”和指南车，还制造出水碓磨。他在我国古代科学技术的诸多方面都取得了突出成就。

刘义庆与《世说新语》

刘义庆，彭城（今江苏徐州）人，是刘宋王朝宗室，袭封临川王。

宋文帝时，他召集文士何长瑜、鲍照等人，在《语林》《郭子》等书的基础上，编成《世说新语》十卷。全书将东汉至东晋士族人物的逸闻轶事按类编录，分为“言语”“德行”“文学”等三十六篇，反映了士族地主的精神面貌和生活方式。《世说新语》文字简洁精练，叙事生动真切，是研究魏晋时期社会情况的重要资料，对后世文学有着深远的影响。

《宋书》

沈约为南朝时的江东门阀士族，从小博览群书，才华横溢。《宋书》是记述刘宋王朝历史的史书，成书于 487 年。沈约用不到一年的时间撰成纪、传七十卷，到了梁武帝时，又撰成八志三十卷。《宋书》的纪和传全面反映了刘宋时期政治、经济、文化等方面的真实情况，而八志则记述了当时天文历法、礼乐制度、官吏制度、自然地理、物产气候和郡县设置等重要资料。

《后汉书》

432 年，范晔左迁宣城太守时，在郡数年，始撰《后汉书》。范晔在《东观政纪》的基础上，博采诸家史籍，生前仅成纪十卷，列传八十卷，未按原计划写完。后人取司马彪《续汉书》八志补入，合为一书，传于今。《后汉书》文字简洁，叙事明白，刻画人物有独到之处，还独创了一些新的类传，如“党锢”“文苑”“独行”“方术”“逸民”“列女”等。此书问世后，众家所修后汉史书都告废弃。

刘勰与《文心雕龙》

刘勰，字彦和，东莞莒（今山东莒县）人，是南朝齐梁时期的文学理论批评家。他所撰写的《文心雕龙》是文学评论史上第一部有严密体系的文学理论专著。全书共五十篇，包括总论、文体论、创作论和批评论四部分，论述了各文体的特征和历史演变，探讨了创作和批评的原则与方法。《文心雕龙》全面总结了前代文学现象，把文学理论批评推向了新阶段，对后世影响深远。

钟嵘与《诗品》

钟嵘，字仲伟，颍川长社（今河南长葛）人，是南朝齐梁时期的文学理论批评家。所著《诗品》，共品评汉至梁的诗人 122 人，是我国最早的一部关于五言诗的理论批评专著，也是我国诗话的开山祖。全书内容包括两个部分：一部分为诗歌理论，涉及诗歌的产生和功用，五言诗发展史，滋味说，用典和声病说等几个方面；另一部分为诗歌批评，涉及《诗品》的评诗标准，《诗品》论诗体源流，《诗品》的列品分等这样几个问题。《诗品》在中国古代文学理论批评发展史，尤其是诗歌理论批评发展史上产生了深远影响。

范缜及其《神灭论》

范缜，字子真，南乡舞阴（今河南泌阳北）人，南朝齐梁间唯物主义哲学家。南朝时佛教盛行，针对佛教宣扬的“神灵不灭”，范缜写成无神论著作《神灭论》。全书用问答体写成，共计 31 组问答，系统地阐述了无神论的思想。他认为人的精神和肉体是相结合、相统一的，肉体是本质，精神会随着肉体的死亡而消灭。《神灭论》在中国古代思想史上具有划时代的意义，范缜的唯物主义思想也超越了前人的成就，达到很高的水平。

《文选》

《文选》梁朝昭明太子萧统所选，所以又称《昭明文选》。原书三十卷，后析为六十卷。选录上起先秦下迄梁朝普通七年（526 年）的诗文，除无名氏外，共收七百余篇作品，尤以晋以后的作品为多。全书按文体分成三十八类，为我国最早的一部诗文总集。《文选》流传甚广，影响较大。

南朝民歌

南朝的乐府民歌主要是指吴声和西曲。吴声现存三百多首，产生在以建康为中心的吴地。西曲产生于长江中游的荆州、襄阳一带。南朝民歌大多数都是情歌，体裁短小，多为五言四句，语言清新自然，喜用双关语。

《千字文》

《千字文》是南朝梁武帝时给事郎周兴嗣编撰的，隋代开始流行，为古代普遍采用的儿童启蒙读物。据宋人李昉等编的《太平广记》中说，梁武帝教诸王习书法，令人将王羲之书法中拓一千个不重的字，召周兴嗣将这一千字编成韵文。周兴嗣用了一夜时间，经过巧妙安排，将杂乱无序的一千字编为四言韵语，成为一篇文章。文中除“洁”字以外，其余字均无重复，而且文章对仗工整，条理有序，文采斐然，义理明确，令人称绝。《千字文》叙述有关天文地理、动植物名称、农业知识、社会历史、伦理、教育等方面的知识，内容简明扼要，通俗易懂，易诵易记，历代多有续编和改编本。

北朝

均田制

魏太和九年（485 年），北魏实行均田制。

均田制将土地分为露田、桑田两种。15 岁以上的男子受露田四十亩、桑田二十亩，妇人受露田二十亩。露田不准买卖，身死或年老不能耕种时，必须归还政府。桑田每亩须种桑五十株、枣五株、榆三株，皆为世业，不再还给政府。均田制的实行，将游离的劳动者重新和土地结合起来，其结果，社会秩序较为稳定，土地开垦面积有了很大提高，促进了北方农业生产的发展。

府兵制

府兵制源于鲜卑部落兵制，西魏大统年间，丞相宇文泰初建府兵制。府兵的地位比较高，不是边防军而是禁军。军士另立户籍，府兵不承担赋役。府兵每月上半月守卫宫廷，昼夜巡查，下半月由军官教习作战。府兵的核心是入关中的六镇鲜卑军人，随孝武帝入关的北魏宿卫禁旅等。府兵最高统帅称八柱国，除宇文泰和西魏宗室广陵王元欣外，其他六柱国为六个集团军，各督两个大将军，大将军督两个开府将军，共二十四个开府，每一开府统一军，共二十四军，此为兵农分离之贵族兵制。

郦道元与《水经注》

《水经注》为北魏郦道元著，共四十卷。其文二十倍于原著《水经》。内容丰富，体例严谨。所记河流，除《水经》原载的干流137条外，又引及支流1252条。详细记载河流所经地区的地理情况、建置沿革和有关人物、神话传说。《水经注》是6世纪以前中国最全面而有系统的综合性地理名著，文笔绚丽生动，在文学上也有相当高的价值，引用书籍达四百多种，还引述了不少汉、魏间的碑刻。

贾思勰与《齐民要术》

《齐民要术》为北魏农学家贾思勰著，十卷，九十二篇。这是中国现存最早、最完整的农业科学著作。贾思勰是山东人，曾任高阳郡（今山东淄博临淄区）太守。他的足迹遍及山西、河北、河南、山东，在《齐民要术》中总结了我国北方劳动人民长期积累的生产经验，介绍了农、林、牧、副、渔业的生产方法，反映了以农为本、多种经营、重视购销的思想。在世界农业科学发展史上占有重要地位。

《洛阳伽蓝记》

《洛阳伽蓝记》共五卷，为北魏杨衒之著。作者见北魏末洛阳遭到严重破坏，许多寺庙被毁，十分感慨，就写了这部著作，主要追叙北魏后期洛阳城内外伽蓝（是梵语“僧伽蓝摩”的简称，指僧徒所住的园林佛寺）的建筑规模和兴废景象，共记载四十多个寺院，并叙及尔朱荣乱事和当时的社会、政治、人物、风俗、地理以及传闻故事和外国风土。卷五记叙宋云、惠生的西域之行，为研究中亚历史地理和中外交流史的重要史料。这部书反映了北魏王朝兴衰的全过程，不少史料可补所谓正史《魏书》之不足，不仅是内容丰富翔实的历史著作，而且文笔秀逸，也是一部优秀的散文集。

《颜氏家训》

《颜氏家训》共有二十篇，为北齐颜之推著。内容以传统儒家思想教育子弟，讲如何修身、治家、处世、为学等。该书主张“学贵能行”，反对高谈阔论，不务实际，对当时的家庭教育理论作了综合概括，并在一定程度上批评了南北朝时期不良的社会风气。

《魏书》与“秽史”

《魏书》是一部纪传体的北魏史，记述了北魏（包括东魏）王朝兴亡的历史。全书共一百三十卷，作者是北齐人魏收。

古代修史相当于为帝王将相写家谱。虽然统治者表面上也提倡“直书”“善恶并书”，但历史上因直书见诛的史官却不乏其人，所以史官们写史时，都有意无意地为权贵隐恶扬善，在这方面魏收做得更为露骨。他借修史之机酬恩报怨，完全根据个人的好恶、恩怨，决定人物的取舍和评价。

天保五年（554 年）时，《魏书》完成。由于该书当载不载，抛开一些世家大族，记载了一些卑微官吏，在门阀制度盛行、豪族势力强大的南北朝，自然触怒了部分豪门世家，再加上该书褒贬失当，失去了史书“令乱臣贼子惧”的威望，引起各界不满，被人们称为“秽史”。

尽管《魏书》被称为“秽史”，但由于该书资料较为丰富，在史学史上仍具有一定的地位。

北朝书法和“魏碑”

十六国、北朝时期的书法艺术，深受钟繇和王羲之等人的影响，并在这一基础上有所发展和创新。敦煌石窟中的十六国和北朝写的佛经中，虽多微掺隶法，但字迹工整，颇有笔力，达到了较高的艺术水平。龙门石窟还保存下来大量的碑铭题记，约有 3680 品，其中中外驰名的“龙门二十品”作为魏碑书法艺术的精品，更为历代所珍重。这是研究历史和书法的珍贵资料。近百年来，出土了许多北朝的墓志、墓碑、造像题记等，其书体虽各有不同，但大多结体扁方、构架紧密、方笔折角、骨力雄劲，这就是“魏碑”的字体。由于用笔厚实，字形稳健有力，给人以一种独特的美的感觉。

云冈、龙门石窟

云冈石窟最早在北魏中期开凿，位于山西大同西郊，依山开凿，绵延 1 公里，现存主要洞窟 45 个，有大大小小 5 万多尊佛像，最大的佛像有十几米高，气势非常雄伟。

494 年，北魏孝文帝把都城迁到洛阳后，开始在洛阳南边的龙门山上开凿新的石窟，经过从北朝到唐朝几百年间的不断修造，现在龙门石窟有 1300 多个洞窟，大小佛像 97000 多尊。

无论从石窟规模，还是雕刻技巧、艺术风格来看，云冈、龙门石窟都是世界雕刻艺术中的珍宝，所以举世闻名。

敦煌莫高窟

莫高窟在甘肃敦煌东南 25 公里处，开凿于 366 年（前秦建元二年），比云冈早 88 年，比龙门早 128 年。至唐武则天时，已有窟室千余龛，故又名为“千佛洞”。现尚保存北魏、西魏、北周、隋、唐、五代、宋、西夏、元各代壁画和塑像的洞窟 492 个，壁画总面积共达 45000 多平方米，彩塑 2415 身，唐、宋木构建筑 5 座，莲花柱石和铺地花砖数千块，是一处由建筑、绘画、雕塑组成的综合艺术宝库。

壁画内容主要是佛教传说故事，尤以“飞天”最吸引人；还有王公贵族宴会场面，农民耕作、船工拉纤等劳动人民生产劳动的种种情景，部分少数民族首领人物形象等等。壁画色彩鲜艳、姿态纷呈、栩栩如生、出神入化，既是我国的文化艺术瑰宝，也是世界文化艺术的珍品。造像均为泥质彩塑，有单身像和群像，佛像居中心，两侧侍立弟子、菩萨、天王、力士，神态各殊。第十七洞是藏经洞，满贮经卷、文书、织绣、画像等数万件，从晋至宋近十个朝代的文物图书。清光绪二十六年（1900）被发现后，洞内历史文物和艺术品遭到帝国主义分子的严重破坏，大量珍贵文物被盗走。1943 年设立敦煌艺术研究所，进行修复、保管和研究工作。中华人民共和国成立后改为敦煌文物研究所，对洞窟进行全面维修。

麦积山石窟

麦积山石窟位于甘肃天水东南约 30 公里山中，后秦时开窟造像创建佛寺。麦积山石窟大兴于北魏，历时九十三年才初具规模。魏孝文帝以后，更有发展。北周武帝保定、天和年间，秦州大都督李允信于石壁之南崖梯云凿道，为亡父造七佛阁。同时于东崖削悬岩 300 多平方米，雕造佛像 300 余尊。隋文帝开皇、仁寿年间，又于七佛阁下雕出高达 15 米的摩崖大佛三身，为麦积山石窟最大佛像，后经唐、五代、宋、元、明、清各代续建重修，成目前景致。麦积山石窟现共有洞窟 194 个，泥塑像、石雕像七千余身，壁画 1300 多平方米，是我国四大石窟群之一。1920 年，意大利传教士利玛窦盗走了一部分珍贵壁画，但在当地人民的保护下，大都保存完好。

学者评述

三国时，虽魏武、诸葛尊用法家，综覈名实，以求力矫当时风气，然社会思想既已根本动摇，虽有大力，亦难挽回。两晋承三国大乱之后，未能立长久平治之基，除武帝在位二十余年中，颇能励精图治，略具升平之象外，后此百余年间，大抵纲纪废弛，政事颓靡，兵祸频仍，民生益困。学者著书，竟以放诞虚无为高，而议政事者亦多摒弃“经世”之学。厌世之徒以时事不可为，遂袭取老庄，大唱无治之论。

——杨幼炯

在中国的政治史上，魏晋时代无疑是黑暗的；但在思想史上，却有它特殊的意义和价值。魏晋人无不充满着热烈的个人的浪漫主义的精神。他们在那种动荡不安的社会政治环境里，从过去那种伦理道德和传统思想里解放出来，无论对于宇宙、政治、人生或是艺术，都持有大胆的独立的见解。

——刘大杰

我国历史上的民族，如魏晋南北朝时期的民族，往往以文化来划分，而非以血统来划分。少数民族汉化了，便被视为“杂汉”“汉儿”“汉人”。

——陈寅恪

汉末魏晋南北朝时代是中国政治上最混乱、社会上最痛苦的时代，然而却是精神上极自由、极解放、最富于智慧、最浓于热情的一个时代。

——宗白华

南渡人物，皆魏晋清流，自身本多缺点，历久弥彰，逐次消沉，故南朝世运不如东晋，亦不如北朝。

——钱穆

西晋以后，以“新学”乃特盛行江左。这样，晋朝末年的思想、南北新旧之分，真可算判然两途了。因此南北朝的名称，不仅是属于历史上的政治区划，也成为思想上的分野了。这种风气的影响不仅及于我国固有学术的面目，就是南北佛教因为地域的关系也一致地表现了不同的精神。最后，北朝统一了中国，下开隋唐学术一统的局面，因此隋唐的学风是遵循北朝的旧辙。

——汤用彤

三国两晋南北朝历史纪年图

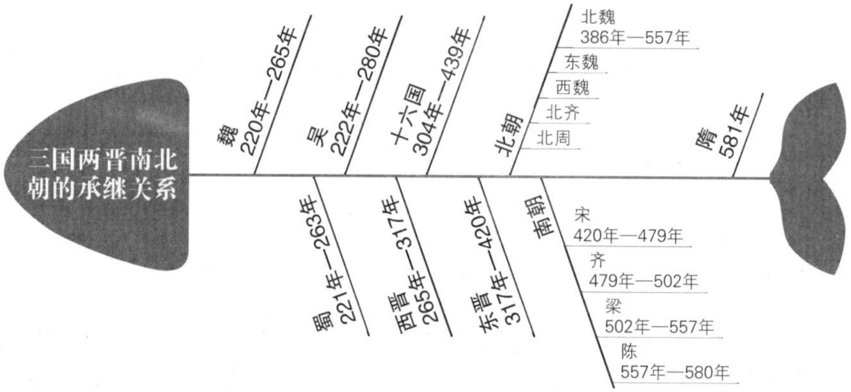

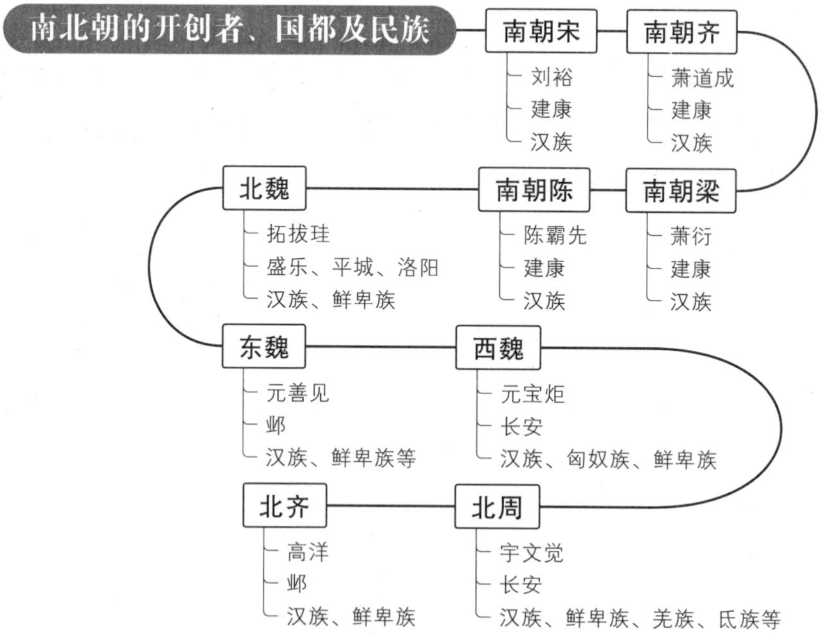

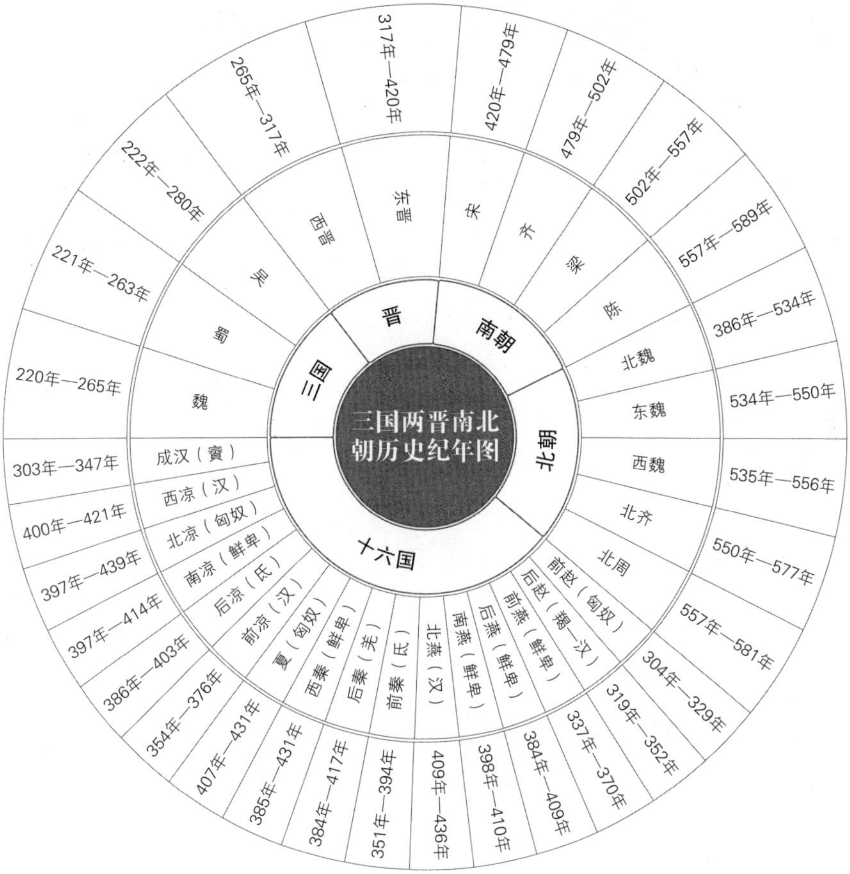

三国两晋南北朝历史纪年图
三国
晋
南朝
北朝
十六国
魏
220年—265年
蜀
221年—263年
吴
222年—280年
西晋
265年—317年
东晋
317年—420年
宋
420年—479年
齐
479年—502年
梁
502年—557年
陈
557年—589年
北魏
386年—534年
东魏
534年—550年
西魏
535年—556年
北齐
550年—577年
北周
557年—581年
前赵（匈奴）
304年—329年
后赵（羯—汉）
319年—352年
前燕（鲜卑）
337年—370年
后燕（鲜卑）
384年—409年
南燕（鲜卑）
398年—410年
北燕（汉）
409年—436年
前秦（氐）
351年—394年
后秦（羌）
384年—417年
西秦（鲜卑）
385年—431年
夏（匈奴）
407年—431年
前凉（汉）
354年—376年
后凉（氐）
386年—403年
南凉（鲜卑）
397年—414年
北凉（匈奴）
397年—439年
西凉（汉）
400年—421年
成汉（賨）
303年—347年

繁荣开放的隋唐

公元 581 年—公元 907 年

历史故事

隋朝

隋朝的建立

杨坚的父亲杨忠，是北周的开国功臣，被封为隋国公。杨坚继承了父爵，他的女儿又是周宣帝的皇后，因此杨坚在北周政权中有很高的地位。580 年，周宣帝病死，继位的周静帝仅 8 岁，杨坚以大丞相身份辅政，封隋王，控制了北周的军政大权。相州（今河南安阳）、郧州（今湖北安陆）、益州（今四川成都）等地总管先后起兵反对杨坚，都被平定。杨坚在消灭北周残余势力后，于 581 年废周静帝自立，建国号为隋，改元开皇，仍都长安。杨坚就是隋文帝。

统一全国

隋朝建立后，隋文帝采取了一系列强化中央集权、发展社会经济的措施，隋的政治、军事和经济力量日益壮大，远远超过南方的陈朝，打破了南、北的均势。开皇七年（587 年），先灭掉建都江陵的后梁。次年，隋文帝派杨广率领 51 万大军，向陈发动总攻。

589 年正月，隋将韩擒虎、贺若弼率军渡江，顺利攻下建康，俘虏了陈后主及其文武大臣，灭陈朝。开皇十年（590 年），隋大将杨素又镇压了南方一些豪强势力的叛乱，沉重地打击了南朝的门阀士族。隋的统一，结束了自东晋、十六国以来 270 多年的分裂割据局面，恢复建立了统一的中央集权国家。

仁寿宫之变

隋文帝次子杨广为了争夺帝位，伪装节俭仁孝，陷害太子杨勇，终于在 600 年谋得太子之位。604 年，隋文帝在仁寿宫病危，杨广与丞相杨素密谋夺位之事，不慎将信件传到文帝手中，隋文帝大怒。当晚，杨广撤去左右宫人，带人进入文帝寝殿。不久隋文帝的死讯传出，杨广随即即位为隋炀帝。

黎阳兵变

隋炀帝对于功高位重的人，往往借故杀之。大臣高颎、贺若弼，都以“诽谤朝政”之名被杀，大将杨素病死，而免遭杀身之祸。613 年，隋炀帝进攻高丽，命杨玄感于黎阳督运粮草。杨玄感趁机集合起少壮运夫等数千人起兵。百姓积极响应，队伍发展到十万余人。隋炀帝听说后，立即班师，令宇文述等人带兵平叛。杨玄感不听李密计策，偏要围攻东都，久攻不下。隋军援军四集，杨玄感兵败而死。

对高丽的战争

为了扩大个人声威，隋炀帝对高丽先后发动了三次大规模的战争。610 年，隋炀帝着手进攻高丽的准备工作，造车造船，调集军队，征发物资，成百万的农民也被征发出来从事运输和各种劳役。被征发的农民昼夜不停地劳作，死亡不计其数。

612 年正月，隋陆军 113 万人，分二十四军从涿郡出发，这是进攻高丽的主力。另一支水军由东莱海口出发，以接应陆军。但高丽各地的军民都据险坚守，勇猛地抵抗隋军。隋军士兵也不愿打仗，士气低落，逃散的很多。结果惨败而归，主力大都损失。这以后，隋炀帝继续发动了两次对高丽的战争，也没有达到目的。

李渊晋阳起兵

616年，唐国公李渊受命为太原留守。当时天下已乱，群雄并起。李渊也在暗中网罗人才，集结力量，准备起兵。隋炀帝对李渊有所猜忌，派亲信监视他。次年五月，李渊在次子李世民的鼓动下，杀了隋炀帝的亲信，自称大将军，在太原正式起兵反隋。

与台湾的联系

隋朝时期，台湾称流求。607年，炀帝令羽骑尉朱宽和海师何蛮“入海求访异俗”，到达流求。在此之前，大陆商人已常到流求贸易。《隋书·流求传》和《陈棱传》记载流求的风土、气候、物产、习俗、经济组织和生活情况，都相当具体。

610年以后，大陆人民移居台湾的日益增多，大陆和台湾的联系进一步加强。

瓦岗军起义

翟让、李密领导的瓦岗军，是河南一带起义军里最强大的一支。616年，翟让于瓦岗（今河南滑县南）领导农民起义，并以此为根据地，故名瓦岗军。不久，李密投奔瓦岗军，翟让接受李密建议，攻破要塞金堤关（河南荥阳东北），打下荥阳诸县，又在荥阳大海寺设下埋伏，围歼了张须陀率领的隋军。617年，在李密的谋划下，瓦岗军又攻破距洛阳仅百余里的兴洛仓，开仓济贫，更广泛地动员了群众。洛阳的越王杨侗派二万五千人前来镇压，又被瓦岗军所败，隋军损失过半。由于李密具有领导才能，翟让把瓦岗军的最高领导权让给李密。李密称魏公，建元永平，在兴洛仓附近筑洛口城，作为起义军的根据地。接着，瓦岗军攻取回洛仓，直逼洛阳城下。瓦岗军迅速发展为一支几十万人的起义大军，占有河南大部分郡县，多次击败隋军主力，在推翻隋王朝的斗争中起了重大的作用。后李密大量起用隋朝降官降将，旋又袭杀翟让，使部众离心。618 年，李密为据守洛阳的王世充击败，李密于兵败后降唐，瓦岗军遂告瓦解。

唐朝

唐朝的创建

唐朝创建者李渊出身于关陇贵族，其祖父李虎曾是西魏八柱国之一，封唐国公。其父李昞袭封官爵，其母独孤氏为隋文帝皇后的胞妹。隋末，李渊任太原留守。当时，各地农民起义汹涌澎湃，隋朝的垮台已成定局。617 年，李渊集团在太原起兵。这时瓦岗军和河北农民军正在中原地区奋战，牵制了大量隋军，隋京都长安地区的防守力量很薄弱。这年秋天，李渊率三万人由太原出发，向关中进军。年底，李渊攻克长安，立隋代王杨有为傀儡皇帝。618 年，隋炀帝在江都（今江苏扬州）被杀，李渊废杨有，在长安称帝，定国号唐，改元武德，是为唐高祖。

玄武门之变

唐高祖李渊建立唐朝，次子李世民出力不少，但长子李建成被立为太子，是帝位的合法继承者。李建成为了巩固自己的地位，遂拉拢四弟李元吉共同对付李世民。双方的矛盾愈演愈烈。626 年，李世民先发制人，在皇宫的玄武门设下埋伏，射杀李建成和李元吉，消灭了自己的对手，史称“玄武门之变”。此后不久，李渊就把帝位让给了李世民。李世民就是历史上著名的唐太宗，他的年号为贞观。在贞观年间，唐朝开始强大起来。

房谋杜断

629 年，唐太宗封房玄龄为左仆射，杜如晦为右仆射，参与朝政。

房玄龄研究安邦定国策略时，能提出许多精辟的见解和具体的办法来，但是对自己的想法和建议不善于整理。他的许多精辟见解，很难决定颁布哪一条。而杜如晦虽不善于想事，但却善于对别人提出的意见作周密的分析，精于决断。于是，唐太宗就把他们俩搭配起来，密切合作，组成合力，辅佐自己，从而形成了历史上著名的“房（玄龄）谋杜（如晦）断”的人才结构。640 年，唐军攻破高昌以后，为了加强对西突厥地区的管理，在高昌（今新疆吐鲁番东）设置了安西都护府，管辖天山以南直至葱岭以西，阿姆河流域的辽阔地区。702 年，唐朝又在庭州（今新疆吉木萨尔北破城子）设北庭都护府，管辖天山以北包括阿尔泰山和巴尔喀什湖以东以南的广大地区。这两个都护府作为唐朝在西域的最高行政和军事机构，使唐朝在西域有效地行使政治、军事权利。这对维护国家统一，巩固西北边防，发展中西交通，促进西域和中原以至中外的经济文化交流都有重大意义。

贞观之治

唐贞观年间，太宗君臣以隋亡为鉴，励精图治，虚心纳谏，实行了一系列开明的政策和措施，如修律令，置科举，改善吏治，减轻赋役。这一时期，房玄龄、杜如晦、魏征、长孙无忌等名臣名将辈出，政治清明，经济繁荣，民族关系融洽，社会升平，国力强盛，史称“贞观之治”。

安西四镇

“安西四镇”指的是唐王朝在新疆西部设置的四个军事据点。648 年，唐安西都护府的治所从高昌迁到龟兹城（今新疆库车），并且设置了龟兹、碎叶（今巴尔喀什湖以南楚河旁）、于阗（今新疆和田西南）、疏勒（今新疆喀什）四镇，派兵戍守，隶属安西都护府。702 年，碎叶镇由安西都护府分出，改属北庭都护府。719 年，唐朝在焉耆（今新疆焉耆西南）设军镇，代替碎叶，补足了“安西四镇”之数。安西四镇是保护丝绸之路的交通重镇，对唐朝与中亚的交流有重要意义。

玄奘取经

玄奘俗姓陈，名祎，洛州缑氏（今河南洛阳市偃师区）人，唐代著名高僧。627 年，他从长安启程去天竺游学，途经今天的新疆及中亚各国，饱经风霜，历尽艰险，最后到达了巴基斯坦和印度。

645 年正月，玄奘结束了历时 18 年、跋涉 5 万余里的行程，回到长安，带回了梵文佛经 600 余部。他在长安慈恩寺专心译经，20 年间译出佛经 75 部，1335 卷。这些佛经后来在印度大部分失传，中文译本就成了研究古代印度文学、科学的重要文献。在印度时，玄奘把秦王破阵乐介绍到了印度。回国后，他又把老子《道德经》译成梵文，送往印度。此外，玄奘还将这次所经历的各地区的风土、人情、物产、信仰和历史传说等，撰写成《大唐西域记》12 卷，成为研究中古时期中亚、印度半岛等国的历史、地理和中西交通的宝贵资料。

文成公主进藏

吐蕃人是藏族的祖先，很早就在我国青藏高原过着农耕和游牧生活。7 世纪前期，吐蕃的首领松赞干布做了赞普（吐蕃对王的称呼），统一了青藏高原的众多部落，以逻些（今拉萨）为首府建立了奴隶主政权。松赞干布多次派遣使者向唐王朝求婚。641 年，唐太宗把宗室女文成公主许嫁给他。文成公主入藏时，带去了许多手工业品、种子、药物、诗文经史以及其他生产技术方面的书籍。文成公主入藏和亲，促进了藏族的经济和文化的发展，也加强了汉藏人民之间的友好关系，为民族的交往和融合作出了很大的贡献。

武则天称帝

649 年，唐太宗死，其子李治继位，是为唐高宗。武则天是唐高宗的皇后，其父武士彟曾为木材商人、唐初大臣。武则天精明机智，通文史。唐高宗因患风眩，目不能视，使武则天协助裁决政事。683 年，唐高宗病死，太子李显即位，是为唐中宗，武则天以皇太后身份临朝执政。次年，武则天废中宗为庐陵王，另立李旦为皇帝，是为唐睿宗。

690 年，武则天废黜睿宗，把他降为皇嗣，改唐为周，自立为帝，改年号为“天授”，并给自己起名武曌，史称武周。在中国历史上，武则天是仅有的一个女皇帝。

武则天共做了 15 年皇帝。705 年正月，82 岁的她得了重病，宰相张柬之、崔玄等人联络右羽林卫大将军李多祚发动政变，强迫武则天传帝位给唐中宗李显，复唐国号。事后，张柬之等五人同被封王。705年十一月，武则天病死。

韦后之乱

中宗复位后，每次上朝，韦后都要置幔坐在殿上，干预政事。韦后与武则天之侄武三思等相互勾结，形成以韦氏为首的武、韦专权集团。韦后纵容女儿安乐公主卖官鬻爵，又大建寺院道观，抢掠民财。皇太子李重俊于707年七月发动兵变，杀武三思、武崇训，但因随从的羽林军倒戈，政变失败，重俊被杀。

710年韦氏及其党羽惧怕丑行暴露，合谋毒死中宗。中宗死后，韦后临朝摄政，立李重茂为帝，史称唐殇帝，又称少帝，在位不足一个月。韦后又任用韦氏子弟统领南北府军队，并欲效法武则天，自居帝位。临淄王李隆基与太平公主发动禁军攻入宫城，杀韦后、安乐公主等，拥睿宗李旦复位。韦后之乱，至此结束。

开元盛世

开元盛世又称“开元之治”。唐玄宗李隆基开元年间，任用姚崇、宋璟、张嘉贞、张九龄、韩休等人为宰相，整顿吏治，淘汰冗官，精简机构，兴修水利，发展生产，使武则天以后动荡的唐朝政局重新稳定。由于政治安定，国势强盛，唐朝进入鼎盛时期，成为当时经济、文化繁荣昌盛的大国。

鉴真东渡

鉴真俗姓淳于，扬州人。他对律宗有很深的研究，在扬州大明寺讲律传戒。他应日本圣武天皇的约请东渡日本，经过六次努力，历尽艰险，双目失明，终于在 753 年携弟子到达日本，时已 65 岁。鉴真把律宗传到日本，同时还把佛寺建筑、雕塑、绘画等艺术传授给日本。日本现存的唐招提寺就是鉴真及其弟子所建，它对日本建筑有重要的影响。鉴真精通医学，尤精本草，他虽双目失明，但能以鼻嗅分辨各种药物，对日本医药学的发展作出了贡献。

李林甫、杨国忠专权

736 年，礼部尚书李林甫升任中书令。他善于揣摩君王的心思，很得唐玄宗的欢心。玄宗在位已久，逐渐倦于政事，就将政事交予李林甫处理。李林甫一改唐朝宰相四年一换的旧制，独揽相权近 20 年。他城府深邃，口蜜腹剑，排斥异己，使朝廷矛盾重重。752 年，李林甫病重，杨贵妃的远亲杨国忠得以升任中书令。他专擅朝廷大事，欺上瞒下，使朝廷贿赂之风大盛，政治腐败不堪。

安史之乱

唐玄宗统治后期，倦于政事，国事日趋糜烂。身兼平卢、范阳、河东三镇节度使的安禄山，深得玄宗信任，位高权重，手握重兵而心怀异志。755 年冬，蓄谋已久的安禄山与其部将史思明带领军队 15 万人，以讨伐杨国忠为名，在范阳起兵，“安史之乱”爆发。叛军一路南下，势不可当。次年正月，安禄山在洛阳称大燕皇帝；六月，潼关失守，长安危急，唐玄宗仓皇入蜀，到马嵬坡（今陕西兴平西）时，随行的将士发生哗变，杀杨国忠，又迫使玄宗缢死杨贵妃。唐玄宗最后逃到成都。太子李亨逃到朔方，在灵武即帝位，即肃宗。他任用郭子仪为将，并借用回纥兵力，全力平叛。757 年初，安禄山被其子安庆绪杀死，唐军趁机收复长安、洛阳等地。759 年，安庆绪为史思明所杀，史思明在范阳称燕帝，再度攻陷洛阳。不久，史思明又被其子史朝义的部将所杀。763 年，史朝义兵败，其部将田承嗣、李怀仙降唐，朝义自杀。这场历时八年的安史之乱终于平息。这场内乱是唐朝由盛而衰的转折点，唐王朝的全盛时代至此结束。

藩镇割据

安史之乱被平定后，安、史余部还保持相当大的势力，昏懦的唐代宗李豫为了求得苟安，瓜分河北地付授叛将。在平叛的过程中，唐朝对内地掌兵的刺史也多加节度使的称号。因此，经过安史之乱以后，形成了藩镇长期割据的局面。

永贞革新

永贞元年（805 年），唐顺宗李诵即帝位后，立刻任用王叔文、王伾为翰林学士，领导改革，并起用韩泰、柳宗元、刘禹锡等革新派。

王叔文等首先从革除弊政入手。他废除了宦官进行掠夺的“宫市”和五坊小使，接着下令停止地方官对皇帝的各种名目的进贡，又停止征收“诸色榷税”。

为了铲除宦官专权的根子，王叔文选拔老将范希朝为左右神策、京西诸镇行营节度使，以韩泰为其行军司马，接管宦官手中的兵权。由于这些改革触犯了专权宦官的利益，宦官首领俱文珍遂串通廷臣和地方节度使，对改革进行反扑，以顺宗久病为口实，逼他禅位给太子李纯（宪宗），王叔文等人遂被贬逐。这次革新只进行了 146 天便告失败。顺宗在位时间只有八个月，年号“永贞”，故史称“永贞革新”。

二王八司马

“二王八司马”即永贞革新集团。“二王”是指王叔文与王伾。“八司马”是指韩泰、韩晔、陈谏、凌准、柳宗元、刘禹锡、韦执谊、程异这八人。宦官得势后，“二王”即被贬逐，王叔文被赐死，王伾死于贬所，而柳宗元、刘禹锡等八人都被贬为边州司马。

牛李党争

唐朝后期，在宦官专权的同时，官僚集团内部的斗争也更加激烈，他们各自结成不同的党派，相互倾轧。从 821 年到 859 年间，以李德裕为首的李党与以牛僧孺为首的牛党发生了长期而激烈的斗争。牛党相对比较保守，而李党则偏重革新。唐武宗时，李党得势，唐宣宗时，牛党当权。

牛李党争局面的出现，其根本原因是皇权的威信大大降低，国家政权随着执政宰相的更迭而起伏；同时，朝政也日益腐败。两党的斗争除了政治主张的分歧外，也夹杂了朝臣们的个人恩怨。唐宣宗以后，由于宦官专权为祸日烈，朋党之争才逐渐平息。

宦官擅权

唐初，宦官数量不多，地位也很低，无权过问军政大事。到玄宗时，宦官激增至三千人，其中五品以上的宦官达千余人，其中宦官高力士尤被重用。开元末年以后，玄宗怠于政事，凡四方进奏文表，先让高力士审阅。玄宗还委派宦官监军、到藩国出使等重任。肃宗时用权阉李辅国掌禁兵。德宗时设护军中尉二人、中护军二人，全以宦官充任，统率左右神策军、天威军等禁军。从此，宦官掌典禁军成为定制。宦官有了武力作后盾，地位愈加巩固。唐后期的顺宗、宪宗、敬宗皇帝皆死于宦官之手，穆宗、文宗、武宗、宣宗、懿宗、僖宗、昭宗都是由宦官拥立的。权阉成为唐朝的实际统治者。

甘露之变

唐文宗时，大宦官王守澄为了培植自己的势力，把郑注、李训推荐给文宗。但郑、李没有按照王守澄的意图办事。文宗和他们谈得很投契，最后付以消灭宦官的重任。

在经过一番准备之后，郑注和李训利用宦官集团的内部矛盾，秘密铲除王守澄宦官集团。835 年冬，他们又以左金吾卫石榴树上有甘露为名，诱大内左、右中尉仇士良和鱼弘志带领宦官去看。这时，在左金吾衙门后院早已埋伏了兵甲，只等宦官一到就全部围杀。不料，仇士良看出了破绽，急忙劫持文宗回宫，同时派禁军大肆屠杀。李训、舒元舆及韩约等人都遭斩杀，郑注在凤翔被监军宦官杀害。此外被宦官滥杀的不计其数。这一事件，史称“甘露之变”。

黄巢起义

僖宗乾符元年（875 年）初，濮州（今河南范县南之濮城东）人王仙芝领导几千人在长垣（今河南长垣）起义。黄巢率领数千人在曹州冤句（今山东菏泽西南）起义，响应王仙芝。878 年，王仙芝在战斗中牺牲，余部归附黄巢。黄巢自称“冲天太保均平大将军”，很快将队伍扩充到十余万人。879 年，黄巢率军攻克广州，众至百万，然后回师北伐，880 年十一月克洛阳，十二月破长安，黄巢入宫即皇帝位，建国号大齐。唐僖宗仓皇逃至成都避难。由于受到唐军反扑和部将朱温叛变，义军于 883 年被迫从长安撤退。884 年，黄巢在山东泰山兵败自刎。唐朝统治受到起义的沉重打击，至此已名存实亡。

禅宗与慧能

武则天时期盛行的佛教宗派是禅宗。禅宗相传是由南印度僧人达摩在北魏时创立。武则天时，禅宗分为南、北二宗。禅宗五祖弘忍大师有两个得意弟子，一为神秀，一为慧能，神秀创立北宗，慧能创立南宗。南、北二宗各把自己的主张归纳为四句偈语。神秀说："身是菩提树，心如明镜台；时时勤拂拭，勿使惹尘埃。"这就是说，通过长期苦修，排除杂念，然后才能渐悟成佛。慧能说："菩提本无树，明镜亦非台；本来无一物，何处惹尘埃。"慧能反对神秀的渐悟说，主张佛在心内，只要净心自悟，就不必苦修，不必背诵大批的经卷，便可以顿悟成佛。

慧能的这种简单速成的方法，让南宗战胜了北宗，得到广泛流传。到唐后期，它几乎取代了佛教的所有宗派，垄断了佛坛。

反佛斗争

佛教的盛行，造成了寺院经济和僧侣地主势力的恶性膨胀。寺院享有免役免税等特权，僧侣地主利用这种特权与世俗地主政权争夺地租和劳力，这就不可避免地引起了世俗地主与僧侣地主在政治经济利益上的矛盾冲突。

唐初反佛斗争的代表人物是傅奕，他曾任太史丞、太史令等职。他认为佛教僧徒"于百姓无补，于国家有害"，主张废除佛教，令僧尼还俗。傅奕反佛是从维护儒家的伦理道德观念和地主阶级政权的利益出发的。傅奕把人的"生死寿夭"归结为自然原因，揭穿了佛教徒所宣扬的佛决定一切的说法。傅奕还曾把魏晋以来反佛人物的言行编为《高识传》十卷，作为反佛斗争的武器。

唐朝中期，反佛斗争最有影响的人物则是著名文学家韩愈，他在

《原道》和《谏迎佛骨表》中，从三个方面对佛教进行了尖锐的批判：一是指责佛教耗费大量财富，加重百姓负担；二是指责“佛本夷狄之人”，让佛教凌驾于儒学之上，有被同化为夷狄的危险；第三，也是最主要的一点，是指责佛教灭弃封建伦常。韩愈的反佛言论触怒了宪宗，几乎因此丧命，后遭贬斥，但他反佛的斗志并未消沉。

845 年，唐武宗李炎下诏废佛，规定长安留四寺，洛阳留二寺，大州留一寺，每寺留僧十人，其余寺院一律拆毁，僧尼一律还俗。全国共拆毁佛寺 4600 多所，拆僧舍 4 万多所，26 万多僧尼被迫还俗，还没收寺院土地数百万亩。

五代十国

后梁

唐末农民起义军叛徒、唐宣武节度使朱温，消灭了许多割据势力，初步统一了黄河流域以后，于 907 年废唐哀帝自立，国号梁，定都汴（今开封），史称后梁。后梁统治区域有今河南和陕西、湖北、山东的大部分及安徽、江苏、河北、山西、甘肃、宁夏的一部分。

后梁建立后，梁太祖朱全忠与河东军阀、沙陀贵族李克用继续争夺霸权，交战不已，各地藩镇的混乱局面也没有多大改变。912 年，朱全忠被其子朱友珪杀死后，后梁政局更为混乱，923 年为后唐所灭。

后唐

923年，李克用之子李存勖在魏州（今河北大名）称帝（庄宗），国号唐，十月攻灭后梁，建都洛阳，史称后唐。后唐统治区域有今河南、山东、山西、河北、陕西北部、甘肃东部、安徽北部和湖北北部。

926年发生魏州兵变，庄宗毙于流矢，李克用养子李嗣源入洛阳称帝（明宗）。明宗改革了庄宗时的一些弊政，在位七年，战事减少，农业屡有丰收，人民获得了短期的喘息。明宗死后，由于最高统治集团内部互相攻杀，后唐于936年被后晋所灭。

后晋

936年，后唐河东节度使石敬瑭以割让幽云十六州（今河北、山西的北部和内蒙古的一部分）、岁贡绢帛30万匹和认辽朝君主耶律德光为父皇帝等条件，取得辽兵的援助，推翻了后唐，建立了政权，国号晋，迁都汴，史称后晋。后晋统治区域除割幽云十六州给辽外，与后唐略同。

后晋以后，幽云十六州成为辽军南下攻掠中原的基地，致使北方地区的社会经济遭受严重的破坏。947年初，辽兵攻入汴，后晋亡。

后汉

当辽兵攻入开封后，后晋河东节度使刘知远在晋阳（太原）称帝，仍用后晋天福年号，以争取后晋旧臣归附。当辽兵北退后，他很快进入洛阳和汴，并在汴建都，国号汉，史称后汉。后汉统治区域有今河南、山东、山西、河北南部、湖北北部、陕西北部、安徽北部。

刘知远做了11个月皇帝就病死了，其子刘承祐继位后，乱杀大臣，天雄节度使郭威被迫起兵反汉，刘承祐在混乱中被部下杀死。后汉仅存在四年便灭亡。

后周

951 年正月，郭威在汴称帝，国号周，史称后周，统治区域有今河南、山东、山西南部、河北中南部、陕西中部，甘肃东部、安徽、江苏江北部分。

郭威出身贫寒，知道民间疾苦，称帝后虚心纳谏，生活节俭。他吸取前四代过分信任武夫的教训，留心人才，并力图革除弊政，采取了严惩贪官污吏、奖励生产、废除苛捐杂税等措施，提高了农民的生产积极性，社会生产得到发展。954 年，郭威死，养子柴荣继位。

柴荣在郭威改革的基础上，继续革新政治，训练军队，开始进行统一战争。他是中国历史上一位很有作为的政治家。

960 年，后周为赵匡胤所代。

吴和南唐

五代时，在南方和河东地区，还先后存在过十个割据政权，史称“十国”。

吴的开创者杨行密在镇压农民起义和军阀混战中被唐朝廷提升为淮南节度使。902 年，唐昭宗封他为吴王，建都扬州。到其四子杨溥在位时，丞相徐温等立杨溥为天子，国号吴。

但此时，杨氏大权早已旁落。937 年，徐温的养子徐知诰废杨溥自立，国号唐，建都金陵，史称南唐。徐知诰随生父李荣的姓改姓名为李昪。到后主李煜时（975 年），南唐为北宋所灭。

前、后蜀

唐壁州刺史王建从 891 年开始，先后兼并西川、东川和汉中之地，共有 46 州。903 年，唐封王建为蜀王。907 年唐亡，后梁建立，他在成都称帝，国号蜀，史称前蜀。918 年，其子王衍继位，以奢侈荒淫、盘剥百姓著称。925 年，后唐庄宗派兵灭前蜀，用孟知祥（李克用侄女婿）为剑南西川节度副大使。

926 年，孟知祥入成都，整顿吏治，减少苛税，攻占东川。934 年，他在成都称帝，国号蜀，史称后蜀。当年孟知祥死，子孟昶继位，又攻取凤州，疆域与前蜀相同。但孟昶和王衍一样，奢侈成性。965 年为北宋所灭。

吴越

吴越的创建者钱镠，在 893 年被唐昭宗任命为镇海节度使。不久，因讨越州军阀董昌有功，升任镇海、镇东两军节度使。

907 年，后梁封他为吴越王，都于杭州，拥有两浙之地。这一地区战争很少，生产发达，经济繁荣。钱氏政权五传至钱俶，于 978 年降北宋。

楚

唐末，马殷割据湖南。907 年，后梁封他为楚王，都于潭州（长沙）。927 年，后唐又封其为楚国王。

马殷死，诸子争立，政局混乱，楚于 951 年被南唐攻灭。但南唐灭楚不久，楚将刘言又起兵击败了南唐军，继续据有湖南。之后刘言被其部下杀死，周行逢及其子周保权又先后统治湖南。963 年周代政权为北宋所灭。

闽

893 年，王审知随其兄王潮据福州。897 年，王审知继王潮为威武军节度使。909 年，后梁封他为闽王，据有泉、汀等地。

王审知死后，继位的都是暴君，致闽内乱不休，945 年被南唐攻灭。

南汉

905 年，刘隐为唐静海军节度使。907 年，后梁封他为大彭郡王。刘隐弟刘龑继位后，扩大了势力范围，于 917 年称帝，国号越，建都广州，次年改国号为汉，史称“南汉”。

南汉君主都极其奢侈，统治十分残暴，国内阶级矛盾非常尖锐。971 年，南汉为北宋所灭。

荆南（南平）

907 年，后梁任命高季兴为荆南节度使。924 年，后唐庄宗封他为南平王，都于江陵，仅有荆州一地，至唐明宗时才得归、峡二州，是十国中最弱小的一国。963 年亡于北宋。

北汉及边疆政权

北汉为后汉高祖刘知远弟刘崇所建。951 年，郭威代汉。刘崇据河东之地，在太原称帝，仍以汉为国号，史称北汉。

北汉“土瘠民贫，内供军国，外奉契丹，赋繁役重，民不聊生”，社会矛盾十分尖锐，979 年亡于北宋。

此外，在边疆地区还有一些政权，主要有东北的辽（契丹），西北的高昌，西南的吐蕃、大理等少数民族政权。

义军蜂起

五代时期，在频繁的战祸、重赋和酷刑的重压下，人民生活极为痛苦，就是经济比较发达的吴越和闽也一样。北方还经常遭受契丹贵族的骚扰。如后唐末年，辽兵南下河东，俘去居民15600户，驼马牛羊不可胜数。

947年，辽兵攻占汴京。辽贵族以牧马为名，纵兵四出劫掠，叫作“打草谷”。汴京四周数百里内，许多人民被杀伤，财物牲畜几乎被抢光。退兵时，又在沿途烧杀劫夺，“城邑丘墟”。因此，北方地区的社会经济遭到严重破坏，人民的痛苦日益加深。

在五代十国的黑暗统治下，各地也不断爆发人民的反抗斗争，所谓“义军蜂起”。其中后梁时陈州毋乙的起义、后晋时南汉循州张遇贤的起义声势和影响最大。

幽云十六州

幽云十六州地区位于燕山以南，包括幽（今北京）、蓟（今天津蓟县）、瀛（今河北河间）、莫（今河北任丘北）、涿（今河北涿州）、檀（今北京密云）、顺（今北京顺义）、新（今河北涿鹿）、妫（今河北怀来南）、儒（今北京延庆）、武（今河北宣化）以及雁门关以北的云（今山西大同）、应（今山西应县）、寰（今山西朔州东北）、朔（今山西朔州）、蔚（今河北蔚县西南）等十六州之地。这片地区自战国以来一直都是中原王朝抵抗北方游牧民族南下侵扰的战略要地。936年，石敬瑭将幽云十六州割让给辽，使以后相继的王朝（后汉、后周、北宋）在与游牧民族的交战中处于不利境地。北宋初年，曾试图收复该地区，未能成功。

隋唐·长安城

隋唐（581 年—907 年）是指隋朝和唐朝两个朝代，持续约 326 年，是中国历史上最强盛的时期之一，也是战乱纷争之后大一统的王朝。思想上比较开放，政治、经济、文化上有所发展。

长安城是隋唐两朝的首都，位于陕西省西安市，是当时规模最大、建筑最宏伟、布局最规范的都城。城市由外郭城、皇城和宫城、禁苑、坊市组成，面积约 87.27 平方公里。

时代文化

隋

《开皇律》

隋文帝即位后，命人修订刑律，编成《开皇律》。《开皇律》共十二篇五百条，更定刑名为笞、杖、徒、流、死，确定了封建五刑制度，废除了历代的枭首、车裂等酷刑，而用绞、斩来代替；规定“八议”“例减”“听赎”“官当”之制，继续维护贵族官僚的法律特权；将“重罪十条”发展为“十恶”（谋反、大逆、谋叛、恶逆、不道、大不敬、不孝、不睦、不义、内乱）。《开皇律》上承汉律的源流，下开唐律的先河，在中国法制史上占有重要地位。

三省六部制

隋朝初期，在中央机构中恢复汉、魏旧制，仍然设置三师、三公，后由尚书、门下、内史三省代之，三省长官实际上都是宰相。由尚书省统辖的吏、礼、兵、刑、户、工六部是最高行政机关。583 年，隋文帝将以往州、郡、县三级地方机构改为州、县两级制，并且合并一些州县，裁汰一批冗官，节约了政府开支，加强了行政效率。隋炀帝时又改州为郡。中央还常常派使臣出巡各地，考察州县官员政绩好坏。这些都有利于整顿吏治和加强中央集权制的统治。

创立科举制

隋以前，选官用九品中正制度。但至西魏、北周时期，选用官吏已不大注重门第资历，九品中正制度逐渐动摇。隋文帝即位后，正式废除了九品中正制，规定每州每岁贡士三人。598 年，隋文帝令京官五品以上，和地方总管、刺史等官员，以志行修谨、清平干济二科举人。606 年，隋炀帝又正式设置“进士科”，实行以试策取士，其办法是：由州郡策试于前，朝廷策试于后，录取的标准重在策试而不重德望。这是科举制度的开始。

隋朝的均田制

隋制规定，自亲王至都督皆给永业田，多者百顷，少者 30 顷。京官从一品至九品都给职分田，多者五顷，少者一顷。官署给公廨田，以供公用。农民、奴婢、耕牛的授田和北齐相同，即一夫一妇受露田 120 亩，丁男受永业桑田或麻田 20 亩。地主官僚的奴婢受田，按其地位高低限制在 60 人到 300 人之间，奴婢受田的数量和普通人民一样。丁牛一头受田 60 亩，限四头牛。

南北大运河

为了掌握江南的财富和加强对南方的控制，隋统治者利用天然河流和旧有渠道，开凿了以洛阳为中心，北起涿郡（北京）南到余杭（杭州）的大运河。其工程可分为永济渠、通济渠、邗沟和江南河四段，连接海河、黄河、淮河、长江和钱塘江五大河流。经过今河北、山东、河南、安徽、江苏和浙江的广大地区，成为南北交通的大动脉，促进了南北经济的交流。

赵州桥

河北省赵县洨河上著名的赵州桥（原名安济桥），是世界上最古老的石拱桥，设计者是隋朝杰出的工匠李春。

赵州桥全长 50.82 米，宽 9.6 米。大桥洞上面左右各有两个桥洞。大桥洞跨度长 37.45 米，但桥洞的高度只有 7.23 米。桥身的坡度小，桥面平直，行人车马来往都很省力。桥洞的跨度大，水上船只来往也很方便。四个小桥洞也是一种独创，它既节约石料二百多立方米，又减少了桥身五分之一的重量，使桥基部分的负担大大减轻，同时还可以起分洪缓冲的作用，减轻了洪流对桥身的冲击力量。其成就在中国桥梁史上占有重要的地位。

唐

黄龙袍的由来

龙是中华民族的图腾。封建帝王喜欢龙，是企图借助龙的现身，以证明“君权神授”，让人们相信龙是帝王的真身，帝王是龙的化身。唐朝以前的君王、皇帝，对穿什么颜色的袍服，并无统一规定。到了隋朝，文帝、炀帝着黄龙袍，但未明令禁止他人穿黄色衣服。到了唐高祖武德年间，开始在百官百姓中禁穿黄色衣服，黄龙袍遂成为皇帝专用之服。《新唐书》卷二十四《车服志》说，至唐高祖，以赭黄袍、中带为常服，接着天子袍衫，稍用赤黄，遂禁臣民服。当时还规定了其他官员的服色：三品以上为紫，四品五品为朱，六品七品为绿，八品九品为青。至于皇帝服饰独占黄色，是因为黄色被视为君权的象征。按阴阳学说，黄色在五行中为土，这种土是宇宙中央的“中央土”，故在五行当中“土为尊”。《诗经·绿衣》载：“黄，中央之色也。”此后这种思想又与儒家大一统思想糅合在一起，认为以汉族为主体的统一王朝就是这样一个处于中央土的帝国，而有别于周边的“四夷”。这样，黄色通过土就与“正统”“尊崇”联系起来为君主提供了“合理性”的论证，再加上古代又有“龙战于野，其血玄黄”的说法，而君主又以龙为象征，黄色与君主就发生了更为直接的联系，黄色就象征着君权神授，神圣不可侵犯。

《唐律疏议》

唐初，唐高祖命参照隋《开皇律》，重定新律，于武德七年（624年）颁行，称《武德律》。唐太宗时，命长孙无忌、房玄龄等修改《武德律》，编为《贞观律》。之后，长孙无忌等又奉高宗之命，厘定旧律，修成《永徽律》。625年，高宗再命长孙无忌依据《永徽律》逐条解释律文，撰成《永徽律疏》十二篇三十卷（自宋代起改称《唐律疏议》），于次年颁行全国，与律文一样具有法律效力。《唐律疏议》是我国保存至今最完整、最详备的一部封建法典。“唐律”相沿隋律，制定有笞、杖、徒、流、死五刑和“十恶”之条，作为正刑定法之律。唐朝的法律形式主要有律、令、格、式四种。《唐律疏议》作为一部完整的封建法典，旨在维护封建制度和特权，防范人民的反抗，但对稳定社会秩序，促进生产的发展，也有着积极的意义。

唐朝的府兵制

隋唐都沿袭西魏、北周的府兵制度，但唐朝又有所改革。唐代府兵的中央领导机构主要是十二卫，一小部分归东宫统率。府兵的基本单位是设在各地的折冲府，由折冲都尉和果毅都尉统领。折冲府下有团，团下有旅，旅下有队，队下有火。折冲府有上、中、下三等。全国设置的折冲府最多时达 634 个，总兵力约 68 万人。

唐代的府兵制贯彻着加强中央集权的原则。当时关中的兵力最集中，拥兵 26 万，约占唐朝兵力的 40% 左右。府兵的调遣由中央兵部牢牢掌握，战时，中央从各地调集军队，高级将帅是临时委派，战争结束后，“兵散于府，将归于朝”，有利于防止将帅的专兵跋扈。

募兵制

唐朝后期，由募兵制代替府兵制。为了弥补兵源的不足，唐初就存在着募兵制，以后随着府兵制的逐渐崩溃，募兵制日益盛行。到开元年间，无论京师宿卫、边镇戍兵乃至地方武力，已基本上被募兵制所代替。镇守京师的武力号称长从宿卫，后又改名骑。戍守边防的士兵称健儿，因为长期服役，故又被称为长从兵或长征健儿。地方上的军队主要有团练兵，亦称团练。大致说来，骑、健儿和团练兵的军器、衣粮都由政府发给，长期服兵役，他们是属于雇佣性质的职业兵。在府兵制推行时，地方兵分散，中央掌握重兵，府兵制崩溃以后，中央虽有骑，但不堪一击。在内地州县，团练兵的装备差，数量也少，同样处于虚弱状态。当时的精兵猛将都聚集在边镇。

刘知几与《史通》

《史通》是中国第一部系统的史学理论专著。作者刘知几，字子玄，彭城人，是杰出的史学家。他用毕生精力研究历史，完成了《史通》二十卷。

在这部书中，刘知几对过去的史学著作，从体例、史料、语言文字到人物评价、史事记述，进行了全面的分析批判，提出了自己的独特见解，表现出不受传统观点束缚和敢于创新的精神。

特别值得一提的是，刘知几对于史家和写史都提出了一些标准。他主张一个优秀的历史学家，必须具备才、学、识“三长”，对于“识”尤其强调。对于写史，他提倡“直笔”，主张“良史以实录直书为贵”，要求做到“不掩恶，不虚美”“不避强御”“无所阿容”。

杜佑与《通典》

《通典》是中国第一部记述典章制度的专史。作者杜佑，字君卿，京兆万年（今陕西西安）人，官至同中书门下平章事，后拜司徒，封岐国公。他在刘秩《政典》的基础上进行扩充和改编，用了 30 余年时间完成了《通典》二百卷，分食货、选举、职官、礼、乐、兵、刑、州郡、边防九门，记载了从上古直到唐代宗年间各种典章制度的沿革，对于唐朝（天宝以前）的记载尤其详细。此书不仅具有极重要的史料价值，而且为后来的典章制度分类专史开创了先例。

《艺文类聚》

《艺文类聚》是我国古代类书之一，唐高祖时欧阳询等人奉敕编纂。全书共 100 卷，分天、岁时、地、州、郡、山、水、符命、帝王等 46 部，部下分子目，例如“天部”下有天、日、月、星、云、风、雪等 12 个子目，每子目下，按事出时间先后，列有关史实和诗文。全书共有子目 727 个，引用古籍达 1431 种，大多已经失传，幸赖此书保存了不少珍贵资料，是现存较早又较完整，且富有文学价值的一部类书。

李吉甫与《元和郡县图志》

李吉甫，字弘宪，赵州赞皇（今河北赞皇）人，官至中书侍郎同平章事。他所著《元和郡县图志》，是一部历史地理专著，全书四十卷。它依据唐宪宗元和年间的郡县，以当时十道四十七节镇分篇，每镇篇首有图，分镇记载府、州、县的户数、沿革、道里、贡赋、古迹、物产、山川、城邑等内容，是研究唐代历史和地理的重要著作。原书各镇篇首的地图在宋朝时已经遗失，因此，后人又称之为《元和郡县志》。

唐诗

唐朝是中国古典诗歌发展的全盛时期。唐诗是我国宝贵的文学遗产之一，也是世界文学宝库中一颗灿烂的明珠。唐代的诗人很多，今天知名的有两千多人，李白、杜甫、白居易是世界闻名的伟大诗人。他们都用自己独特的视角、风格和技巧，从各个不同时期和不同角度，反映了人民的思想、感情和当时社会生活的复杂面貌。从《全唐诗》中可以看到，保留到今天的作品还有四万八千多首。唐诗的题材非常广泛，形式多种多样，既有现实主义的流派，也有浪漫主义的流派。它把我国古典诗歌的音节和谐、文字精炼的艺术特色，推到前所未有的高度，许多名篇名句千百年来在人民大众中广泛流传吟诵。

“诗仙”李白

李白字太白，原籍陇西成纪（今甘肃秦安）人，生于碎叶，幼年随父迁蜀。

他是深受中国人民喜爱的一位积极浪漫主义诗人。他的诗歌内容广泛，想象力丰富，热情奔放，具有强烈的艺术魅力，对后世影响极深，被称为“诗仙”。其描写美好大自然的众多诗篇，如《望庐山瀑布》《早发白帝城》等，长久为后人传诵。

“诗圣”杜甫

杜甫字子美，河南巩县（今河南巩义）人，是中国古代杰出的现实主义诗人，世称“诗圣”。

杜甫经历了封建社会由盛转衰的变化时代，深刻地感受到统治阶级的腐朽和人民的痛苦。在安史之乱前后，他写了《兵车行》《三吏》《三别》等著名诗篇，描述人民的苦难，揭露了统治阶级的腐朽残暴。这些都是杜诗的精华。此外，杜甫也写了不少优美动人的诗篇。

杜诗内容深刻，风格沉郁雄浑，语言精练，叙事严谨，真实地反映了广阔的社会现实生活，因而又有“诗史”之称，在中国文学史上占有重要的地位。

写实诗人白居易

白居易字乐天，原籍下邽（今陕西渭南），生于河南新郑，是新乐府诗歌运动的代表人物。

白居易在文学创作上有很精辟的见解，他主张作文写诗都要接触时事，反映现实生活。在艺术上，他的诗歌具有通俗易懂、形象生动、纯朴自然的独特风格。他生活在唐朝走向衰落的时期，他更有机会接触社会现实，了解人民生活。因此，他的诗歌表现出对人民的深切同情。此外，他的长篇叙事诗《长恨歌》和《琵琶行》，也具有丰富的社会内容，为人们所喜爱。

对联的产生

对联又称楹联，是中华民族独有的一种文学艺术形式。它起源于古代诗、文、赋中对偶修辞手法的运用。唐代已出现了正式的对联，福建《霞浦县志》和《福鼎县志》中便发现了三副唐代的堂室对联。一副为唐乾符（僖宗年号）进士林嵩所题："大丈夫不食唾余，时把海涛清肺腑；士君子岂依篱下，敢将台阁占山巅。"此联题于他所读书的草堂之上。另两副为陈蓬自题于居所："竹篱疏见浦，茅屋漏通星。""石头磊落高低结，竹户玲珑左右开。"另外，在《江州义门陈氏家谱》中载有唐僖宗书赐江州义门陈氏的一副对联："九重天上旌书贵，千古人间义字香。"

对联产生于唐代绝非偶然，它是从律诗直接继承发展来的。唐诗中有大量的五言和七言律诗，它要求中间两联即颔联和颈联，必须对仗，且合平仄。对联也讲对仗平仄。律诗正是对联产生的基础。在唐代，也还有其他一些因素（主要是联句、摘句和书壁等）从不同程度上促使了对联的产生。

至于后人一般认为对联起源于五代后蜀主孟昶题写的"新年纳余庆，嘉节号长春"，是为时过晚的。不过自孟昶题写以后，对联便逐步推广、普及开来了。

古文运动

所谓古文运动，名义上是要求恢复周、秦、汉时期的古代散文体，好像是一个复古运动，实际上却是要在继承古代散文优秀传统的基础上，以自然质朴、注重内容的新散文体来代替走入绝境的骈文，是一个企图使文体、文风和文学语言适应时代要求的革新运动。唐初的陈子昂是这个运动的奠基者，唐中叶的韩愈、柳宗元等人大力倡导古文、形成社会性的古文运动，这才使古文逐渐取代了骈文的地位。

韩愈提倡继承和吸收从六经、庄骚到司马迁、司马相如的古文成果，但反对只学古文的形式而不学精神。他强调写文章要有创造性，反对因袭模仿。他的散文气势磅礴，感情充沛，文字精练，列“唐宋八大家”之首。柳宗元在古文运动中所起的作用虽然不及韩愈，但他不仅写出了《天说》一类宣传无神论的名作，还写出了《捕蛇者说》等揭露当时社会黑暗的作品。他也是唐宋八大家之一，与韩愈并称“韩柳”。

唐传奇

唐朝中后期由于城市经济的繁荣，于是产生了与之相适应的传奇小说。与六朝的志怪小说相比，在传奇小说中活动的主角，已经不是神鬼，而是现实生活中的人，因此作品具有比较丰富的社会内容。另一方面，唐代古文运动为小说创作提供了表达能力强的新散文体，诗歌的发达也为其输送了丰富的营养，因此，传奇小说的创作艺术，在各方面都有新发展。

可以说传奇小说的出现，标志着中国的古典小说开始脱离了萌芽状态，渐渐发育成形了。著名的作品有沈既济的《枕中记》，李公佐的《南柯太守传》，李朝威的《柳毅传》，陈鸿的《长恨歌传》《东城老父传》，白行简的《李娃传》，蒋防的《霍小玉传》，元稹的《莺莺传》等。

孙思邈与《千金方》

唐代医学有很大的发展，不但分科较细，而且名医辈出，其中最杰出的是京兆华原（今陕西铜川市耀州区）人孙思邈。652 年，孙思邈写成了第一部医学著作《备急千金要方》30 卷。30 年后，又写成了

《千金翼方》30卷，以补前书之不足。后人通常把这两部著作简称为《千金方》。《千金方》是孙思邈一生辛勤探索的结晶。

《千金方》共收录了800余种药物，对其中200多种药物的采集和炮制还专门作了记述。由于孙思邈对药物学和医学所作的巨大贡献，博得了人民的尊敬和爱戴，被后世尊称为“药王”。

陆羽与《茶经》

陆羽字鸿渐，号桑苎翁，唐代中叶生于复州竟陵（今湖北天门，一说湖北钟祥）。陆羽一生淡泊名利，隐逸山林，闭户写书，不愿做官，但是他酷爱饮茶，曾广游天下名山大川，品尝各地所产茶叶和水质，在调查研究的基础上，总结个人心得体会，撰写出有关茶叶和茶事的专著《茶经》三卷。这本书全面介绍和论述了茶的起源，茶叶采制的用具，茶叶的采制，煮茶的用具，煮茶的方法，茶的饮用，茶的历史记载，茶叶的产地，茶具的省略，茶图的书写张挂等十个方面的内容。内容丰富，比较系统，便于操作，深得人们的喜爱和重视，对饮茶习俗的普及产生了深远影响，对中国茶文化的研究和发展起了积极促进作用。陆羽因此被后人尊称为“茶圣”。

唐代书法

唐代是中国书法史上继往开来的重要阶段。

初唐欧阳询、虞世南、褚遂良、薛稷四人的楷书潇洒飘逸，端严遒劲，继承了南朝二王（王羲之和王献之）书体的风格。孙过庭是有名的草书家兼书法理论家，有亲书《书谱序》一卷传世。

唐中期的大书法家有颜真卿、怀素等。颜真卿把篆、隶、行、楷四种笔法结合起来，创造了方正敦厚、沉稳雄浑的新书体，称为颜体，对后世影响极大。他的著名作品有《颜氏家庙碑》《多宝塔碑》等。怀素的草书刚劲有力，奔放流畅，是书法艺术的珍品，《自叙帖》是其代表作。

唐后期的名书法家柳公权以楷书见长，他融合诸家笔法，自成一体，世称柳体，代表作有《李成碑》等。

画圣吴道子

吴道子，唐代著名画家，阳翟（今河南禹州）人。吴道子少孤贫，年未弱冠，即穷丹青之妙。他善画蜀道山水，始创山水之体，开水墨山水之新风，自为一家。其人物、鬼神、鸟兽、草木、台阁，尤冠绝于世。他还擅画佛道人物，曾在长安、洛阳寺观作佛道宗教壁画三百余间，情状各不相同。他用状如兰叶或状如莼菜条的笔法来表现衣褶，有飘举之势，人称“吴带当风”；用焦墨勾线，略加淡彩设色，又称“吴装”；笔法洗练劲爽。千百年来，吴道子被奉为“画圣”。

雕版印刷术

印刷术是中国古代四大发明之一。最早的印刷术是雕版印刷，就是在较坚硬的整块木板上雕刻出反体、凸起的文字、图像，经刷墨、铺纸、加压后得到正写文字、正面图像复制品的方法。大约在 7 世纪中期，已经有了雕版印的佛像。到 8 世纪 80 年代，有了作为商人纳税凭据用的“印纸”出现。

824 年，在诗人元稹为白居易《长庆集》写的序文中提到：有人拿白诗的写本和印本在街头叫卖或换取酒茶。到文宗大和年间，四川和江淮一带民间已经每岁“以版印历日”，在市场出售，以致不等朝廷颁下新历，“其印历已满天下”。可见在唐后期雕版印刷已相当发达。

唐三彩

隋唐五代是我国陶瓷工艺全面发展的繁荣阶段，闻名世界的“三彩”陶器，是唐代陶匠师们对我国陶瓷事业的伟大贡献。唐三彩是一种施以多种彩釉，而以黄、绿、白三种颜色为主的陶制品，斑驳灿烂，瑰美华丽，造型多样，形象逼真，以马的形象最为常见。

学者评述

这个时代的中国文明是世界性的。唐都长安是亚洲所有民族的聚会地：突厥人、回鹘人、吐蕃人、高丽人、于阗人和龟兹人、粟特人、迦湿弥罗人、波斯人、大食人、印度人、僧伽罗人等。

——[法]谢和耐

隋朝消灭了其前人的过时的和无效率的制度，创造了一个中央集权帝国的结构，在长期政治分裂的各地区发展了共同的文化意识，这一切同样了不起。人们在研究其后的伟大的唐帝国的结构和生活的任何方面时，不能不在各个方面看到隋朝的成就，它的成就肯定是中国历史中最引人注目的成就之一。

——[英]崔瑞德

隋、唐时代，建立统一帝国之趋势已成；隋之瓦解，似为这大趋势中之一个波折；所以为时不久，即有唐之统一。这情形与秦、汉时代，颇相仿佛……不过到底只是相仿佛而已，并非全然相同。隋、唐时代，部族的成分，文化的内容，甚至帝国的地位，实较秦、汉时代为复杂，为丰富，为伟大。

——周谷城

盛唐前期是李白诗“飞扬跋扈”的时代，它们反映着玄宗李隆基统治下的政治经济上升的气象。盛唐后期是杜甫“暮年诗赋动江关”的时代，他的诗反映着李唐王朝由盛入衰的社会现实。

——施蛰存

方镇割据是唐代历史上的重大政治事件，它是中国历史上多次出现的分裂局面的一种形式。这种分裂割据一旦条件成熟，就会向另一种形式的割据——多政权并存局面转变，五代十国就是多政权并存形式的分裂割据，它是唐后期方镇割据的继续和发展。

——郑学檬

五代十国时期，在北方，太平的日子短，战争的时间多；在南方，太平的时间长，苛暴的统治都不太长，所以北方的经济破坏得比较厉害，南方的经济反而有所发展。

——王仲荦

唐代之史可分为前后两期，前期结束南北朝相承之旧局面，后期开启赵宋以降之新局面。关于政治社会经济者如此，关于文化学术者亦莫不如此。

——陈寅恪

隋唐五代十国历史纪年图

隋代世系图

文帝
- 杨坚
- 581年—604年

炀帝
- 杨广
- 605年—617年

恭帝
- 杨侑
- 617年—618年

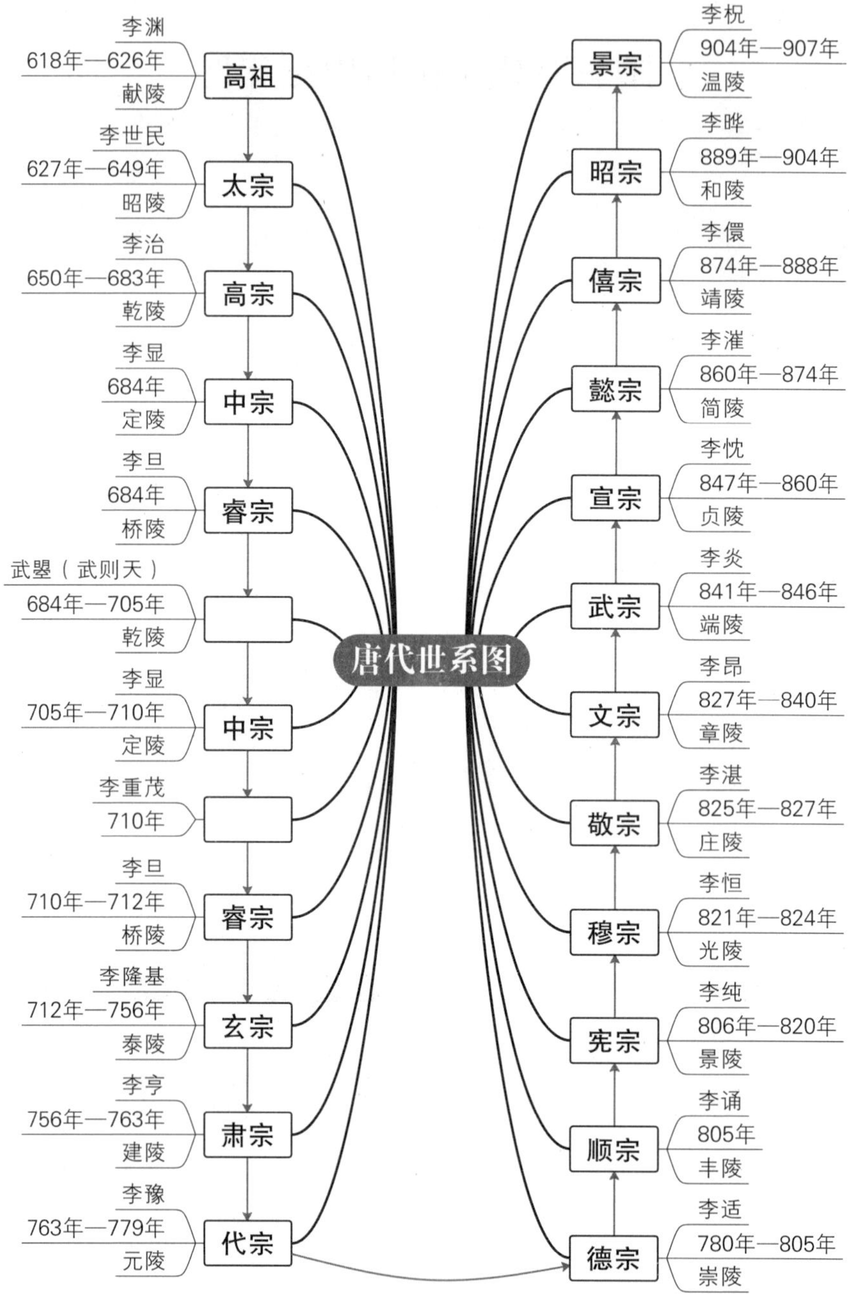
唐代世系图
李渊
618年—626年
献陵
高祖
李世民
627年—649年
昭陵
太宗
李治
650年—683年
乾陵
高宗
李显
684年
定陵
中宗
李旦
684年
桥陵
睿宗
武曌（武则天）
684年—705年
乾陵
李显
705年—710年
定陵
中宗
李重茂
710年
李旦
710年—712年
桥陵
睿宗
李隆基
712年—756年
泰陵
玄宗
李亨
756年—763年
建陵
肃宗
李豫
763年—779年
元陵
代宗
德宗
李适
780年—805年
崇陵
顺宗
李诵
805年
丰陵
宪宗
李纯
806年—820年
景陵
穆宗
李恒
821年—824年
光陵
敬宗
李湛
825年—827年
庄陵
文宗
李昂
827年—840年
章陵
武宗
李炎
841年—846年
端陵
宣宗
李忱
847年—860年
贞陵
懿宗
李漼
860年—874年
简陵
僖宗
李儇
874年—888年
靖陵
昭宗
李晔
889年—904年
和陵
景宗
李柷
904年—907年
温陵

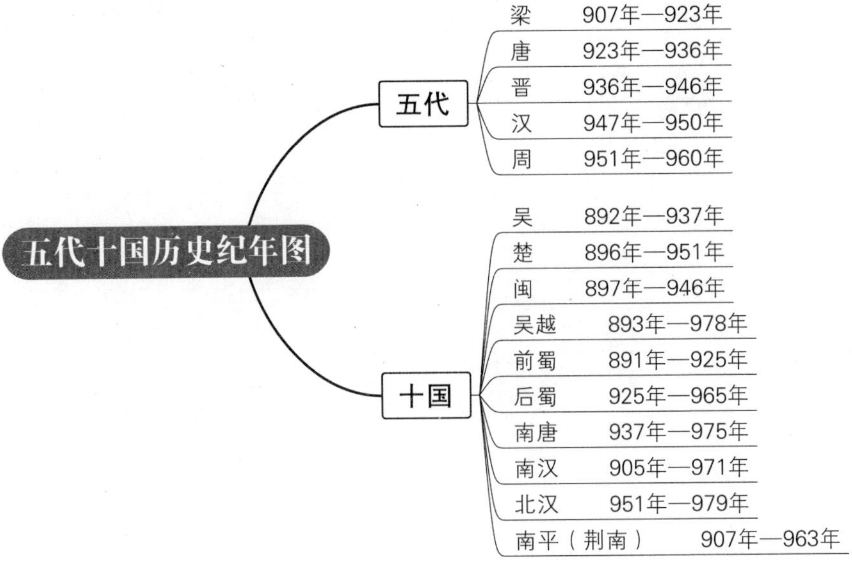
五代十国历史纪年图
五代
梁 907年—923年
唐 923年—936年
晋 936年—946年
汉 947年—950年
周 951年—960年
十国
吴 892年—937年
楚 896年—951年
闽 897年—946年
吴越 893年—978年
前蜀 891年—925年
后蜀 925年—965年
南唐 937年—975年
南汉 905年—971年
北汉 951年—979年
南平（荆南） 907年—963年

民族并立的宋辽夏金

公元907年—公元1279年

历史故事

北宋

北宋的建立和统一

960年正月，后周禁军统帅赵匡胤奏称北汉和辽国会师来攻，于是奉命带兵北上，到了汴京东北的陈桥驿，遂发动兵变，“黄袍加身”，回师都城汴京，夺取了后周政权，定国号为“宋”，史称“北宋”。赵匡胤就是宋太祖。

北宋在建立后的第四年，就开始进行统一全国的军事行动。963年，首先出兵灭掉荆南，接着陆续灭掉后蜀、南汉和南唐。赵匡胤还没有来得及完成南北统一的事业，于976年病死。他死后，其弟赵匡义继位，就是宋太宗，继续统一事业。在强大的军事、政治压力下，978年，割据漳、泉二州的陈洪进和吴越的钱俶相继归附，至此南方的割据政权全被消灭。979年，宋太宗亲率大军出征北汉，把“十国”中的最后一国灭掉，消除了五代十国分立割据的局面。

杯酒释兵权

961年，宋太祖赵匡胤通过“杯酒释兵权”的措施，解除了石守信、王审琦等一批手握重兵的节度使的大权。同时规定，禁军不再设置最高统帅，取消殿前都点检、侍卫亲军都指挥使及侍卫马步军都指挥使的职位，而且把禁军殿前、侍卫两司分为“三衙”或“三司”，即殿前都指挥使、侍卫马军都指挥使、侍卫步军都指挥使，鼎足而立。三衙的将领则用一些资历较浅容易驾驭的人来担任，且时常加以调动。这些将领虽统率军队，而军队的调遣和移防等事则须听命于枢密院。同时，还实行“更戍法”，禁军的驻屯地点，每隔几年更调一次，而将领却不随之更动，使得“兵无常帅，帅无常师”，防止军队为将领所私有。此举虽然结束了武人专横跋扈的局面，但却束缚住了将帅和士兵。

分割宰相权力

宋太祖赵匡胤为防止宰相权力过大，决定在宰相之下添设“参知政事”作为副职，而且还把枢密使和三司使定为常设官员，以枢密使分取宰相的军政大权，以三司使分取宰相的财政大权。

中书门下和枢密院，合称“二府”。经过这番改革，宰相只剩下有限的权力，而皇帝便可以总揽大权。

王小波、李顺起义

993 年初，茶农王小波领导农民在青城县（今四川都江堰）起义，在我国历史上第一次提出了“均贫富”的响亮口号，得到了广大群众的热烈拥护。在取得初步胜利后，起义军转而北上，但在攻打江原县（今四川崇州东南）时，王小波牺牲。起义军推举王小波妻弟李顺为领袖，继续坚持起义斗争。

李顺大力推行“均贫富”的措施，得到了群众的热烈拥护，起义军席卷川西各地。994 年正月，起义军攻克成都，李顺即位称王，国号大蜀，年号“应运”，并发行“应运元宝”铜钱和“应运通宝”铁钱，这是中国农民政权最早铸造的货币。这时起义军扩充到数十万，分兵攻下四川许多州县。

宋太宗于当年正月派宦官王继恩等率领禁军前去镇压。义军阻击失利，局势逐渐逆转，接着，成都又被攻陷，李顺下落不明。995 年，起义军余部为宋军和地主武装所镇压。

澶渊之盟

1004 年，辽萧太后与辽圣宗耶律隆绪亲率大军攻宋，一直打到黄河北岸的澶州（又名澶渊，今河南濮阳县西南）。后来北宋虽然打了胜仗，但最后却订立了屈辱的“澶渊之盟”。澶渊之盟规定：北宋每年给辽银 10 万两，绢 20 万匹，称“岁币”；北宋与辽国确立为叔侄关系；双方开放边境贸易等。

庆历和议

宋仁宗康定元年到庆历二年（1040 年—1042 年）期间，西夏皇帝李元昊对宋朝发动了延州之战、三川寨之战、好水川之战、丰州之战、镇戎之战等五次大规模的军事进攻，双方损失都很大，结果在庆历四年（1044 年）订立和约，史称“庆历和议”。和议规定：元昊取消帝号，接受宋朝册封；宋朝廷每年给西夏银 7.2 万两，绢 15.3 万匹，茶 3 万斤，称“岁赐”；开放双方边境贸易等。这时辽国乘机要挟，北宋又增加岁币银绢各 10 万，先后合计 50 万两匹。庆历和议订立后，西北边境平静了 20 多年，到 1066 年，西夏又开始挑衅，战争又不断继续。长期的战乱使广大北方地区的农民遭受宋、辽和西夏统治者的重重迫害，生产和生活都受到很大的影响。

庆历新政

早在宋太宗、真宗时期，就已有一些人提出了变法的主张。庆历年间，宋仁宗迫于形势，责成参知政事范仲淹等人提出改革的意见。

庆历三年（1043 年）九月，范仲淹向仁宗上《答手诏条陈十事》的奏疏，指出当时内忧外困，应立即改革，并提出十项改革主张，包括整顿吏治、培养人才、发展生产、加强武备等四个方面内容，而以整顿吏治为中心，以裁减冗官、选拔贤能为整顿吏治的手段。他认为有了贤能的官吏，就能够搞好政治，使百姓“各获安宁，不招祸乱”，缓和社会矛盾。

同年，仁宗颁布了几道诏令，推行了范仲淹等人的主张，即所谓“庆历新政”。但变法主张触犯了一部分官僚地主的利益，一开始便引起保守派的强烈反对，仅仅一年左右，范仲淹等人就相继被迫离职，变法随之流产。

王安石及其变法

王安石字介甫，抚州临川（今江西抚州西）人，出身地方官家庭。他早在浙江任地方知县期间，就注意改革吏治，积极督修水利，在青黄不接之际，将官仓里的存粮贷给农民，减少高利贷的盘剥，又使官仓存粮“新陈相易”。

1069 年，宋神宗任用王安石为参知政事，次年升任宰相，主持变法，以解除社会危机。他特设“制置三司条例司”，作为制定和推行新法的机构，相继制定了一系列新法，对于经济、军事、教育几方面都提出了改革的方案。财政经济方面，主要有青苗法、农田水利法、募役法、市易法、方田均税法、均输法。军事方面，主要有将兵法、保甲法、保马法，设置军器监。教育方面，兴学校，改科举。

王安石变法收到了一定的预期效果，但触动了官僚地主集团的既得利益，引起了他们的激烈反对，变法遇到很大阻力。王安石以“天变不足畏，祖宗不足法，人言不足恤”的精神坚持斗争。在 1074 年和 1076 年被迫两次辞去相位，最后退居江宁（今江苏南京），封荆国公，世称王荆公。1085 年，神宗死，哲宗继位，实权落在反对变法的太皇太后高氏手里，她起用司马光为宰相，新法几乎全部被废掉，变法归于失败。

王安石在文学上也有较高成就，其散文雄健峭拔，现实感很强，为唐宋八大家之一。

宋徽宗的腐朽统治

宋徽宗赵佶统治的 25 年间，是北宋政治最黑暗的时期。

徽宗荒淫腐朽，他最宠信的官僚是被称为“六贼”的蔡京、王黼、童贯、梁师成、李彦、朱勔以及杨戬、高俅等人。他们骄奢淫逸，无恶不作，想方设法揽财。他们公开出卖官爵，有所谓“三千索，直秘阁；五百贯，擢通判”的说法。官吏数目因此大增。为了修建宫殿、园林，宋徽宗命令在苏州、杭州设造作局，集中工匠几千人，制造各种工艺品，所用原料器材，都是从民间搜刮而来。又在苏州添设应奉局，专门从东南各地搜罗各种奇花异石，用船经由大运河输送到开封，每十船组成一纲，叫作“花石纲”。

宋江起义

在方腊起义前后，宋江领导的起义军出没于今河北、山东、河南、江苏一带。他们打出“劫富济贫”的旗号，杀贪官，除恶霸，把他们的财产分给贫苦农民，得到广大群众的支持和拥护。他们武艺高超，作战勇敢，能以少胜众，屡败宋军，在当时产生了很大的影响。

1121 年夏天，宋军镇压了方腊起义以后，陆续移师北上，经过将近一个月的战斗，宋江等人投降，起义失败，但分散在各地的农民起义力量仍坚持战斗，一直持续到北宋灭亡。

靖康之难

靖康元年（1126 年）秋，金兵分东西两路南下。西路金军攻克太原后，乘胜渡河，与东路金军共同围攻汴京，闰十一月二十五日，汴京城破。金因为兵力有限，所以在占领汴京四个多月，大肆勒索搜刮以后，于次年四月初一，撤兵北上，带走包括徽、钦二帝在内的全部俘虏和财物。汴京及其附近州县又惨遭一次浩劫。这一事件史称“靖康之难”。北宋的统治到此结束。

乌台诗案

王安石主张变法以后，苏轼对变法中的一些条款很不赞成，并作出指责。苏轼诗词中有一首《咏桧》诗：“凛然相对敢相欺，直干凌空未要奇。根到九泉无曲处，世间惟有蛰龙知。”当时的监察御史告发此诗指刺皇上，图谋不轨。苏轼被革职治罪，关进监狱。御史台自汉以来别称“乌台”，所以此案称为“乌台诗案”。后来，宋神宗亲阅案卷，觉得此案未免有些牵强附会。于是下令将苏轼免罪释放。乌台诗案实质上是宋神宗时代由于苏轼作诗而触发的一桩政治官司，可以说是中国历史上文字狱的开始。

南宋

南宋的建立

金兵在撤出汴京之前，册立原北宋宰相张邦昌为“大楚”皇帝，让他替金人统治黄河以南地区。伪楚政权很快为人民所唾弃，徽宗第九子康王赵构于 1127 年五月即皇帝位于应天府（今河南商丘），改年号为建炎，是为宋高宗。后为金兵所逼，不断南迁。金兵北撤后，于 1132 年定都临安（今浙江杭州）。史称此后的宋朝为南宋。

建康之战

1129 年冬，金将兀术率军渡江南侵，尾追高宗，掳掠一番后北归，在黄天荡（今江苏南京附近）遭到宋将韩世忠的截击，逃往建康。岳飞率兵出击，半月内多次大败金军，歼敌三千，收复了建康。这是岳家军首次大捷。

岳家军的抗战

1134 年夏秋之间，中路宋军在岳飞的率领下击败了女真贵族扶持的傀儡政权伪齐刘豫的主力军，收复了襄阳等六郡。同年十月，东路宋军在韩世忠的带领下，于扬州西北的大仪镇打败金兵，一直追到淮河南岸，驻军楚州（今江苏淮安）。

1136 年春，刘光世、张俊继韩世忠之后，从江南移屯淮上，岳飞从鄂州（今湖北武昌）进驻襄阳，南宋各路军队发动多次反攻，与北方义军相呼应。韩世忠越过淮河，曾经一度攻抵徐州东南；岳飞派兵深入伪齐境内，收复洛阳西南一些州县，与太行山义军取得联系，后因粮食不足撤回。

1137 年，金朝重臣粘罕失势死去，挞懒一派掌握大权，金对宋的军事、政治策略也因而改变。他们废除伪齐，对南宋政府采取“以和议佐攻战”的诱降策略。

1137 年底，宋高宗得到金朝愿意议和的消息后，立即再度起用秦桧当宰相兼枢密使，不顾许多武将文臣的反对，于 1139 年与金订立了和约。

秦桧擅权

秦桧字会之，江宁（今江苏南京）人，宋徽宗时官任御史中丞，于 1127 年被掳到金国。1130 年，秦桧被放回南京，得到宋高宗的信任，官至宰相。1140 年，秦桧怂恿高宗解除主战将领的军权，并诬陷其谋反，杀害岳飞，促成绍兴议和。秦桧任相期间，独揽朝政，排除异己，大兴文字狱，极力排斥主张抗金的官员，压制抗金舆论，篡改官史。他还推行经界法，丈量土地，重定税额，又密令各地暗增民税，使很多贫苦农民家破人亡。

岳飞蒙冤

1140 年，金朝兀术掌握大权后，立即对南宋发动全面进攻。南侵的金军遭到各路宋军的英勇抗击。年中，岳飞从德安府（今湖北安陆）大举北伐。他不顾高宗要他班师的命令，先后收复了蔡州（今河南汝南）、颍昌（今河南许昌）、郑州、洛阳等地。

大军逼近金朝战略要地开封，双方在郾城（今河南郾城）会战。岳飞亲率骑兵参战，大破金兵。与此同时，黄河以北的义军纷纷响应，到外制金兵的活动。这时，宋高宗认为自己已有力量守住淮河，如果继续打下去，将促使大将久据重丘，造成尾大不掉的局势，于是就同秦桧商定，命岳飞班师。

宋高宗、秦桧等人又准备与金朝订立和约，恐将帅反对，便任命韩世忠、张俊为枢密使，岳飞为副使，明升其官，实则解除他们的兵权。不久，秦桧捏造岳飞谋反的罪名，逮捕岳飞及其子岳云、部将张宪等。绍兴和议签订不久，宋高宗、秦桧以"莫须有"的罪名杀害了岳飞和岳云、张宪，制造了宋代历史上最大的冤案。

绍兴和议

绍兴十一年（1141 年）十一月，南宋与金签订了和约，史称"绍兴和议"。其主要内容如下：其一，宋向金称臣，"世世子孙，谨守臣节"；其二，宋金疆界，东以淮河中流，西以大散关（今陕西宝鸡西南）为界。宋割唐（今河南唐河）、邓（今河南邓州）二州及商（今陕西商洛市商州区）、秦（今甘肃天水）二州之半予金；其三，宋岁贡银 25 万两，绢 25 万匹。

辽

契丹社会的产生和发展

契丹之名最早见于《魏书》。契丹系 344 年前燕主慕容皝进攻宇文部时从鲜卑族中分离出来的一支。游牧于潢水（今西拉木伦河）

及土河（老哈河）流域，由许多部落组成。史载，契丹有悉万丹、何大何、伏弗郁、羽陵、日连、匹、黎、吐六于八部。唐初，契丹形成了部落联盟，拥兵四万人，首领为大贺氏，臣服于突厥，被委任为俟斤（官号）。628 年契丹背叛突厥，归附唐朝，唐在其地设松漠都督府和十个州，以其首领窟哥为使持节、十州诸军事、松漠都督。从武则天时开始，契丹逐渐强盛，但受到突厥和回纥的压制。唐后期，回衰亡，中原战乱不休，契丹乘机兴起，成为漠北的强大势力。契丹各部的酋长叫作“大人”。八部大人又共推其中一人为可汗，作为最高首领。

唐末，北方汉人纷纷避乱北出长城，契丹贵族也乘机南下俘掠人口，因此，契丹境内的汉人越来越多。这些汉人带去了中原的先进生产技术。到 9 世纪后期，契丹已经有了农耕、冶铁和纺织等生产事业，并开始建筑房屋城邑。

辽政权的建立

耶律阿保机出身契丹贵族家庭，从他的七世祖起便充当夷离堇（管理军马的官职）。阿保机于 901 年继承夷离堇之位。后因战功于 906 年升为于越（掌握部落联盟军政大权的官职），907 年，他又被推举为契丹可汗。912 年，他平定了反对他的耶律刺葛等内乱，统一了契丹八部，并控制了邻近的女真、室韦等族。

阿保机采纳汉族士大夫的建议，推翻了氏族社会推选可汗的制度，击败敌对势力，于 916 年自称天皇王，国号契丹，建元神册。定都上京临潢府（今内蒙古赤峰市巴林左旗）。

926 年，契丹灭渤海国。这时，契丹军队已转变为对外掠夺、对内镇压的工具。军队的骨干是直属皇室的“御帐亲军”和“宫卫骑军”，还有由贵族将领统率的部族军和州县军。此外，还创制了契丹文字和成文法律。

927 年，耶律德光（耶律阿保机次子）即位，947 年改国号为辽，是为辽太宗。

投下州

辽太祖和太宗统治时期，为了制止俘奴逃亡，采纳汉臣韩延徽的建议，建了许多投下州和县。比如，阿保机攻破代北俘虏了许多奴隶，建了龙化州；攻破燕、蓟俘虏的奴隶则建龙化县；潢水以北，以燕、蓟的俘奴建临潢县；潢水以西，以渤海俘奴建长宁县。有的州县仍然沿用俘奴原来所属州县的名称。比如，以澶州的俘奴建澶州，以三河的俘奴建三河县，以密云的俘奴建密云县。俘虏的渤海长平县人与汉人杂居建长泰县。这些投下州县的人户多则四五千，少则一两千，这种投下州县实质上是被剥夺了自由的俘奴从事强制性的劳动的“移民村”。

景宗中兴

969 年，辽穆宗被侍从杀死，耶律贤即大辽皇帝位，是为辽景帝，上尊号“天赞皇帝”。耶律贤改元保宁，在位 13 年，实行“重用汉臣，仿汉治国”的方针，推动了契丹由奴隶社会向封建社会转化的进程，使辽王朝走向中兴。

圣宗改革

辽圣宗耶律隆绪在位期间，在其母萧太后和韩德让等贤臣的辅佐下，进行了一系列改革，包括整顿吏治开科举，修订法律，改革赋税，重编部族等，效果十分显著，使契丹社会完成了封建化的进程，从而将辽国推向了极盛时期。

兴宗亲征西夏

1044 年，党项及山西五部归附西夏，于是兴宗耶律宗真亲率大军讨伐西夏。夏主李元昊见辽大军压境，连忙上表请罪，还没等元昊使者到达辽营，辽军就发起进攻，结果被夏军击败。双方议和。1049 年，兴宗再次亲征西夏，大获全胜。西夏王李谅祚请和称臣，双方再次议和。

西辽国

1124 年，辽皇族耶律大石眼见天祚帝耶律延禧不能恢复大业，便领二百骑兵连夜逃走，并自立为王。1125 年，金灭辽后，随即南下，而辽西北各部落实力并未受损。大石以恢复故国相号召，得精兵万余人，又组织了一支军事力量。1130 年，他决意西征，成功地说服了回鹘国王，得以借道西去，摆脱了金军的追击。大石率军击败十万西域诸国联军，行至起儿漫称帝，号天祐皇帝，仍用辽国号，史称西辽，又称哈喇契丹（黑契丹）。西辽历五帝，于 1218 年为蒙古所灭。

萧太后

辽景宗耶律贤的皇后、辽圣宗耶律隆绪的母亲，名萧绰，小字燕燕。她执掌辽国政权近二十年，为辽国政治制度的发展和版图的扩大作出了很大贡献。她的名字在民间杨家将故事中多次出现，虽然她曾多次对北宋用兵，但取得的成效不大。

西夏

西夏建国

西夏是两宋时我国西北地区少数民族党项人（羌族的后裔）建立的政权，其奠基者为李继迁。他的祖先为党项羌人许多部落中最强大的一支拓跋氏，唐朝时，平夏部首领拓跋思恭因参加镇压黄巢起义有功，赐姓李，封夏国公。991 年，李氏后代李继迁请求降附北宋，宋太宗授给他银州观察史的官职，并赐姓名为赵保吉。997 年，又被任为定难军节度使，管辖夏、银、绥、宥、静五州。1003 年，李继迁对宋作战胜利后，又转而西攻回鹘和吐蕃，被吐蕃兵刺伤后死去。其子李德明继承其位后遵其遗嘱，请求归附北宋，又向辽请求封号。宋、订都封他为西平王。1010 年，辽册封他为夏国王。1020 年，他建都兴州（今宁夏银川市）。1028 年，立子李元昊为太子。1031 年，李德明未及称帝而病死。1032 年，李元昊袭位为夏国王，1038 年正式称帝，改年号为"天授礼法延祚"，国号大夏（史称西夏），定都兴庆府（今银川）。

李元昊即位时，党项族在先进的汉文化影响下，已经向封建制转化，但尚保存军事民主制的遗风。

李元昊是党项族的杰出首领，他精通汉文，熟悉宋朝典章兵法，以至佛经。他对蕃、汉各族情况都很熟悉，注意吸取汉族的统治经验，并多方争取宋朝境内失意的知识分子为他所用。

李元昊模仿宋朝制度，建立了中央、地方组织。西夏的骑兵很精锐，人数在 15 万以上。李元昊还命大臣仿照汉字创制西夏文字，并设学校培养人才。

天盛之治

1139 年，西夏仁宗李仁孝即位。1149 年改年号为“天盛”。当时，西夏连遭地震、饥荒之灾。为缓和社会矛盾，仁宗下令赈济灾民，归还宋俘，平息各地叛乱，使局面逐渐稳定下来。接着，仁宗实行了推行儒学、开设科举、改订法律、发展生产等一系列有利于社会发展的政策。在他的统治下，西夏幅员辽阔，秩序安定，经济繁荣，成为西夏的盛世。

河西失陷

西夏神宗李遵顼时，西夏军多次被蒙古大军打败，被迫与蒙古合兵攻打金国，国力日益衰败。1223 年，西夏军与蒙古军攻打凤翔（今陕西凤翔）时，因为久攻不下，西夏军统领竟领兵不辞而别。神宗怕蒙古责难，被迫让位给太子李德旺，是为夏献宗。李德旺即位后，结交漠北各部共拒蒙古，成吉思汗得知此事，派兵攻夏。李德旺畏惧请降，蒙古退兵，可李德旺没有按约定遣子入蒙古为质，而且接纳了叛逃而来的蒙古贵族。成吉思汗以此为由，于 1226 年亲率十万大军伐夏，占领了河西之地。

西夏灭亡

西夏末主李睍 1226 年即位时，即面临亡国的危局。他率领军民展开了抗蒙救亡的最后搏斗，但无法抵挡成吉思汗的猛烈进攻。坚守半年后，因城中粮食用尽，军民大批得病，又遭强烈地震，城中宫室都被震塌，只得于 1227 年六月向成吉思汗奉上祖传金佛和金银财宝请降，要求宽限一个月再献城。七月，成吉思汗病死。几天后，李睍出城投降，却被蒙古兵杀死。蒙古兵又入城大肆屠杀西夏军民，西夏灭亡。

㊎

女真的兴起

女真即满族祖先，周代称肃慎，两汉至晋称挹娄，南北朝时称勿吉，隋唐称靺鞨，五代时称女真，受辽统制。辽把部分女真人迁至辽阳（今辽阳市）以南，编户入籍，史称“熟女真”；未编入辽籍的称“生女真”；而介于二者之间的称“回跋女真”。辽对居住在长白山以北，松花江和黑龙江流域的生女真实行羁縻政策，封其完颜部首领乌古迺为“生女真部族节度使”。生女真的完颜部由于受汉族和契丹经济文化的影响，社会生产力迅速提高，氏族部落组织迅速解体，阶级分化和私有财产迅速发展。到 11 世纪中期，完颜部已成为统一女真诸部的核心。到完颜阿骨打时，便建立了奴隶制的国家。

金朝的建立

完颜阿骨打是乌古迺之孙。1113 年，其兄完颜乌雅束死，他袭位为酋长，称都勃极烈。时女真族为辽国的附庸，他被辽封为惕隐（官职名），次年又被封为节度使。阿骨打顺应了女真民族反抗奴役的要求，在 1114 年秋，正式举起反辽的旗帜，带领少数军队先后在鸭子河

（今吉林扶余市北松花江）等地大败辽兵。接着，陆续攻占辽国边境州县，军事力量更加强大。

1115 年正月元旦，阿骨打在部众拥戴下称皇帝，宣告建国，国号“大金”，年号“收国”。定都按出虎水旁的会宁府（今黑龙江哈尔滨阿城区）。是为金太祖。阿骨打称帝后，扩充和整顿了军队。实行了兵民合一的制度，猛安谋克既是军事组织，又是地方行政组织。在其管辖之下的各户壮丁，平时从事生产，战时应征出战。

海上之盟

辽天祚帝耶律延禧统治时期，金人逐渐强盛并向南扩张，辽境内被压迫的各族人民，特别是渤海人和汉人纷纷起义，使得辽国实力更加削弱。

当辽兵屡败后，宋朝君臣便想借助金人的力量收复幽云地区。从政和七年（1117 年）起，先后数次派人从登州（今山东蓬莱）渡海到金国，相约夹攻辽国。

宣和二年（1120 年），约定双方出兵，各以长城为界，金攻辽的中京大定府（今内蒙古宁城县西），宋攻辽的燕京析津府（今北京市）。灭辽以后，幽云诸州归宋，北宋原来每年给辽的银和绢照数转献给金朝。这就是所谓的“海上之盟”。

金灭辽和北宋

1122 年正月，金兵攻下辽的中京，天祚帝逃往夹山（今内蒙古萨拉齐西北）。三月，金将粘罕又攻破辽的西京大同府。辽燕京留守耶律大石等立燕王耶律淳为帝，是为北辽。五月，宋政府派童贯、蔡攸（蔡京之子）等领兵北伐，辽将萧干、耶律大石率兵应战，宋军十五万狼狈溃散。十月，童贯又派兵十万北伐，宋军攻入燕京，又被辽兵逐出，驻扎于卢沟以南的宋军，烧营南逃。十二月，金兵由居庸关南下，不战而得燕京。宣和五年（1123 年）八月，阿骨打攻克北辽的燕京后，按照和北宋的协议，将燕京及附近的六州之地归还北宋，领兵回师上京（今内蒙古巴林左旗），行至部堵乐（今黑龙江省克东县北克城）时病死。其弟完颜晟继位。宣和七年（1125 年）二月，完颜晟遣将追俘了辽天祚帝，辽亡。

在灭辽过程中，完颜晟见北宋统治腐朽，防备空虚，便于 1126 年冬大举南攻北宋，并攻陷北宋都城汴京，次年四月又俘走宋徽宗、宋钦宗，灭了北宋。这样，金便取代了辽，成为与南宋并立的王朝。

金的兴亡

金太宗完颜晟灭辽和北宋后，又进一步攻掠南宋，先后占领了今河南、陕西、山东等省的大片土地，大体确定了金的统治疆域，确立了金对中原的统治。完颜晟在位期间，逐步采用汉制，改革旧俗，创立各种典章制度，奠定了金朝经国规模。晚年他又改变了女真族兄终弟及的旧传位制，立太祖之孙完颜亶为继承人。到金世宗完颜雍时，外与南宋议和罢兵，内用各族人士为官，并注意恢复和发展农业生产，重视科举、学校等文化事业，使金国社会经济呈现出一时的繁荣，成为金国的全盛时期，女真族也基本上完成了从奴隶制向封建制的过渡。世宗病死后，章宗完颜璟继位，进一步采用汉族礼仪服饰，提倡女真族和汉族通婚，促进了民族融合。后在蒙古大军的多次进攻下，金国逐渐衰败。金哀宗（完颜守绪）天兴三年（1234 年），金终被南宋和蒙古联合攻灭。

宋朝·东京开封府

宋朝（960年—1279年），存续319年，分为北宋和南宋。宋朝是中国历史上商品经济、文化教育、科学创新高度繁荣的时代。这一时期政治开明，科技发展，没有严重的宦臣专权、兵变民乱等现象。

东京开封府位于河南省中部偏东地区，地处黄河南岸，在北宋时期作为国都长达168年，简称“汴”。先后有七个王朝在此建都。东京城周阔30余公里，由外城、内城、皇城组成。

时代文化

北宋

《宋刑统》

宋太祖赵匡胤即位后，命令修纂一国律典。建隆四年（963 年）七月，由窦仪等主持编撰的《宋建隆详定刑统》告成，共 12 篇 502 条，简称《宋刑统》。太祖下诏模印颁行，一直贯于南宋，影响及于辽、金、元以至明、清各朝的立法。

《宋刑统》以刑律为主，分类附有刑事方面的敕令格式，成为综合性的刑事法典。它规定绞、斩两种法定死刑之外，又以附敕形式准用唐德宗建中三年（782 年）以来施行的“决重杖一顿处死”的酷刑，即对罪行极为严重的死刑犯施用重杖活活打死。

三苏

三苏指北宋散文家苏洵和他的儿子苏轼、苏辙。宋仁宗嘉定初年，苏洵和苏轼、苏辙父子三人都到了东京（今河南开封市）。由于欧阳修的赏识和推誉，他们的文章很快获得知名度，士大夫争相传诵，一时学者竞相仿效。宋人王辟之《渑水燕谈录·才识》记载：“苏氏文章擅天下，目其文曰三苏。盖洵为老苏、轼为大苏、辙为小苏也。”“三苏”的称号即由此而来。苏氏父子积极参加和推进了欧阳修倡导的古文运动，他们在散文创作上都取得了很高的成就，后来俱被列入“唐宋八大家”。三苏之中，苏洵和苏辙主要以散文著称；苏轼则不但在散文创作上成果甚丰，而且在诗、词、书、画等各个领域中都有重要地位。

苏轼

苏轼，字子瞻，又字和仲，号“东坡居士”，谥号“文忠”，眉州眉山（今四川眉山）人，是北宋著名文学家、书画家、散文家和诗人。他的散文与唐宋八大家之一欧阳修并称“欧苏”；诗与黄庭坚并称“苏黄”，首开宋代诗歌新风气；词与辛弃疾并称“苏辛”，一扫当时词坛绮艳柔靡的风尚，为豪放词派的创始人；书法擅长行书、楷书，与黄庭坚、米芾、蔡襄并称“宋四家”。他与他的父亲苏洵、弟苏辙皆以文学名世，世称“三苏”，与汉末“三曹父子”（曹操、曹丕、曹植）齐名。苏轼作品有《东坡七集》《东坡乐府》等，在政治上属旧党。

《太平寰宇记》

《太平寰宇记》是一部北宋地理总志，乐史编著，共二百卷，目录二卷始编于太平兴国四年（979 年），而疆域政区沿革以雍熙四年（987 年）为断。“太平”取太平兴国年号首二字为书名。它以中国为主，附及外国，是地方总志中继往开来的重要著作。行政建制以当时所分十三道为准，道下分州、县。体例承袭《元和郡县志》，但增加了人物姓氏、风俗、土产、艺文等方面内容，着重于经济、文化方面的叙述，丰富了我国地理志的著作内容。《太平寰宇记》在中国方志学上占有很重要的地位，从此方志的内容大为充实，体例大有变化。

《册府元龟》

《册府元龟》是北宋四大类书之一，王钦若、杨亿等人奉宋真宗命令编修，始于景德二年（1005 年），成书于大中祥符六年（1013 年）。“册府”即收藏典册的秘府，“元龟”即以灵龟占卜未来。“册府元龟”就是可供借鉴的文献宝库之意。全书约 900 万字，超过《太平御览》近一倍，是宋代最大的一部类书。共一千卷，专门辑录上古到五代的历代君臣事迹，对唐、五代史事记载尤为详细。按人按事分门别类地编次。所录材料，以正史为主，间采经书、子书，小说、杂书一概不收。全书分帝王、闰位、僭伪、列国君、储宫、宗室、外戚、宰辅、将帅、台省、邦计、宪官、谏诤等 31 部，部下分门，如“谏诤”部下有讽谏、规谏、直谏、强谏、遗谏、褒赏等，共 1104 门。部有“总序”概述本部事迹沿革；门有“小序”，概述本门内容。序文内容赅实，文笔也很简练。《四库全书总目》的大小序即以此为借鉴。引文多整章整节，对宋前史籍的辑佚和校勘，较有价值，可作文学和史学研究工作者参考。

《资治通鉴》

《资治通鉴》是北宋著名史学家司马光编撰的中国第一部编年体通史。自 1066 年开始编纂，至 1084 年书成，历时 19 年。全书共 294 卷，上起周威烈王二十三年（前 403 年）三家分晋，下至后周世宗显德六年（959 年），记载了从战国到五代时期一千余年的历史。

《资治通鉴》取材丰富，考证详密，修书时根据的材料，除正史外，杂史多至三百余种，往往一事以三四种资料佐证，史料的真实性胜过许多正史。司马光写该书的目的在于“专取关国家盛衰，系生民休戚，善可为法，恶可为戒者”，全书绝大部分篇幅记述历代治乱成败安危之迹，对于文化等方面则较少记载。

沈括与《梦溪笔谈》

沈括字存中，杭州钱塘（今浙江杭州）人，北宋科学家、政治家。沈括晚年以平生见闻，在镇江梦溪园撰写了《梦溪笔谈》。此书共分30卷。属自然科学的条文有二百多条，约占三分之一，其余皆为社会科学。全书分17类，计有：故事、神奇、异事、谬误、讥谑、杂志、人事、辩证、乐律、象数、官政、权智、艺文、书画、技艺、器用、药议。英国著名科学家李约瑟称誉沈括为“中国整部科学史中最卓越的人物”，赞许《梦溪笔谈》是中国科学史的里程碑。

宋词

词始于唐，兴于五代，盛于两宋。宋代宫廷教坊教习音乐，城市有歌楼瓦肆，乡村传唱民歌小调，为词的繁荣创造了条件。因此，词成为两宋的主要文学形式，故称宋词。宋词与唐诗、元曲一样，在中国文学史上占有相当重要的地位。宋词名家辈出，数量巨大，《全宋词》共收录词人1300多家，作品19000多首。宋代词人创作风格各异。婉约派代表人物柳永，擅长慢词长调创作，多反映市民生活，代表名篇有《雨霖铃》；女词人李清照继承了柳词的风格，其词委婉含蓄、清新淡雅，被视为婉约派正宗，代表作有《声声慢》。豪放派词风豪迈奔放，代表词人有苏轼、陆游、辛弃疾。格律派因其注重格律而得名，其词辞藻工丽，音律典雅，但内容狭隘，意境不高，代表人物有周邦彦等人。

《百家姓》

《百家姓》是中国流行时间最长、流传最广的一种蒙学教材，与《三字经》《千字文》齐名。据南宋学者王明清判断，《百家姓》似是两浙钱氏吴越国小民所著。据史书记载，吴越在宋太祖开国后，还存在一段时间，至宋太宗太平兴国二年才率土归降。可见这本书是北宋初年问世的。宋朝皇帝姓赵，赵为国姓，钱塘属江浙，当时占据这一带的是吴越王钱俶，孙是他的正妃的姓，李是南唐后主的姓，所以“赵钱孙李”便为《百家姓》的头一句。全书最初共取我国汉族姓氏四百余个，采用四言体例，句句押韵，读来顺口，易学易记。

周敦颐与理学

理学是佛、道思想渗透到儒家哲学以后出现的新儒家学说，又叫作道学。从南宋以后，理学逐渐成为中国封建社会后期的官方思想。

两宋理学的奠基人是周敦颐，湖南道州濂溪人。他提出了关于宇宙万物起源的学说，认为宇宙的本源是太极，太极的动和静产生出阴阳，阴阳二气交互作用生成金木水火土五种物质元素，它们的互相推移转变，造就了气象万千的物质世界。周敦颐还把思孟学派提出的“诚”解释为人的至善的本性，是仁、义、礼、智、信所谓“五常”的根本，是符合封建社会秩序的各种行为的渊源。

《清明上河图》

《清明上河图》是中国北宋绘画作品，作者张择端。该画纵 24.8 厘米、横 528.7 厘米，绢本，墨笔稍着色，无款，据卷后金代张著题跋，知为张择端所作，现藏故宫博物院。作品描绘了中国农历清明时北宋都城汴梁及汴河两岸的繁荣景象，有毛驴的驮队，轿乘的行列，长途跋涉的行旅；汴河上巨大的漕船，或泊岸卸货，或往来于河中，河上横跨虹桥，桥上行人拥挤，河中漕船放桅过桥，情节紧张；市区城楼高耸，街巷纵横，店铺鳞次栉比，行人摩肩接踵，络绎不绝，于茶坊、酒肆、脚店、肉铺、寺观、公廨等处各行其是。画中各种行业，各阶层人物应有尽有，堪称一幅描绘北宋城市社会经济生活的风俗画卷。作品手法写实，描绘工细。有人统计，全画共描绘各色人物 1643 人，其中有形人物 587 人，动物 13 种 208 头，植物 9 种，大小船 20 多艘，楼层农舍 30 余幢，推车乘轿 20 多件。画中人物大不足 3 厘米，小者如豆粒，仔细品察，个个形神毕备，毫纤俱现，极富情趣。房屋、舟船、桥梁等均合比例，准确真实。作者以长卷形式，用“散点透视”将繁杂纷乱的城市景象，统摄于一卷之中，使其长而不冗，繁而不乱，反映了作者具有极高的艺术水平。

毕昇与活字印刷术

毕昇是北宋中期一个普通的平民知识分子，当时人称为“布衣”。他生活的那个年代，盛行雕版印刷。毕昇看到雕版印刷存在刻版费时、费工、费料，存放不便，发现错字不易更正等缺点，便决意改进雕版印刷。经过不断的研究、试验，毕昇终于发明了活字版印刷术，就是以胶泥坯刻好字，再进窑烧硬，排版前先在置有铁框的铁板上敷一层掺和纸灰的松脂蜡，将胶泥活字依次排在上面，加热使蜡熔化，以板压平字面，涂墨后即可印刷。印完后卸板把活字还原，可多次使用。这在世界印刷史上是一次重大的革命，比欧洲的金属活字印刷术早了四百余年。

南宋

朱熹哲学思想

在理学发展史上，南宋的朱熹是一个集大成的人物。朱熹是徽州婺源人。他继承和发展了二程（指周敦颐的弟子程颢、程颐兄弟）的思想，并利用了北宋思想家张载关于“气”的学说，建立了一个客观唯心主义哲学体系，世称“程朱学派”。

他是孔子以后在中国社会影响最大的哲学家。其著述有《四书章句集注》《朱子语类》《晦庵先生文集》及《朱子遗书》等。朱熹哲学思想体系中的基本范畴是“理”。他认为“理”是万物生成的本源，而“气”则是构成万物的材料。在理与气的关系上，他肯定理是第一性的，气是第二性的。但就具体的事物来说，他又认为理与气是同时存在、密不可分的。他利用唯物主义的概念来弥补其唯心主义的漏洞，使其学说显得更为严密。

《通志》

《通志》是南宋杰出史学家郑樵毕生心血的结晶，共二百卷。其中记述历代君臣事迹的本纪列传多抄录旧史，不被人重视。它最大的贡献在二十略，这是全书的精华，其中氏族、六书、七音、都邑、谥、校雠、图谱、金石、昆虫草木等为旧史所无，其所独创。六书讲文字，七音讲语音，更是郑樵的首创。“略”的性质与正史中的“志”相似。所谓略，就是大纲、概略的意思。

《玉海》

《玉海》是宋代著名类书，为南宋博学家王应麟所辑，共二百卷，附《词学指南》四卷，分天文、律历、地理、帝系、艺文、礼仪、车服、器用、音乐、学校、选举、官制、兵制、朝贡、宫室、食货等21部。每部下再分类。全书共240余类。每类之中以事物名称或书名作为标题，征引材料多根据宋代的实录、国史、日历、会要等文献，为后世史志所未详。书中记事，一般以年为经，始于伏羲，终于宋末。每遇异说，便采纳诸子加以简要考证。条理贯通，眉目清楚。在唐宋类书中，可与杜佑《通典》抗衡。

唐宋八大家

唐宋八大家是指唐朝和宋朝两代的八位卓有成就的散文作家，即唐朝的韩愈、柳宗元，宋朝的欧阳修、苏洵、苏轼、苏辙、曾巩和王安石。

明朝初年的文学家朱右最早把这八位名散文作家排列在一起。朱右和当时一些作家企图创造一种新的风格来取代元朝诗文创作上纤弱的文风，他们编选了韩、柳等人的散文为《八先生文集》。“唐宋八大家”之名实始于此。稍后，嘉靖进士、著名散文家茅坤编选了《唐宋八大家文钞》，“其书盛行海内”，影响甚大，从此“唐宋八大家”之说正式出现，一直流传至今。

女词人李清照

李清照号易安居士，南宋杰出女文学家，历史上与济南历城人辛弃疾并称“济南二安”。其父李格非是北宋著名的学者和散文家，幼承家学，早有才名。李清照以词著名，兼工诗文，并著有《词论》，在中国文学史上享有崇高声誉。她早年生活安定、优裕，词作多写相思之情；金兵入侵后，遭遇国家巨变，她的词作多感慨身世飘零。她是词中婉约派的大家，但在婉约的风格中又带有豪放的一面，主张“词，当别具一家也”。她的诗文感时咏史，与词风迥异。她还擅长书画，兼通音律。李清照现存诗文及词为后人所辑，有《漱玉词》等。她是中国历史上唯一一位名字被用作外太空环形山的女性。

爱国诗人陆游

陆游字务观，号放翁，越州山阴（今浙江绍兴）人，南宋诗人。一生著述丰富，有《剑南诗稿》《渭南文集》等数十种存世。陆游具有多方面文学才能，尤以诗的成就为最。自言“六十年间万首诗”，今尚存 9300 余首。其中许多诗篇抒写了抗金杀敌的豪情和对敌人、卖国贼的仇恨，风格雄奇奔放，沉郁悲壮，洋溢着强烈的爱国主义激情，在思想上、艺术上取得了卓越成就。陆游在生前即有“小李白”之称，成为南宋一代诗坛领袖，在中国文学史上享有崇高地位，是我国伟大的爱国诗人。他的词作量不如诗篇巨大，但和诗同样贯穿了气吞残虏的爱国主义精神。词作有《放翁词》一卷，《渭南词》二卷。

爱国词人辛弃疾

辛弃疾，原字坦夫，后改字幼安，别号稼轩居士，历城（今山东济南）人，南宋词人。他一生坚决主张抗击金兵，收复失地，曾进奏《美芹十论》，分析敌我形势，提出强兵复国的具体规划；又上宰相《九议》，进一步阐发《美芹十论》的思想，都未得到采纳和施行。光复故国的雄才大志得不到施展，一腔忠愤发而为词，由此造就了南宋词坛一代大家。辛弃疾为豪放派爱国词人，与苏轼并称为“苏辛”。

其词热情洋溢，慷慨悲壮，笔力雄厚，艺术风格多样，而以豪放为主。他的代表作有《稼轩长短句》。

《三字经》

《三字经》是中国历史上最有代表性的一部幼学启蒙读物。它流传时间最长、范围最广、影响也最大。相传《三字经》的作者为南宋的王应麟（一说是宋末的区适子），明、清学者对其陆续有增补，现代著名学者章太炎于 1928 年对其重加修订。《三字经》通篇以“教”为主线，寓“教”于“智”，上至天文，下至地理，旁及哲史文经、诗书礼乐、医卜星算、伦理道德、社会生活、名物常识等。全文仅千余字，但言简意赅，内容丰富，涵盖面极广。文中仅用三百余字，就把朝代的更迭、帝王的兴废等内容表述得清清楚楚。它在行文技巧上很独特，三字成句，音韵铿锵，朗朗上口，便于记忆。

《统天历》

《统天历》是南宋杨忠辅编制的历法。宋宁宗庆元五年（1199 年）颁行。它的回归年长度是 365.2425 日，和现行的回归年长度完全一致。但是，现行的公历（格利哥里历）在欧洲是 1582 年以后才采用的，比《统天历》的颁行晚了近四百年。《统天历》还提出回归年的长度并非固定不变，而是古大今小，这也是天文学史上的一个重要发现，比欧洲早得多。

纸币的产生

纸币的产生是中华民族对人类文明的一项重大贡献。它经历了从北宋的“交子”到南宋的“会子”的演变过程。

交子最早出现于四川。北宋建立后，四川地区长期使用铁钱，因铁钱体大量重值少，流通不便。真宗时，在当地政府许可下，成都16家富商联合印制和发行钱券，称为“交子”，代替铁钱流通，也可向“交子铺”兑现。其后，交子常因商人破产不能兑现，政府遂禁止商人发行。仁宗天圣元年（1023年）冬，政府看到发行交子有利可图，即借口商人争讼不息，正式创立“益州交子务”，改交子为官办，以36万贯铁钱为准备金，分界（指有效使用期限）发行，定期回收，流通区域仍限于四川。徽宗时，改交子为“钱引”，扩大流通区域。但钱引不备本钱，大量印发，于是引起通货膨胀，成为社会问题。所以，交子在它存在的北宋期间只是起“支票”的作用，还不是“钞票”，后来也没有成为普遍流通的货币。

到了南宋时期，由于社会经济的快速发展，金属货币的制造已经不能满足流通的需要。再加上南宋的海外贸易很发达，主要的外贸港口有泉州、广州和明州（今浙江宁波）等，政府在这些港口设立市舶司，管理海外贸易。南宋政府海外贸易的收入，在财政上占有很重要的地位。宋高宗末年，对外贸易所得，达到财政总收入的15%多。因此，导致了金属钱币大量流失海外。在此情况下，民间出现了可以用于交易的纸币——会子。1160年，南宋政府的临安府知府钱端礼率先统一由政府出面发行会子。钱端礼后来升任户部官员，会子也随即在全国范围内发行。所以会子才是世界上最早的纸币。

元朝时期，意大利著名旅行家马可·波罗来中国居住、游历了十几年，他回国时，将纸币传播到伊朗，而后又传到日本、高丽（朝鲜）。直到五百多年后的1690年，欧洲的瑞典才出现纸币。此后，纸币逐步传播到了世界各地。

制瓷业

宋代的制瓷业发展到一个新阶段，烧制技术、产量、质量以及瓷窑的数量和规模都大大超过前代。瓷窑遍布南北各地，名窑辈出，品类繁多，争奇斗艳，除青、白两大瓷系外，黑釉、青白釉和彩绘瓷纷纷兴起。举世闻名的五大名窑——定窑（在河北曲阳，白瓷）、汝窑（在河南汝州，青瓷）、官窑（北官窑，在河南开封，粉青；南官窑，在浙江杭州，粉青等多种）、哥窑（在浙江龙泉，灰青等）、钧窑（在河南禹州神垕镇，彩瓷），都产生于这个时期，产品为后世珍重。耀州窑、磁州窑、景德镇窑、龙泉窑等也各领风骚。这些名窑烧制出各自风格独特的产品，达到了制瓷的一个高峰，显示了宋代制瓷技术取得的卓越成就。

书院

书院是中国古代官方藏书、校书或私人读书治学之所，其名始于唐朝。唐末至五代，战乱连年，学校废毁，学者多择名山胜地，建立书院，作为研究学术和聚徒教授的场所，开创了私立大学之风。宋初著名书院有白鹿洞、石鼓、应天府、岳麓、嵩阳、茅山六大书院。南宋书院大兴，几遍全国。原多民办，后经朝廷敕额、赐田、奖书、委官，遂成半民半官性质的地方教育中心。掌教者称山长、山主或洞主。元、明、清三代书院仍盛，主要作为准备科举的场所。到清末，才把书院改为学堂。

学者评述

自来的论史者大都认为，北宋文化之兴盛，主要应归功于宋王朝的重文轻武政策，还有人具体落实到宋初几个皇帝的“右文”政策上。我则以为，“重文轻武”只不过是一种表面现象。实际上，北宋建都于四战之区的开封，建立之初则为了削平十国割据的残局，其后则北方的劲敌契丹和继起于西北地区的西夏，无一不需要武力去对付。所以，北宋一开始就注定了“国倚兵而立”的局势，如何能够制定轻武的政策呢?

——邓广铭

唐代人不大分辨史实和传说，仍承汉魏六朝以至西域的传统，眼中显现的是一个人神不分的世界。宋代人只承认活人的世界。唐人的笔记是传奇而宋代人的笔记是掌故。唐代人处于一个“虚”的世界而宋代人处于一个“实”的世界。唐代科举重诗赋而宋代科举重策论。唐文人喜谈政治而少做高官，宋文人很多是政治家，做大官。唐代人在安史之乱以前不大认识各民族间矛盾冲突，宋代人因为几个不同民族的政权并立就把“人”和“非人”严格分别了。到了南宋又进一步提出“正统”。这不是强了而是弱了。

——金克木

宋代其实有它相当了不起的地方，宋代最了不起的就是，它的中层扩大到几乎把下层全包进去了。而宋代中层，不一定是政治的中层，而是社会的、经济的中层。

——许倬云

宋代的政制，既已尽取之于民，不使社会有富藏；又监输之与中央，不使地方有留财；而中央尚以厚积闹穷。宜乎靖康蒙难，心脏受病，而四肢便如瘫痪不可复起。

——钱穆

华夏民族之文化，历数千载而演进，造极于赵宋之世。

——陈寅恪

宋辽夏金世系图

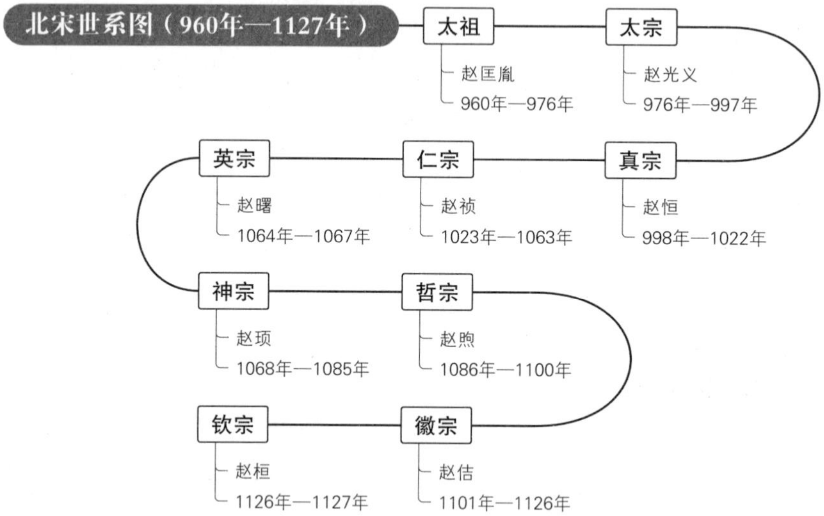
北宋世系图（960年—1127年）
太祖
赵匡胤
960年—976年
太宗
赵光义
976年—997年
真宗
赵恒
998年—1022年
仁宗
赵祯
1023年—1063年
英宗
赵曙
1064年—1067年
神宗
赵顼
1068年—1085年
哲宗
赵煦
1086年—1100年
徽宗
赵佶
1101年—1126年
钦宗
赵桓
1126年—1127年

南宋世系图（1127年—1279年）

- **高宗**
  - 赵构
  - 1127年—1162年
- **孝宗**
  - 赵昚
  - 1163年—1189年
- **光宗**
  - 赵惇
  - 1190年—1194年
- **宁宗**
  - 赵扩
  - 1195年—1224年
- **理宗**
  - 赵昀
  - 1225年—1264年
- **度宗**
  - 赵禥
  - 1265年—1274年
- **恭帝**
  - 赵㬎
  - 1275年—1276年
- **端宗**
  - 赵昰
  - 1276年—1278年
- **帝昺**
  - 赵昺
  - 1278年—1279年

契丹·辽（907年—1125年）

- **太祖**
  - 耶律阿保机
  - 907年—926年
- **太宗**
  - 耶律德光
  - 927年—947年
- **世宗**
  - 耶律兀欲
  - 947年—951年
- **穆宗**
  - 耶律述律
  - 951年—969年
- **景宗**
  - 耶律贤
  - 969年—983年
- **圣宗**
  - 耶律隆绪
  - 983年—1031年
- **兴宗**
  - 耶律真宗
  - 1031年—1055年
- **道宗**
  - 耶律洪基
  - 1055年—1101年
- **天祚帝**
  - 耶律延禧
  - 1101年—1125年

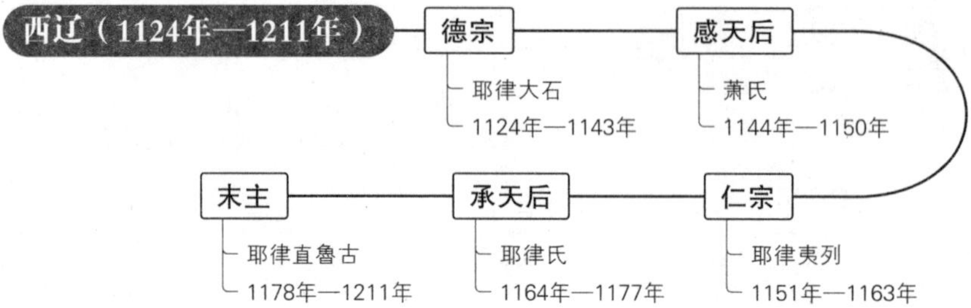
西辽（1124年—1211年）
德宗
耶律大石
1124年—1143年
感天后
萧氏
1144年—1150年
仁宗
耶律夷列
1151年—1163年
承天后
耶律氏
1164年—1177年
末主
耶律直鲁古
1178年—1211年

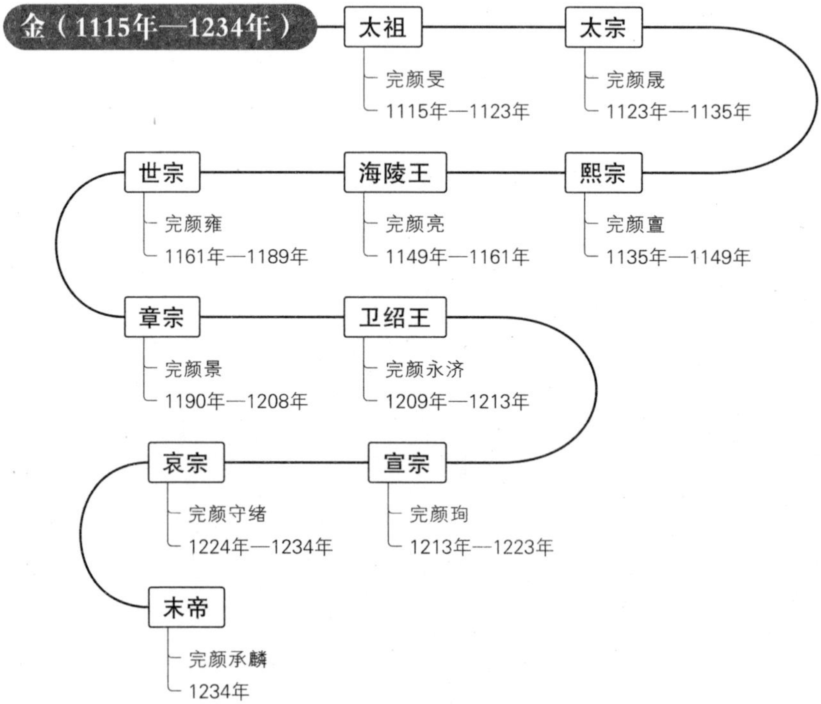
金（1115年—1234年）
太祖
完颜旻
1115年—1123年
太宗
完颜晟
1123年—1135年
熙宗
完颜亶
1135年—1149年
海陵王
完颜亮
1149年—1161年
世宗
完颜雍
1161年—1189年
章宗
完颜景
1190年—1208年
卫绍王
完颜永济
1209年—1213年
宣宗
完颜珣
1213年—1223年
哀宗
完颜守绪
1224年—1234年
末帝
完颜承麟
1234年

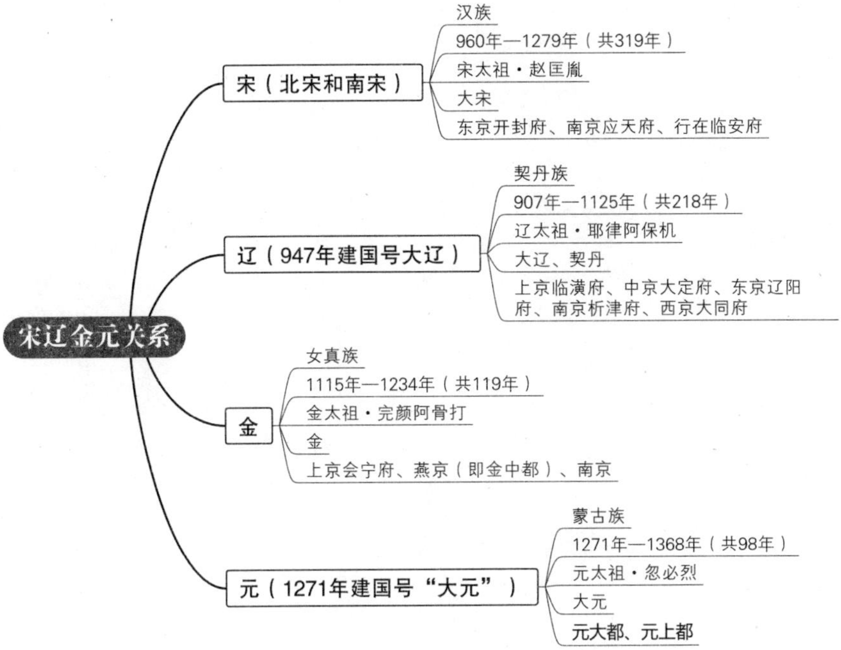

*“宋辽金元”是中国历史上宋朝、辽朝、金朝、元朝的合称。这是一个多民族竞争时期。与“辽宋金元”并称的朝代有“宋元”“宋辽金夏”等。首先是辽、宋并立之势，辽在北方，宋在南方。后来金崛起，迅速灭辽，进而南下灭北宋。后南宋建立，蒙古和南宋合并灭金，蒙古建立元朝并灭南宋，统一全国。

骑在马背上的元朝

公元 1271 年—公元 1368 年

历史故事

蒙古的起源

“蒙古”一词最早见于唐代，即新旧《唐书》中的“蒙兀室韦”。“蒙兀”是“蒙古”一词最早的汉文译名。“蒙古”最初只是蒙古诸部落中的一个部落的名称，后来逐渐成为这些部落的共同名称。额尔古纳河（唐代称望建河）东岸一带，是蒙古部的历史摇篮。大约在7世纪，蒙古部开始向西部蒙古草原迁移。到12世纪，它已经散布在今鄂嫩河、克鲁伦河、土剌河等三河的上游和肯特山以东一带，并分衍出乞颜、札答兰、泰赤乌等许多部落。蒙古部之外，在蒙古草原和贝加尔湖周围的森林地带，还有塔塔儿、翁吉剌、蔑儿乞、斡亦剌、克烈、乃蛮、汪古诸部。它们大小不等，经济文化发展亦不平衡，有的从事畜牧业，有的从事渔猎。11世纪，他们结成了以塔塔儿为首的联盟，强大一时。因此，“塔塔儿”（又称鞑靼）曾一度成为蒙古各部的统称。契丹崛起后，征服了鞑靼各部，促使鞑靼部落联盟瓦解。蒙古部西迁到漠北高原后发展得很快，其中有尼伦部。到12世纪初，成吉思汗的曾祖父合不勒统一尼伦各部，开始称“汗”，形成了蒙古部集团。

成吉思汗统一蒙古

成吉思汗名叫铁木真，出生在蒙古孛儿只斤氏的一个贵族家庭。铁木真的父亲遭到塔塔儿部的谋害而早死，家道中落。铁木真幼年时期，经历了颠沛无依的生活。最初，他联合克烈部的首领王罕和札答兰部的首领札木合，相互结为联盟，并依靠他们的力量击败了塔塔儿。以后他又击败了泰赤乌、蔑儿乞诸部，随即又与王罕合兵，击败了札木合。1203 年，铁木真又进攻王罕于土剌河，王罕败亡。王罕的克烈部是当时蒙古草原上最强大的部落之一，铁木真击败克烈部后就为统一蒙古铺平了道路。接着他又击溃了草原上最后一支力量——乃蛮部的塔阳罕，统一了蒙古诸部。这样，蒙古诸部逐渐融合为一个民族共同体，“蒙古”也就由原来一个部落的名称变成民族名称。

蒙灭西夏

1226 年秋，成吉思汗借口西夏不遵守条约，又发动了对西夏的战争。

蒙古军攻下甘州（今张掖）、凉州（今武威），在肃州（今酒泉）遭到顽强的抵抗，经过长期围困才攻下来。接着进军灵州（今灵武市）。灵州之役，西夏主力消耗殆尽，城陷后，西夏的首都中兴府已成为蒙古军的囊中物。

南宋宝庆三年（1227 年）六月，西夏主遣使请降。同年七月，成吉思汗病死于六盘山南麓的清水县。但蒙古军秘不发丧，当西夏主来降时，诸将按照成吉思汗的命令把他处死。西夏至此灭亡。

蒙宋灭金

1233 年，蒙古包围了金的南京（今开封）。金末代皇帝哀宗完颜守绪，逃往归德，南京旋降于蒙古。完颜守绪又逃至蔡州（今河南汝南）。蒙古都元帅塔察儿再派使者至南宋襄阳，约攻蔡州。“冬十月，南宋孟珙、江海率师二万，运米三十万石，赴蒙古之约”。蒙古军与南宋会师蔡州。次年正月，宋军先破蔡州南门，然后招蒙古军入城。完颜守绪自杀。金朝在北方统治前后约 120 年，至此结束。

蒙古进攻南宋

1257 年，蒙古正式发动了对南宋的全面军事进攻。成吉思汗之孙蒙哥率主力军自六盘山分路攻四川，攻占成都后包围合州（今四川合川）。他命忽必烈攻鄂州（今武昌），命大将兀良哈台自安南回师攻广西、湖南，北上与忽必烈在鄂州会师。蒙哥准备三路会师鄂州，然后沿江东下，直取临安，消灭南宋王朝。蒙哥军一路进入四川后，沿途不断遭到南宋军民的顽强抗击。开庆元年（1259 年）七月，蒙哥亲自在合州钓鱼城督战，结果被宋军炮石射中，死于军中。蒙古军被迫撤退，合州之围始解。

元朝的建立

忽必烈当时正在围攻鄂州，听说蒙哥已死，为了争夺汗位，同时也由于军事上陷入困境，借南宋宰相贾似道求和的机会，把军队带回北方。景定元年（1260 年）三月，忽必烈在开平（后改称上都，在今内蒙古自治区多伦）宣布自己即大汗位（元世祖）。同年四月，蒙哥幼弟阿里不哥也在和林（今蒙古乌兰巴托西南）即大汗位。忽必烈凭借着汉族地主阶级和一部分蒙古贵族的支持，1264 年七月终于击败了阿里不哥，夺得了最高统治权。忽必烈采取汉人预立皇太子的办法，确定帝位继承人，并于 1264 年八月迁都燕京，改年号为至元，后于至元八年（1271 年）十一月改国号为大元。元朝开国后，一切政治制度和国家机关组织大半都沿袭辽、金的旧章。1272 年又在燕京旧城的东北筑新城，建设宫殿衙署。命名首都为大都。此后，元朝的政治重心就完全移到中原来了。

南宋灭亡

忽必烈执掌大权后，经过短短几年准备，又继续进攻南宋。1267年冬开始，元军围攻襄、樊两城，宋军坚守达六年之久。1273年，元军烧毁了浮桥，隔断了襄、樊两城之间的联系，樊城先被攻陷。不久，襄阳守将吕文焕投降了元朝。

元军攻下襄阳府、樊城后，忽必烈派丞相伯颜督率大军，以降将吕文焕为前锋，由襄阳顺汉水而下，进入长江。南宋守将或败或降，沿江重镇，相继陷落。1275年，在朝野压力下，宰相贾似道不得已出兵应战，但十三万宋军，在池州下游丁家洲与元军遭遇后，一战即溃。贾似道旋被贬废，于途中被杀。1276年二月，元军占领临安，俘南宋恭帝、全皇太后并宋室官吏等北去。

文天祥等人的抗元斗争

文天祥是吉州庐陵（今江西吉安）人。元军进迫临安时，他担任赣州知州。文天祥响应号召，组织民兵万人北上。1276年正月，他被派到元军中谈判议和条件。因不肯屈从，被伯颜拘留，并胁持北上。至镇江时，文天祥逃脱，辗转由海道至福建，和不愿投降的南宋大臣张世杰、陆秀夫等人在福州拥立卫王赵昺为帝，流亡迁徙于南海的崖山一带。

1278年十二月，元将张弘范来攻，文天祥在五坡岭（海丰北）兵败被俘。文天祥题写了“人生自古谁无死，留取丹心照汗青”的诗句，表达了他坚贞不屈的决心。文天祥被送到大都后，前后被囚三年，在狱中写下《正气歌》，拒绝元朝的诱降。1283年一月，文天祥从容就义。

1279年二月，张世杰兵败崖山，陆秀夫背负着赵昺投海。

元朝的汉化政策

元朝建立后，有意识地保留了中原的一些封建制度。元世祖忽必烈即位后，为了加强中央集权，巩固其统治，不得不大量任用汉人，采用汉法。所谓汉法，就是承袭宋、金以来的封建政治和经济制度，在新的历史条件下加以某些改进，使上层建筑能够适应经济基础。它是与保守落后的蒙古“旧俗”相对立而存在、相比较而产生的一个概念。

仁宗之治

元仁宗爱育黎拔力八达，自幼熟读汉族典籍。他即位后整饬吏治，废除武宗时设立的尚书省，仍恢复原来的中书省，并将武宗一朝的当权人物处死，恢复各地的行中书省，惩治地方贪官污吏，严禁诸王、贵戚的扰民行为。此外，他还倚重汉人文臣，推行汉法，尊孔崇儒，仿照唐宋旧制，恢复科举取士。

平定诸王叛乱

1287年，窝阔台汗的孙子海都又煽动东部诸王后裔乃颜、势都儿、哈丹等人发动叛乱。元世祖闻讯后，亲率两路大军前往镇压，消灭了叛乱势力。元世祖在平定东北诸王叛乱后，设置了辽阳行省，并在叛王封地内置万户府，用以削弱藩王的权力。这时海都在西北仍不断骚扰，至元二十六年（1289年）七月，74岁的世祖决定率兵亲征。海都闻讯远逃。世祖去世时，海都已被逐至阿尔泰山之北。1302年，海都败死。1306 年，海都子察八儿投降，西北诸王的叛乱，至此全被平定。

阿合马、桑哥事件

1262 年，阿合马任诸路转运使，他兴办铁冶，增加盐课，获得大利。忽必烈升他为中书平章。阿合马恃功骄傲，安插亲信，诬陷异己。1282 年，益都千户王著和高和尚等，假借皇太子的名义将阿合马击杀。元世祖又命卢世荣为中书右丞。卢世荣上任后，提出改革钞法、制定市舶条例等措施，但不到一年，卢世荣被杀。

1286 年，元世祖起用桑哥理财，任为平章政事。他更改钞法，发行至元钞，财政危机好转，于是升任尚书右丞相兼总制院使。桑哥继而清理江南钱谷，增加赋税、盐课，引起天下骚动，起义不断发生。1291 年，桑哥被杀。

红巾军大起义

元后期，蒙古贵族疯狂地兼并土地，大批农民沦为奴婢。官府横征暴敛，苛税名目繁多，全国税额比元初增加 20 倍。在这种情况下，韩山童、刘福通利用白莲教组织农民，1351 年在颍州（今安徽阜阳）准备起义。消息泄露，遭到元军包围，韩山童被害。刘福通率众突围，攻占颍州，起义正式爆发。义军以红巾裹头，所以称作红巾军。1355 年，刘福通率军攻下亳州以后，立韩山童之子韩林儿为“小明王”，国号“大宋”，年号“龙凤”，建立了农民革命政权。1357 年起，刘福通分兵三路北伐，一度攻取汴梁。但是由于北伐没有严密的战略部署和相对集中的统一指挥，而且没有巩固的根据地，所以进行得并不顺利，至 1362 年止，各路北伐大军被各个击破。1363 年，刘福通退守安丰（今安徽寿县）后被张士诚围城，城破遇难；韩林儿被朱元璋救出。红巾军起义逐渐被镇压下去了。

朱元璋起义军的强大

元至正十二年（1352 年）二月，安徽定远土豪郭子兴据濠州（今安徽凤阳）起义，自称红军。闰三月，出身贫苦、曾为游方僧的朱元璋也参加到这支队伍中来。1355 年郭子兴病死，朱元璋掌握了这支军队的实际领导权，并归韩林儿的大宋政权统辖。

元至正十五年（1355 年）六月，朱元璋南渡长江，夺取了太平路（今安徽当涂）一带大片地区。次年三月，他又亲率水陆大军攻克集庆路（今南京），改名应天府。他以应天为根据地，逐渐发展壮大，成为当时起义军中的一支劲旅。

元朝的灭亡

1368 年正月，朱元璋称帝，其部将徐达所率北伐军于同年八月攻占大都，元朝灭亡。

朱元璋平定福建的陈友谅后，占据广东的地方武装何真向朱元璋求降。这时南方只有西南一隅尚未统一。1366 年，割据四川的明玉珍死，子明升即位。政权一直苟延到 1371 年，在大军压境的形势下，才降附了明朝。

朱元璋于 1381 年命傅友德、沐英、蓝玉率 30 万大军进攻云南。元朝梁王逃到晋宁自杀。第二年蓝玉、沐英攻下云南。至此，朱元璋基本上统一了南方。

元朝·元大都

元朝（1271 年—1368 年）是中国历史上由少数民族建立起来的大一统王朝。成吉思汗统一蒙古，建立大蒙古国，先后灭掉西辽、西夏、金等政权，后忽必烈即位，定国号为元。

元大都，是元朝的都城，位于今天的北京。元大都由元代科学家刘秉忠规划所建，位于金中都旧城东北，是当时的政治中心、文化中心。值得一提的是，元大都有独特的环水设置，以水面为中心来确定城市的格局。

时代文化

大运河的疏浚

1280 年，元政府利用汶泗诸河的水源，向南开凿了济州河。次年，又开凿了一条会通河，从山东东平到临清，和旧运河（即御河）接通。1291 年，在金代运河的基础上，开凿一条通惠河，自大都至通州，利用北京西山泉水及白河水接济运河水量，总长 80 余公里，这样从通州就可以顺白河到天津。从此，北自大都，南至杭州的大运河贯通起来了，南北经济、文化的交流开始了一个新的时代，在政治上也起了巩固统一的作用。

邓牧及其思想

邓牧，字牧心，号文行，又自号“三教外人”，浙江钱塘人。南宋亡后，他隐居余杭大涤山中的洞霄宫，不仕元朝，是个有民族气节的思想家。他著有《伯牙琴》一书，猛烈抨击暴君酷吏。他指出，皇帝是最大的掠夺者和剥削者，大小官吏都是吃人的豺狼。他还描绘了一个理想国，在那里有皇帝也有官吏，但都是民选出来为群众办事的人，而不是特权阶级。在理想国里无战争，人人劳动，自食其力。

马端临及《文献通考》

马端临，字贵与，饶州乐平（今属江西）人。他见杜佑《通典》自天宝以后阙而未备，就仿《通典》的体例，用了二十多年的时间写成了《文献通考》。

《文献通考》是一部着重叙述历代典章制度沿革的分类通史。全书348卷，分为“田赋考”“钱币考”“户口考”“职役考”“市籴考”等24类。它以《通典》为蓝本，但在选材范围和规模上都超过了《通典》，内容不仅采用经史，而且摘引奏疏议论，尤详于宋代史实，反映出马端临重视近现代史研究的精神。

胡三省和《通鉴注》

司马光《资治通鉴》成书后，其门人刘安世曾为之作注，但此注已佚。元代胡三省重为注释。胡三省，字身之，浙东宁海人，南宋理宗宝祐年间进士，历任县令、府学教授等职。宋亡，他隐居不仕，于至元二十二年（1285年）完成《资治通鉴音注》，对《通鉴》作了校勘、解释、考证，对旧《释文》作了辨误，并对史事有所评论。《通鉴注》是后人读《通鉴》必不可少的一部参考书。

《大元大一统志》

《大元大一统志》共600册，1300卷，元朝官修，是一部空前完备而丰富的全国性的地理志书。该书关于各路、州、县的史地，分建置沿革、坊郭乡镇、里至、山川、土产、风俗形势、古迹、宦迹、人物、仙释等部门。所引资料，凡大江以南各行省，大都取材于宋《舆地纪胜》和宋、元旧志，北方各行省大半取材于唐《元和郡县志》、宋《太平寰宇记》和金元旧志；边远地区的材料则来自新编的《云南图志》《甘肃图志》《辽阳图志》等。因此，该书保存了宋、金、元旧志中的许多材料，有较大的史料价值；对于了解元朝的社会经济状况、阶级状况等历史都是极为重要的材料；对于研究地理、地质、考古等也有重要价值。虽然该书在明代就已散佚，但是，明朝修《大明一统志》时以《大元大一统志》为蓝本，清朝编《清一统志》时又以《明一统志》为蓝本，所以，明、清两朝的《一统志》中都保留了《大元大一统志》的若干资料。

元曲

元代的曲，是这个时期文学上最突出的成就。它出现于南宋和金代，盛行于元代，有北曲、南曲之分。北曲又称元曲，是配合北乐而产生的，它又有剧曲和散曲之分。

剧曲当时称为杂剧，在元代极为盛行，是一种以曲词为主，带着宾白（对话、独白）和科介（动作）的歌剧。据统计，有姓名可考的剧作家有二百多人，作品有五百多种，保存到现在的还有 160 多种。在至元、大德时期（1264 年—1307 年），出现的著名剧作家有关汉卿、白朴、马致远、郑光祖等人，世称元曲四大家。他们的代表作品是关汉卿《窦娥冤》、白朴《墙头马上》、马致远《汉宫秋》、郑光祖《倩女离魂》等。此外，王实甫的《西厢记》也是脍炙人口的名著。这些作品都不同程度地反映了当时的现实生活，歌颂了人民的反抗斗争，在艺术性和思想性上都有空前的成就。通常所说的元曲，主要是指杂剧。

除剧曲外，还有和杂剧中的曲牌一样而没有念白和折子的歌曲，称为散曲，是元代的民歌。它不是戏剧的组成部分，较近于词，是作者自己抒情的文体。它合乐不用锣鼓，故又称“清曲”。散曲分为小令和套曲（套数）两类。小令相当于一首诗，或一首单调的词，每支独立。套曲是联合数支曲子成为一套。散曲也出了一些有名的作者和优美动人的作品。据不完全统计，散曲作家中有姓名可考者有 187 人。

在南方，以南曲腔调演唱的温州杂剧等地方戏发展成为南戏，亦称传奇。著名的有四大传奇：《荆钗记》《白兔记》《拜月亭记》和《杀狗记》。

《窦娥冤》

全名《感天动地窦娥冤》，是一出元代戏剧，关汉卿作。剧中描写一个孤苦无依的年轻寡妇窦娥，遭流氓张驴儿陷害，被贪官判处死刑。临刑时她发出誓愿，要血溅白练、六月飘雪、大旱三年。关汉卿用浪漫主义手法，在窦娥屈死后，让她的誓愿得以实现，鞭挞了社会的黑暗。

《西厢记》

全名《崔莺莺待月西厢记》，是一出元代戏剧，由王实甫作。《西厢记》描写书生张生在普救寺与官宦小姐崔莺莺相爱的故事。他们在泼辣、机智的丫鬟红娘帮助下，冲破莺莺母亲的阻拦，终于结为伉俪。《西厢记》批判了封建礼教，歌颂青年男女争取爱情自由的斗争，深受人民喜爱。几百年来，《西厢记》已成为家喻户晓的故事。该杂剧在戏曲文学发展上有深远影响。

郭守敬与《授时历》

郭守敬，字若思，河北邢台人，是一位在天文、水利、数学等多方面卓有成就的科学家。他主张通过测验来编制新历，请求政府设监候官（专职测验人员）十四员，分往全国二十七个测验所，进行实测。经过这一番仔细实测之后，又继以精密计算和综合研究，在宋代《统天历》的基础上，于1280年与许衡、王恂共同完成了历法的改造，命名新历为《授时历》，次年正式颁行。

郭守敬制定的《授时历》以365.2425日为一年，与地球绕太阳的周期实际相比只差26秒，同现在世界上公用的阳历（格利哥里历）一年周期相同。格利哥里历系1582年制定，而郭守敬的《授时历》比它早三百年。从至元十八年颁行至清初改用《时宪历》，《授时历》共施行了三百余年，是中国古代推算最精确和使用最久的历法。

女纺织技术家黄道婆

黄道婆又称黄婆，松江乌泥泾镇（今属上海市）人，元代女纺织技术家，发明了世界上最早的轧棉机。她出身贫苦，少年时流落崖州（今海南岛），从黎族人学得纺织技术，居海南三十多年后，约于1296年返乡，着手改革纺织生产工具，传授有关轧花车、弹棉椎弓、纺车和织机等技术，促使松江地区棉纺织业繁荣发展，时有“松郡棉布，衣被天下”之谚。黄道婆借鉴海南黎族人民的纺织技术，发明了脱除棉籽的搅车，又名轧车。这种轧棉机是由装置在机架上的两根辗轴组成，将棉花放入两轴间的空隙碾轧，籽落于内，棉出于外，大大提高了生产效率。这种轧棉机的出现是棉纺生产中一项重大技术革新。美国直到1793年才造出轧棉机，比黄道婆的发明晚四百余年。

学者评述

辽、金、元三朝，立国的情形，各有不同。契丹虽然占据了中国的一部分，然其立国之本，始终寄于部族，和汉人并未发生深切的关系。金朝所侵占的重要之地，唯有中国。他的故土和他固有的部族，文化尚未发展，虽可借其贫瘠而好掠夺的欲望，及因其进化之浅，社会组织简单，内部矛盾较少，因而以诚朴之气、勇敢之风而崛起于一时，然究不能据女真之地，用女真之人，以建立一个大国。所以从海陵迁都以后，他国家的生命，已经寄托在他所侵占的中国的土地上了。所以他压迫汉人较甚，而其了解汉人却亦较深。至蒙古，则所征服之地极广，中国不过是其一部分。虽然从元世祖以后，大国帝业已瓦解，所谓元朝者，其生命亦已寄托于中国，然自以为是一个极大的帝国，看了中国，不过是其所占据的地方的一部分的观念，始终未能改变。所以对于中国，并不能十分了解，试看元朝诸帝，多不通汉文及汉语可知。

——吕思勉

辽和西夏、金朝的社会发展程度虽然赶不上宋朝，但它们分别在中国北部和西部的开发取得进展，加强了各民族的融合，在社会文化的某些方面已经接近宋朝。它们的社会生活，风尚习俗虽然比不上宋朝丽靡宏侈、丰富多彩，但也各具民族特色，有些习俗还被宋朝汉族人民所吸收，成为宋朝人民习俗的一个组成部分。

——朱瑞熙

元有天下，其疆域之袤，海漕之富，兵力物力之雄廓，过于汉唐。自塞外三帝，中原七帝，皆英武踵立，无一童昏暴谬之主。而又内无宫闱阉宦之蛊，外无强臣夷狄之扰，其肃清宽厚亦过于汉唐。

——魏源

文化的成立、扩大、继续，靠本身的适合人性，不恃武力与政治。代表东亚文化的中华文化富于人情味，因是有关各民族都乐于采用。契丹族接受中华文化的主流“汉族文化”的时候，正是汉民族在政治、军事方面最倒楣的时候。因为这股主流文化是富于人情味的，所以一时占优势的契丹族自动采用，逐步仿效，历年二百汇为一流。强劲的契丹族遂与和易的汉族作了历史上第三次的各族大混合。

——姚从吾

自有史以来，以元代为最无制度，马上得之，马上治之，……于长治久安之法度，了无措意之处。

——孟森

元代帝王世系图

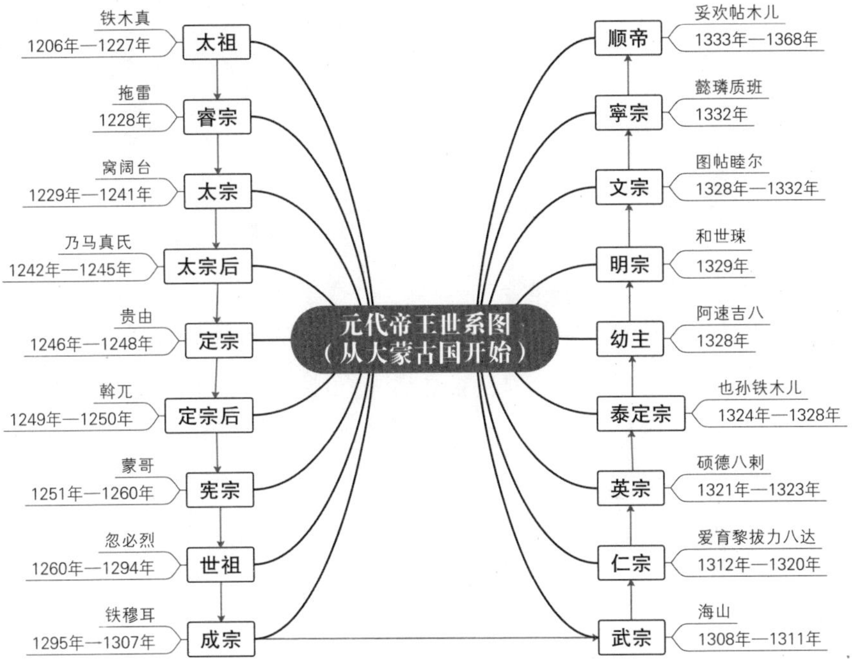
元代帝王世系图
（从大蒙古国开始）
铁木真
太祖
1206年—1227年
拖雷
睿宗
1228年
窝阔台
太宗
1229年—1241年
乃马真氏
太宗后
1242年—1245年
贵由
定宗
1246年—1248年
斡兀
定宗后
1249年—1250年
蒙哥
宪宗
1251年—1260年
忽必烈
世祖
1260年—1294年
铁穆耳
成宗
1295年—1307年
妥欢帖木儿
顺帝
1333年—1368年
懿璘质班
宁宗
1332年
图帖睦尔
文宗
1328年—1332年
和世瑓
明宗
1329年
阿速吉八
幼主
1328年
也孙铁木儿
泰定宗
1324年—1328年
硕德八剌
英宗
1321年—1323年
爱育黎拔力八达
仁宗
1312年—1320年
海山
武宗
1308年—1311年

高度君主专制的明朝

公元1368年—公元1644年

历史故事

明朝的建立

1364年正月，朱元璋即吴王位，设置百官，建立了一整套封建统治机构，但仍用韩林儿龙凤年号。1366年末，韩林儿被暗害。

1367年正月，朱元璋始称吴元年，十二月，朱元璋正式即皇帝位。1368年正月，改元洪武，定国号为明，以应天府（今南京）为京师。同年灭元后，改大都为北平府，开始了明朝的统治。朱元璋就是明朝开国皇帝明太祖。

在当时的历史条件下，朱元璋建立起来的政权只能维持原来的生产关系，在社会改革上他所能做到的仅是“旧政有不便者，吾为汝除之”。这样做的结果，在他的文武官员中培植了一批新的封建地租剥削者，随着政治地位的变化，这些领导成员也就变成拥有众多庄田佃户的封建地主了。

明朝北伐的胜利

1367年十月，朱元璋派遣徐达、常遇春率军二十五万北伐。他在北伐的檄文中提出“驱逐胡虏，恢复中华，立纲陈纪，救济斯民”的口号，并向蒙古、色目人保证“有能知礼义，愿为臣民者，与中夏之人抚养无异”。当时腐朽的元朝政权只靠几支地主武装支持残局，其中主要的有扩廓帖木儿守河南，孛罗帖木儿守大同，李思齐、张良弼等守关中。他们相互之间派系林立，争权夺利，连年交兵，到处杀掠。

元顺帝则崇信喇嘛僧，沉迷于天魔舞的声色淫佚之中。

1368 年，北伐军按原定计划先取山东，再攻占河南，然后沿运河由山东北上，直逼通州，进围大都。1368 年八月二日，元顺帝妥欢帖木儿弃城逃往上都，元亡。

明朝统一全国

洪武元年（1368 年）九月，徐达、常遇春等进兵山西，扩廓帖木儿大败北逃。陕西的李思齐在明军包围下，投降了明朝。北伐军又回师直指上都，元顺帝只好再向北逃，1370 年四月死。其子爱猷识礼达腊继位，携残部退到塞外和林一带，史称北元。

到洪武二十年（1387 年），占据辽东的纳哈出归降明朝，朱元璋前后用了三十多年的时间，才完成了全国的统一。

胡惟庸案

胡惟庸，定远（今属安徽）人，于 1355 年，随朱元璋起义于和州。洪武三年（1370 年），官至中书省参知政事，后任左丞。洪武六年（1373 年），升右丞相，后进左丞相。在此期间，专权结党，毒害御史中丞刘基（即刘伯温）。洪武十三年（1380 年），朱元璋以“谋不轨”罪将其处死，并借机大兴党狱。洪武二十三年（1390 年），颁布《昭示奸党录》，以伙同胡惟庸谋不轨罪，处死韩国公李善长、吉安侯陆仲亨等开国功臣。后又以胡惟庸通倭、通元（北元），罪不容诛而究其党羽，前后共诛杀三万余人，史称“胡狱”。胡惟庸案与蓝玉案并称“胡蓝党案”，为明朝初年朱元璋杀戮开国功臣的两大要案。

蓝玉案

蓝玉，定远（今属安徽）人。初为常遇春部下，英勇善战，官至大都督府佥事。后参加平蜀、北伐、平定云南等战役。洪武二十年（1387 年），任大将军。洪武二十一年（1388 年），率 15 万兵征伐北元，大获全胜，进封凉国公。此后蓝玉恃功骄横，蓄养大批庄奴、假子，又强占东昌民田，欺凌百姓，横行乡里。洪武二十六年（1393 年），锦衣卫指挥使告其谋反，蓝玉随即被诛。鹤庆侯张翼等以下共 15000 余人，悉遭株连。史称“蓝狱”。蓝玉案后，明初开国元勋功臣，几乎被杀戮殆尽。诸多江南豪族亦遭杀戮。

明文字狱

明初，士大夫有各种不同的政治态度。一部分故元遗老和原张士诚的臣僚，对新王朝抱有敌对情绪。这些不肯俯首称臣的士大夫，有不少人被朱元璋加以镇压。大部分地主文人虽归附了明朝，但朱元璋对他们也不放心。浙江府学教授林元亮替人写《谢增俸表》，中有“作则垂宪”句；北平府学训导赵伯宁替人作《万寿表》，中有“垂子孙而作则”句。“则”与“贼”同音，朱元璋认为是骂他做过贼，将他们一概处死。常州府学训导蒋镇为本府作《正旦贺表》，内有“睿性生知”句，朱元璋将“生”读作“僧”，认为是有意骂他当过和尚，便将其处死。这种为维护赫赫皇权而深文周纳的文字狱，使许多知识分子无辜遭祸。朱棣全部继承了朱元璋这种文字禁忌，他即位之初便杀了文学博士方孝孺，并下令凡藏方孝孺诗文者，罪至死，同时查禁了所有随朱允炆殉难诸臣的诗文及其他一切有关文字。其他因出试题、进书而得祸的事也屡屡发生。稍后的朱祁镇至朱厚照时的文字之祸稍缓，至朱厚熜、朱翊钧、朱由校时又烈。总之有明各朝，文字之祸不断，在这种极端严密的统治之下，读书人只有或俯首帖耳做奴隶，或纵情深色麻醉自己了。

靖难之役

明太祖为了巩固自己的统治，实行分封制，把 24 个儿子和一个从孙，分封在腹里和边境，以慎固边防，翼卫王室。受封王中，四子燕王朱棣拥兵十万，封地北平，实力最强。洪武三十一年（1398 年），明太祖病死，长孙朱允炆继位，是为建文帝。建文帝怕诸王势力尾大不掉，便和大臣齐泰、黄子澄商计削藩。遂采纳黄子澄的建议，先削几个力量较弱的亲王的爵位，然后再向力量最大的燕王朱棣开刀。建文元年（1399 年），燕王朱棣以“清君侧”为名，誓师北平，起“靖难军”，夺取了河北大部。建文帝先后派老将耿炳文和膏粱子弟李景隆率师北伐，都被燕师打败。经过四年史称“靖难之役”的战争，朱棣在 1402 年攻占南京，建文帝不知所终，齐泰、黄子澄、方孝孺等大臣被杀，株连甚众。朱棣终于夺取了帝位，次年改元永乐，是为明成祖。

迁都北京

永乐元年（1403 年）正月，明成祖朱棣改北平为北京，永乐四年（1406 年）七月，他派大臣宋礼等到四川、湖广、江西、浙江等地采木备料；第二年征调 23 万工匠、上百万民夫及大量兵士营建北京宫殿。永乐十八年（1420 年），北京宫殿基本竣工。永乐十九年（1421 年）正月，明朝迁都北京。

郑和七下西洋

郑和原姓马，小字三保，回族人，祖居云南昆阳州。明太祖统一云南后，郑和被阉入宫，靖难之役中，从燕王起兵有功，朱棣赐他姓郑，提拔为内官监太监。为了发展对外关系，明成祖特地派遣郑和下西洋，对亚非各国进行贸易和访问。这个“西洋”，当时并不专指欧洲大陆，而是泛指我国南海以西的海洋，包括印度洋及其沿海地区。从永乐三年（1405 年）到宣德八年（1433 年），郑和先后七次下西洋，成为闻名世界的一件盛事。他率领规模浩大的船队，经过中国南海诸岛，跨越亚、非两洲，对占城（越南南部）、真腊（柬埔寨）、暹罗（泰国）、满剌加（马六甲）、彭亨（马来西亚）等三十多个国家和地区进行了友好访问。郑和远航亚非各国，在政治、经济和科学文化方面都产生了深远的影响，也是世界航海史上的一次创举。

锦衣卫

厂卫，是东厂、西厂和锦衣卫的合称，是明王朝的特务系统，由宦官指挥。锦衣卫是“上十二卫”内廷亲军的一卫，是皇帝的私人卫队，直接受皇帝指挥，不隶属于都督府。它的来源是朱元璋即吴王位时所设的拱卫司。洪武二年改为亲军都尉府，洪武十五年取消府司，置立锦衣卫。成祖夺取皇位后，为加强专制统治，特令其兼管巡察缉捕和刑狱，成为皇帝的耳目与爪牙。锦衣卫的“诏狱”，有不经法司而进行刑讯、判罪和行刑的权力。诏狱又称锦衣卫监狱，是直辖于皇帝的特种监狱。里边阴森恐怖，设有一般刑具十八套，其中最常用的有五种：械刑、镣刑、棍刑、拶刑、夹棍刑，五刑并用，叫“全刑”。此外，还有剥皮、抽肠、钩背、刺心等酷刑。锦衣卫官员经常利用特权任意逮人、草菅人命，造成了人人自危的恐怖气氛。锦衣卫与政府各部门没有隶属关系，所以明朝历代帝王都将其作为爪牙，用来监视臣民。明代中叶后，与东、西厂并列，成为厂卫并称的特务组织。

东厂、西厂

明成祖朱棣迁都北京后，为加强对全国的统治和维护皇权，除加强锦衣卫外，于永乐十八年（1420年）在东安门北（今东厂胡同）设置了“东缉事厂”，简称东厂，用它专门刺探臣民“谋逆妖言、大奸大恶”的事，特命他的亲信太监做东厂的提督，一般由司礼监的秉笔太监兼任。太监有了随意逮捕、刑讯朝野臣民的特权。为了平衡厂和卫的权势，朱棣一面令东厂所属人员由锦衣卫调充，同时又赋予提督东厂的太监监视锦衣卫的权力，使厂、卫相互倚赖，彼此制约，不敢有违皇帝的意旨，成为皇帝实行特务统治的工具。到明神宗万历初年，宦官冯保以司礼太监兼东厂事，又设立了内厂，而以原来的东厂为外厂。明熹宗天启年间，魏忠贤以司礼监秉笔太监兼领东厂，专断擅权，作威作福，发展到了顶点。成化十三年（1477年），明宪宗朱见深又设立西厂，由太监汪直提督厂事。西厂所辖缇骑比东厂还多一倍，自京师内外到大河南北，到处寻衅生事，就是亲王府也难幸免。正德时，刘瑾、马永成、谷大用、张永等八人得宠于武宗，时称“八虎”。其中刘瑾以内官监总督团营，继而又掌司礼监，势焰熏天，他的党羽布满朝堂，连内阁大学士焦芳、吏部尚书张彩等都是他的爪牙。刘瑾又设立内行厂，用来监督特务，东、西厂都在它伺察之中，宦官的行动也归他们侦缉，其行为比东西两厂更为酷烈。正德以前，厂、卫分立，更迭用事。正德时，厂、卫合势，特务布满全国各地，连居于穷乡僻壤的人民也受其害。后随着刘瑾被杀，西厂、内行厂才被废除。明代宦官专权的现象在中国历史上相当突出，厂卫之祸与宦官专政相终始，直到明亡才告结束。

土木之变

1449 年，蒙古（北元）瓦剌首领也先率领大军进犯中原。时太监王振专权，他挟英宗朱祁镇仓促亲征，企图侥幸取胜。八月初，英宗带五十万大军刚到大同，王振各路军接连失败，就急忙决定退兵，回师至土木堡（今河北怀来县境内），被也先追上，明军死伤过半，英宗被俘，王振被护卫将军樊忠杀死。此事件史称“土木之变”。

北京保卫战

土木堡之变后，力主抗战的于谦挺身而出，被皇太后任为兵部尚书，负责保卫北京。九月，英宗弟朱祁钰继位，是为代宗。当时，也先挟英宗作为攻城略地的政治工具。于谦提出“社稷为重，君为轻”的口号，并采取了一系列措施加强北京的防卫，使也先的阴谋不能得逞。十月，也先进逼京师，于谦率军民抵抗，大败瓦剌军，击毙万余，俘将领几十人，夺回被掠的大批百姓和牲畜。

夺门之变

土木堡之变后，兵部尚书于谦等朝臣拥立英宗弟、郕王朱祁钰为帝，是为明代宗（景泰帝）。北京保卫战的胜利使瓦剌深知北京城防坚固，知取胜无望，遂于景泰元年（1450 年）秋，将英宗放还。英宗回到京城后，居皇城南宫，称太上皇，然对朱祁钰称帝事极为不满。景泰八年（1457 年），代宗卧病在床。在宦官曹吉祥、将领石亨和臣僚徐有贞等人的策划和支持下，英宗发动宫廷政变，夺占宫门，登奉天殿复位。英宗复位后，改元天顺，以“谋逆”罪杀害于谦。代宗被废为郕王，遭软禁，旋即气死。此事件史称“夺门之变”。

壬寅宫变

在明世宗嘉靖皇帝眼中，宫女们的生命一钱不值，即便是贵如皇后的主子们也是朝不保夕。张皇后被嘉靖囚禁而死，方皇后被杀，陈皇后被嘉靖暴踢流产而亡。另据史载，嘉靖年间被处罚杀死的宫女前后达二百余人。宫女们最终忍无可忍，准备杀了嘉靖。她们下手前商量：“不如下了手罢，强如死在（他的）手里。”嘉靖二十一年（1542 年，农历壬寅年）十月二十一日夜，以杨金英为首的十余个宫女趁嘉靖睡熟之机，一齐动手欲勒死他，终因误拴死结未能成功。事后杨金英等以“谋逆”罪被凌迟处死，枭首示众。这一事件史称“壬寅宫变”。

庚戌之变

嘉靖二十九年（1550 年，农历庚戌年），蒙古鞑靼部首领俺答率军进犯大同。明朝总兵仇鸾以重金贿赂俺答，请他移师别处，于是俺答东犯蓟州，很快攻到北京城下。明世宗急忙下诏调兵保卫京师。仇鸾上奏骗取了世宗的信任，被封为平虏大将军，各路明军均由他调遣。他虽握有重兵，却不敢指挥对敌作战。俺答大军掳掠无数牲畜、人口、财物后，向西撤退，只留下小部分军队迷惑明军，而仇鸾十万大军居然不敢发一箭。最后，俺答大军安然出塞。这次事件史称“庚戌之变”。

张居正改革

张居正，字叔大，号太岳，湖广江陵人。他一生历经明后期嘉靖、隆庆、万历三个朝代，神宗万历初年担任首辅（宰相）。张居正深切地认识到明王朝存在的严重积弊和危机，决心加以革除。他利用当权的机会，实行了一系列改革措施。在政治上，张居正主张加强君主专制统治，一方面“用人唯才”，同时，裁减了许多冗官。在处理北部边防的问题上，加强了与蒙古的政治经济联系，封蒙古俺答汗为顺义王，并在大同、宣府、甘肃等地设立茶马互市，开展中原与蒙古族之间的贸易往来。他调抗倭名将戚继光北上守蓟门，派李成梁镇辽东，整饬边防。张居正改革的重点是整顿赋役制度。他于万历六年（1578年）下令清查全国土地，凡勋戚庄田、民田、职田、军屯田等，一律丈量。在清查全国土地的基础上，针对赋役制度存在的弊病，张居正又于万历九年（1581年）推行了一条鞭法。一条鞭法的内容较为复杂，概括起来主要有几点：其一，将田赋和各种名目的徭役合在一起征收，并将部分丁役负担摊入田亩；其二，农民可以出钱代役，役差由官府雇人承应；其三，田赋中除政府需要征收的米麦以外，其余所有实物都改为用银折纳；其四，赋役征收由地方官吏直接办理，废除了原来通过粮长、里长办理征解赋役的办法。这项改革是我国赋税史上的一件大事，对于促进商品经济的发展起了一定的作用。万历十年（1582年），张居正病死，立即遭到权贵的攻讦。权贵请皇帝尽削其官职，籍没其家产，家族受迫害。支持改革的官僚被罢官、贬谪。

班匠制度的改变

明代名隶官籍的工匠中，班匠约有二十三万，约占工匠总数百分之八十。但是，不论轮班匠还是住坐匠，因不堪官府奴役，纷纷用怠工、避班、隐冒和逃亡等方式进行反抗。随着商品货币经济的发展，明政府改变了对工匠的剥削方式。成化二十一年（1485年），工部奏准，轮班匠不愿当班者，听其出银代役。南匠每月出银九钱，北匠六钱。嘉靖四十一年（1562 年），明政府下令，班匠“不许私自赴部投当”，一律以银代役，每名每年纳银四钱五分，称“匠班银”。

资本主义萌芽的产生

在商品经济高度发展的基础上，明中叶若干手工业部门中出现了资本主义萌芽。其中又以江南丝、棉纺织业最为明显。江南苏、杭一带是纺织业中心，境内的盛泽、震泽、濮院、王江泾、双林，都是丝织业名镇。在那里出现了许多以纺织为业的“机户”。他们拥有大量资金和几台至几十台的织机，开设机房，雇用几个至几十个机工，进行生产。机工计日向机户领取工资。这种机工与机户之间的雇用与被雇用的关系，是资本主义性质的生产关系，被认为是资本主义生产关系的萌芽。

戚继光抗倭

从元末明初开始，一些日本人，包括在日本内战中失败的溃兵败将以及一部分浪人和商人，经常驾驶海盗船只，对中国沿海抢掠，历史上称为“倭寇”。在抗倭斗争中，民族英雄戚继光功勋卓著。他曾用“封侯非我意，但愿海波平”的豪言壮语来表达自己决心消除倭寇的志向。为了消灭倭寇，他特地招募浙江义乌的矿夫和农民组成“戚家军”。这支队伍经过严格训练，勇敢善战，纪律严明，是抗倭斗争中的劲旅。1561 年四月，倭寇几千人驾一百多只战船，进犯浙江台州地区，大肆掳掠。在广大人民群众的配合和支持下，戚继光率领精锐军队取得决定性胜利，扫除了浙东的倭寇。随后，在福建的倭寇重新猖狂起来。戚继光又奉命率戚家军入闽剿倭，连战皆捷。不久，戚继光和抗倭名将俞大猷一起，平定了在福建的倭寇。嗣后，广东倭患严重，俞大猷又领导军民在广东歼灭倭寇。于是，东南沿海倭患最后扫除。

秦淮八艳

六朝金粉之地的南京秦淮河两岸，在明末清初，曾生活过著名的歌妓“秦淮八艳”，她们虽然沦落风尘、历尽坎坷，然而她们出淤泥而不染，因而历来为人们所褒扬。她们是：风流名姬柳如是、画兰才女马湘兰、侠骨芳心顾横波（顾媚）、倾国倾城陈圆圆、玉京道人卞赛、秦淮明珠董小宛、短衣风雪寇白门、桃花扇主李香君。她们不但以才艺倾动天下，而且因受明清之际进步人士东林党、复社诸君子的熏染，大多表现出高尚的品德与爱国主义的气节。她们的经历从侧面反映了明末清初江南一带历史变革和社会各阶层的心态。

明朝·紫禁城

明朝（1368 年—1644 年），共计 276 年，由明太祖朱元璋所建立，共传十六帝。明朝在 1421 年之前，都城位于南京，后迁于北京。明朝时期，多民族也进一步巩固和统一，君主专制加强，资本主义萌芽，文化呈现世俗化。

永乐十九年，明成祖迁都北平，将北平改为北京，作为京师。明朝的北京城分为外城、内城、皇城、紫禁城（宫城）四个部分。

时代文化

《大明律》和《大诰》

洪武六年（1373 年），刑部尚书刘惟谦奉旨编定《大明律》，后又经三次修订，于洪武三十年（1397 年）正式颁行。《大明律》以《唐律》为蓝本，共 7 篇 30 卷 460 条。《大明律》维护君主集权，也规定严禁功臣勋戚恃势接受投献，用虚钱实契典买和侵占他人田宅，不许奸豪诱取良人及掠卖良人为奴婢；凡诬告者加等治罪。这些规定对保护小生产者的财产和人身安会，稳定社会秩序，也起了一定的作用。洪武十八年（1385 年），明太祖颁布亲自编撰的《大诰》，接着又颁行《大诰续编》《大诰三编》。《大诰》三篇汇集大量惩治官民贪赃受贿、转嫁赋役、侵吞税粮、抗租误役、流亡隐匿等案例和凌迟、枭首等重刑，反映了封建专制统治的野蛮和残暴。

王守仁的“心学”

王守仁，字伯安，世称阳明先生，浙江余姚人，官至南京兵部尚书。其门徒将他的著述编纂成《王文成公全书》，其中《传习录》和《大学问》是他的主要哲学著作。王守仁提出一个著名的哲学命题：心外无物。他认为：人心是一切事物的本源，没有人的意念活动，就没有客观事物。王守仁也和朱熹一样，把“人欲”看作“天理”的对立物，认为由于先天的“良知”受到了外来物欲的“昏蔽”，人们才会有不善的思想和行动，因此，他竭力宣扬“去人欲，存天理”，只要人们体识到心中固有的“良知”，扫灭私欲，哪怕“愚夫愚妇”也可以成为“圣人”。王守仁的心学，归结起来，就是要求人们自觉地消除一切反抗的念头，从心底深处服从封建统治。

罗贯中与《三国演义》

罗贯中，名本，字贯中，号湖海散人，元末明初著名小说家、戏曲家，是中国章回小说的鼻祖。他在民间传说的基础上，参采史乘，写成了我国最早的长篇小说《三国志通俗演义》。后经清初毛纶、毛宗岗父子修改，便成现在通行的《三国演义》一百二十回本。罗贯中在描写东汉末年军阀混战和三国相争的历史画卷的同时，还用浓墨重彩塑造了许多个性鲜明的人物形象，尤以曹操、诸葛亮、关羽、张飞、周瑜、鲁肃等写得最成功。该小说具有很强的艺术感染力，长期为人们所喜爱。

施耐庵与《水浒传》

施耐庵是元末明初的小说家，兴化白驹场（今属江苏）人。他根据民间流传宋江起义的故事，写成长篇小说《水浒传》。其内容描述北宋末年当政者横征暴敛，以致官逼民反的情形，描写宋江起义和失败的经过，以及众多英雄好汉被逼上梁山的故事，塑造了大批栩栩如生的人物，如宋江、李逵、鲁智深、林冲、武松等，共写人物七百余人。其中武松打虎、江州劫法场等故事，更是引人入胜。《水浒传》与《三国演义》《西游记》《红楼梦》并称为中国四大古典小说。

吴承恩与《西游记》

吴承恩，字汝忠，号射阳山人，淮安府山阳（今江苏淮安）人，明代小说家。自幼聪明过人，《淮安府志》载他“性敏而多慧，博极群书，为诗文下笔立成”。但他科考不利，至中年才补上“岁贡生”，后流寓南京，长期靠卖文补贴家用。晚年因家贫出任长兴县丞，由于看不惯官场的黑暗，不久愤而辞官，贫老以终。吴承恩杰出的长篇神魔小说《西游记》共一百回，是一部积极浪漫主义的作品。它把唐初青年僧人玄奘不避艰险赴天竺（今印度）取经的历史，铺陈为小说。《西游记》的基本故事也是先在民间长期广泛流传的。作者吴承恩在人民集体创作的基础上，加以再创作而成书。作品最突出的成就是塑造了具有反抗精神的神话英雄孙悟空的光辉形象。

伟大的戏剧家汤显祖

汤显祖，字义仍，号若士，又号清远道人，临川（今江西抚州）人，明代伟大的戏剧家，被誉为“东方的莎士比亚”。他于隆庆年间中举，万历进士，授南京太常寺博士，擢南京礼部主事，其间因上疏弹劾大学士申时行，被贬到广东徐闻县任典史小官，后改任浙江遂昌县令。后因对官场生活不满，愤然辞职回乡。在二十年闲居生活中，虽境遇十分困苦，但仍充满精力坚持创作。他的著作很多，尤其是戏剧创作成就很高，著传奇《紫箫记》《紫钗记》《牡丹亭》《邯郸记》《南柯记》五种，后四种合称《临川四梦》或《玉茗堂四梦》（玉茗堂是其书斋名），其中以《还魂记》最为著名。诗文有《红泉逸草》《问棘邮草》《玉茗堂集》等。

吴门四大家

明朝中叶，中国封建社会日趋没落，资本主义开始萌芽，工商业有所发展。当时，苏州成为繁华的城市，士大夫、文人墨客集中于此，形成交流文艺的地方。苏州古时亦称“吴门”，沈周、文徵明、唐寅、仇英“吴门四大家”崛起。他们广泛吸取了唐、五代、宋、元诸派之长，形成了各具特殊风格的绘画艺术。沈周远师南唐董源、巨然，近宗“元四家”（指元代山水画的四个代表画家，即黄公望、王蒙、倪瓒、吴镇），作品刚健有力，又浑朴天真，风神潇洒。文徵明的画，妍丽稳健，清和淡逸。唐寅行笔秀润缜密而有韵味，他山水、人物兼长，尤工美人图，笔下仕女，清妍秀丽，光彩动人。仇英出身漆工，苦学成才，一生临摹许多唐宋元名家杰作，能熔各派之长于一炉，创造出自己飘逸华丽的风格。吴门四画家大部分是文人，诗书画结合，使意境更加深远，在中国绘画史上又称“明四家”。

宋应星及《天工开物》

宋应星，字长庚，江西奉新县人，是一位杰出的科学家，他总结了当时农业和手工业生产技术，写成名著《天工开物》。《天工开物》共 3 卷 18 篇，从农作物的种植、收割、加工，到制盐、糖、油、酒、曲和制衣服、染颜色；从砖瓦、瓷器、纸张的生产，到五金的采冶，器具的锻铸，石灰、矾石、硫黄和煤炭的利用，以及车船、朱墨、珠宝等的制作，无所不载。这些成果有的是明代劳动人民的发明创造，有的是在以往的基础上加以改进的。

李时珍及《本草纲目》

李时珍，字东壁，号濒湖山人，湖广蕲州（今湖北蕲春）人。青年时的李时珍抛弃科举，随父学医。在医疗实践中，李时珍发现过去本草书中记载的中药，多达一千余种，但对药性、药名和分类的记载，有不少错误，感到有必要重编一部新药典。他穷毕生精力，披阅了 800

余家著作，并到北京、河南、江西、南京等地实地考察，还访问了成千上万的群众，前后三易其稿，终于于万历六年（1578 年）写成 190 万字的《本草纲目》。《本草纲目》全书共分 52 卷，16 部 62 类，全书共收录药物 1892 种，其中由李时珍总结民间经验而增加的有 370 多种。书中还附有处方一万余则，插图一千多幅。《本草纲目》对每种药物的名称、性能、用途、制作都作了说明，并订正了历代相沿的某些错误。它是中国 16 世纪以前医药学丰富经验的总结，是中国医药宝库中一份珍贵遗产，直至今天还有实用价值。《本草纲目》不仅是一部药典，也是一部植物学、动物学、矿物学的重要著作。

《徐霞客游记》

徐霞客，名弘祖，字振之，号霞客，江苏江阴人。他从万历三十五年（1607 年）22 岁时起就开始有计划地考察旅行，“不避风雨，不惮虎狼”，以艰苦卓绝的精神，登悬崖，临绝壁，涉洪流，探洞穴，足迹遍及今天的江苏、浙江、福建、安徽、山东、河北、山西、陕西、河南、湖北、湖南、江西、广东、广西、贵州、云南等 16 省。《徐霞客游记》就是他考察山水 34 年的总结，具有很丰富的科学内容和地理学价值。徐霞客在湖南、广西、贵州和云南详细地考察了我国的西南地区岩溶的分布、类型、成因和农业利用。他所作的科学记述，是世界上岩溶考察的最早文献。

《永乐大典》

永乐年间，明成祖敕令翰林院侍读学士解缙等人，组织三千余名文臣儒士，历时五年，编纂成《永乐大典》。它辑入了明以前图书七八千种，内容包括经、史、子、集、戏剧、平话、天文、地理、医卜、农工技术以及道教、佛教等各方面的著作，全书共两万余卷，另加凡例目录 60 卷，约 3.7 亿字，装成 11000 多册，是中国最大的一部类书。《永乐大典》是按韵目编纂的。它依照《洪武正韵》韵目，分列单字，在每一单字下，随类辑入有关著作。辑入古籍时，是整部、整篇或整段抄录，因此，保留了古书的原来面目，使宋元以前许多佚文秘典，赖以保存流传。嘉靖、隆庆间，又依永乐时所缮正本另摹副本一份。《永乐大典》正本约毁于明亡之际，副本至清咸丰时也渐散失。八国联军侵入北京，《永乐大典》副本大部分遭焚毁，未毁的几乎全被劫走。

明代北京城

北京皇宫（今故宫）是明代建筑的突出代表。明成祖为了迁都北京，于永乐四年（1406 年）开始兴建，永乐十八年（1420 年）竣工。明代北京城以紫禁城内皇宫为中心，外是周长 18 里的皇城，皇城之外是周长 45 里的京城。这所皇宫由几百座不同的建筑物组成，面积约 30 万平方米。各个建筑物大都用白色大理石做台基和栏杆，建筑物木构的本身都用朱漆，横额以蓝绿两色作彩画，屋顶用黄色琉璃瓦，精美绝伦。除紫禁城内的皇宫外，还建筑了供帝王祭祀天地、祖先、神灵用的天坛、社稷坛、山川坛、太庙和作为皇城正门的承天门等。

明长城

明长城是明朝在北部地区修筑的军事防御工程，亦称边墙。明长城东起鸭绿江，西达嘉峪关，横贯今辽宁、河北、天津、北京、内蒙古、山西、陕西、宁夏、甘肃等九省、市、自治区，全长 6700 多公里，俗称“万里长城”，为世界最伟大古建筑之一。

明十三陵

明朝共有十六位皇帝，开国皇帝朱元璋死后埋葬在南京。建文帝因“靖难之役”下落不明，另外还有一位皇帝死后埋葬在北京西郊的金山。其余十三位皇帝死后都埋葬在北京西北 45 公里的天寿山南边，我们现在把这十三座明代皇帝的陵墓叫作“十三陵”，它们是：长陵（成祖）、献陵（仁宗）、景陵（宣宗）、裕陵（英宗）、茂陵（宪宗）、泰陵（孝宗）、康陵（武宗）、永陵（世宗）、昭陵（穆宗）、定陵（神宗）、庆陵（光宗）、德陵（熹宗）、思陵（思宗）。十三陵的每座陵墓的大小虽然不一样，但其中的结构安排都非常相似，以明成祖朱棣的长陵最为典型。这座陵建造最早，规模也最大。永陵和定陵的建造也非常精巧。

学者评述

明朝，居中国历史上一个即将转型的关键时代，先有朱棣（明成祖）派遣郑和下西洋，主动与海外诸邦交流沟通，后有西方传教士东来叩启闭关自守的大门。

——黄仁宇

朱元璋用严刑滥杀来加强统治。1380 年，他杀了大臣胡惟庸，被辗转株连致死者有三万多人。1393 年，杀大将蓝玉，被株连致死者有一万五千多人。当初帮助他开国有功的文臣武将，很少能善终的。他设立了叫作“锦衣卫”的侦缉组织，专门罗织官员吏民的罪名，使人感到随时会有杀身灭家的灾难。朱元璋所采取的这种统治手段，实际上暴露了这个封建专制皇帝的虚弱。

——白寿彝

朱棣迁都北京，再次使全国统治中心北迁，使漠北统治中心与中原地区的统治中心合而为一了。他强调了长城内外、大漠南北的联系。朱棣要做一个君主华夷的盛世名王，他的这一野心与我国多民族国家的统一和发展要求在迁都北京这一点上重合了。

——毛佩琦

本世纪（15 世纪）六十年代是一个可纪念的时代，明王朝开始出现一种自从人类有政治以来，从来没有听说过的断头政治。中国历代王朝的皇帝，无论如何昏瞶凶暴，总是经常地（甚至每天）都要出席金銮殿上举行的清晨会报，跟群臣见面，讨论国政。必要时还出席小型的在别殿举行的高阶层会报，听取并裁决大臣的意见，术语称为“早朝”或“视朝”。

——柏杨

大体论之，明以后的社会，仍与宋代相似。在政治上，没有特殊的阶级分别。在社会上，全国公民受到政府同一法律的保护。在经济上，仍在一个有宽度的平衡性的制约制度下，不让过贫与过富之尖锐对立化。

——钱穆

晚明时代是一个动荡时代，是一个斑驳陆离的过渡时代。照耀着这时代的，不是一轮赫然当空的太阳，而是许多道光彩纷披的明霞。你尽可以说它“杂”，却决不能说它“庸”；尽可以说它“嚣张”，却决不能说它“死板”；尽可以说它是“乱世之音”，却决不能说它是“衰世之音”。它把一个旧时代送终，却又使一个新时代开始。它在超现实主义的云雾中，透露出现实主义的曙光。这样一个思想史上的转型期，大体上断自隆万以后，约略相当于西历 16 世纪的下半期以及 17 世纪的上半期。

——嵇文甫

明朝帝王世系图

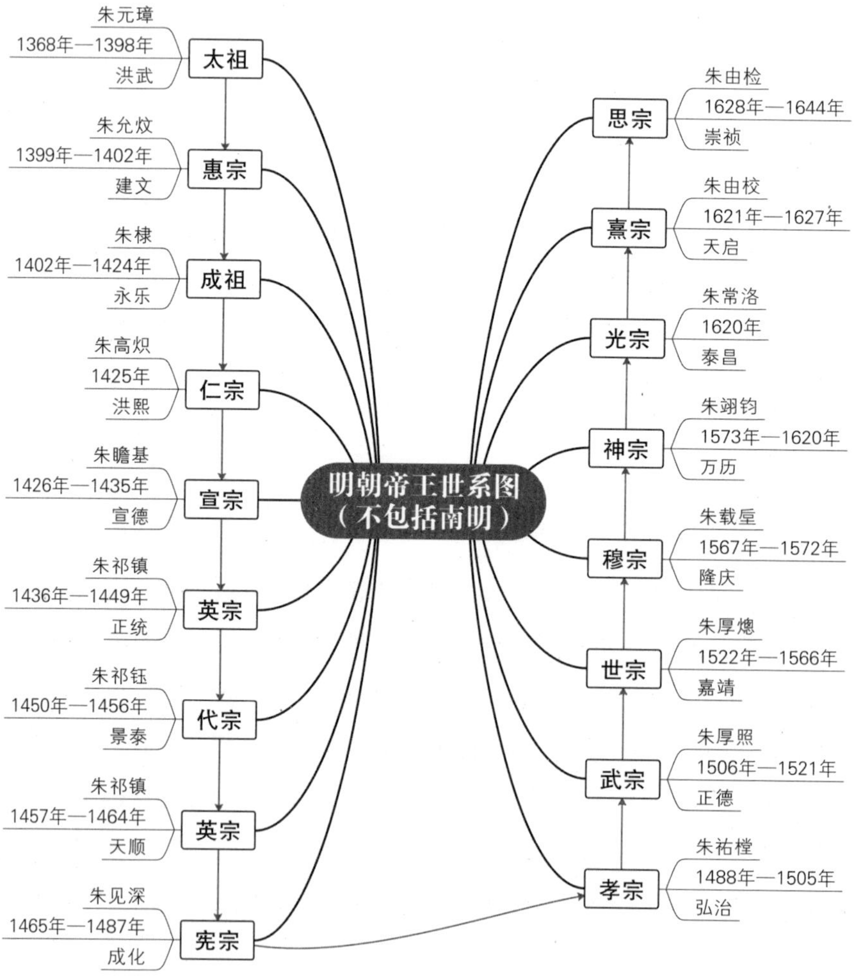
明朝帝王世系图
（不包括南明）
太祖
朱元璋
1368年—1398年
洪武
惠宗
朱允炆
1399年—1402年
建文
成祖
朱棣
1402年—1424年
永乐
仁宗
朱高炽
1425年
洪熙
宣宗
朱瞻基
1426年—1435年
宣德
英宗
朱祁镇
1436年—1449年
正统
代宗
朱祁钰
1450年—1456年
景泰
英宗
朱祁镇
1457年—1464年
天顺
宪宗
朱见深
1465年—1487年
成化
孝宗
朱祐樘
1488年—1505年
弘治
武宗
朱厚照
1506年—1521年
正德
世宗
朱厚熜
1522年—1566年
嘉靖
穆宗
朱载垕
1567年—1572年
隆庆
神宗
朱翊钧
1573年—1620年
万历
光宗
朱常洛
1620年
泰昌
熹宗
朱由校
1621年—1627年
天启
思宗
朱由检
1628年—1644年
崇祯

遭逢大变局的清朝

⌄⌄

公元 1636 年—公元 1912 年

⌄⌄

历史故事

女真的统一和后金建国

明朝初年，女真族按其社会发展的程度和活动地区的不同，分为三大部：居住在黑龙江两岸和乌苏里江流域的称“野人女真”或“东海女真”；居住在开原以东和松花江中游一带的称“海西女真”；居住在长白山北部、牡丹江和绥芬河流域的称“建州女真”。女真族的杰出领袖努尔哈赤是明初建州左卫指挥使、女真酋长猛哥帖木儿的后裔，姓爱新觉罗氏。他从小受汉族文化影响很深。万历十一年（1583年），努尔哈赤以其父祖遗甲十三副起兵。这是他统一女真各部的开始。至万历二十一年（1593年），他统一了建州女真。由于努尔哈赤“忠于大明”和“保塞有功”，明政府先后封他为指挥使、都督佥事和龙虎将军。万历四十七年（1619年），努尔哈赤又统一了海西女真。同时，他还先后兼并了东海女真的许多部落，征服了散居于乌苏里江和松花江下游、混同江两岸及外兴安岭等地各部族。1599年，努尔哈赤命额尔德尼等人用蒙古文的字母创造了满文，从此女真人有了自己的文字。当女真各部基本上统一后，万历四十四年（1616年），努尔哈赤于赫图阿拉（今辽宁省新宾满族自治县）即位称汗，国号大金，建元天命，建立起了一个奴隶主阶级的政权，史称后金。

八旗制度

努尔哈赤在统一女真各部的过程中，创立了八旗制度。八旗制度是由女真氏族公社末期的狩猎组织“牛录制”演变来的。牛录原是女真人氏族制时期的生产和军事组织，行军出猎时，各依所属族、寨行进，每人出一支箭，十人为一牛录，首领称“牛录额真”；五牛录为一甲喇，设甲喇额真统辖；五甲喇为一固山，由固山额真统辖；每固山设一旗，最初四旗为黄、白、红、蓝四色。到1615年扩大为八旗，原四旗名称冠以“正”，另增加镶黄、镶白、镶红、镶蓝四旗。每旗7500人，合25个牛录，每牛录有300人，八旗共计6万余人。八旗制度是“以旗统人，即以旗统兵”的兵民一体、军政合一的社会组织形式。八旗兵丁平时生产，战时出征。八个固山额真即八旗旗主，都是由努尔哈赤的子、侄担任，他们既是军事统帅，又是各部的政治首领。努尔哈赤是八旗的家长和最高统帅。

绿营兵

绿营兵，主要是清军入关后收编的明朝降军和各省改编的队伍，用绿色军旗，故称绿旗兵或绿营兵。兵种有马兵、步兵和水师。在京师担任戍卫的称巡捕营，与八旗步军营同属步军统领。在各省者，由总督、巡抚、提督、总兵等所统辖。绿营兵以标来区分，一般分为督标、抚标、提标、镇标四种标兵。标下设协，协下设营，营下设汛。绿营兵直辖于兵部，其兵额时有增减，清朝末年裁废。

宁远之战

天启五年（1625年）十月，督师关东的兵部尚书、东阁大学士孙承宗因弹劾阉党魏忠贤，遭诬陷罢职。明廷以素不知兵的高第继任，主持关外战事。努尔哈赤得知孙承宗被免官，即率13万大军进攻辽西。高第慑于后金军的攻势，令驻守关外各城堡的明军弃城，撤入山海关。仅十天时间，努尔哈赤不费一兵一卒，占据了除宁远（今辽宁兴城）以外的所有辽西重镇。宁远守将袁崇焕拒不撤兵，遂率万余明军退入城中坚守。天启六年（1626 年）正月，努尔哈赤亲统大军围攻宁远城，遭到守城明军的顽强抵抗。后金军见强攻不成，又改以用“铁裹车”撞城和于城脚处挖壕毁城的策略。袁崇焕令兵士急造火药，裹入被褥中，掷于城外。待后金兵聚拢抢夺时，即令兵士将火箭、硝黄等掷于被褥上，引发大火，烧伤后金兵士甚众。后金兵屡攻宁远城不克，努尔哈赤亦被明军炮火击伤，只得下令撤军。1626 年八月，努尔哈赤死。清朝建立后，努尔哈赤被追尊为清太祖。

皇太极称帝

努尔哈赤死后，儿子皇太极继位。1627 年，皇太极改年号为天聪，改女真族名为“满洲”（辛亥革命后通称满族）。1636 年四月，皇太极在盛京（今沈阳）称帝，改元崇德，改国号金为“大清”，显示了满族继承历代封建统治的传统，打算问鼎中原的决心。皇太极还对其政权组织进行了一系列改革。大清仿明朝建制，设置六部和内三院等机构。在军事编制上，除原有满洲八旗外，又添置汉军八旗和蒙古八旗，合为二十四旗。

清军入关

1643 年八月，皇太极死（死后的庙号为太宗），其子福临即位，即清世祖顺治皇帝。由于福临年幼，由叔父睿亲王多尔衮辅政。崇祯十七年（1644）四月，清军由摄政王多尔衮率领，倾巢南下。四月十五日，清朝大军行进至翁后（今辽宁阜新附近），接到镇守山海关的明朝辽东总兵吴三桂的“乞师”书，立刻向山海关进军。吴三桂得知自己的爱妾被李自成的部下霸占，愤而降清。四月二十二日，清军疾驰至山海关，吴三桂引清军入关，正式投降了清朝。李自成寡不敌众，只好撤退，战略重地山海关大门洞开，清朝大军进入中原，取代了明朝对全国的统治。

定都北京

1644 年四月，李自成率领大军离开北京城向西撤退。五月二日，多尔衮率清军进入北京。多尔衮按皇太极生前的既定方针“若得北京，当即迁都，以图进取”，采取了一系列的措施，建立起较完整的统治秩序。九月，多尔衮迎福临进京，并昭告天下，宣布定都北京。

郑成功收复台湾

1661 年三月，郑成功从厦门移驻金门，部署军队，大修船只，积极进行收复台湾的准备工作。三月二十三日，郑成功令其子郑经及部分将领留守金门、厦门，自己率军队 25000 人、大小战船数百艘进军台湾，迅速取得了登陆北线尾岛和赤嵌城（今台南市）西北部附近港口的胜利，并迫使赤嵌城荷兰守军献城投降。八月间，荷兰殖民者从印尼巴达维亚（今雅加达）派甲板船十余艘、海军数百人，来台湾增援。郑成功派水兵勇将多人，率军迎敌，大获全胜。郑成功军队在围困台湾城（今台南市安平）八个多月后，又发起了强攻。1662 年，荷兰殖民长官揆一被迫在投降书上签字。中国军民经过九个月的英勇战斗，终于结束了荷兰侵略者在台湾 38 年的殖民统治，使台湾重回祖国怀抱。

四大臣辅政

康熙初年，鳌拜等四名勋旧重臣佐理政务，史称“四大臣辅政”。顺治十八年（1661 年）正月，顺治帝病逝，玄烨即皇帝位（即康熙帝）。因玄烨年方 8 岁，命内大臣索尼、苏克萨哈、遏必隆、鳌拜为辅臣。四辅臣隶天子直接统辖的上三旗——两黄及正白旗，以防止昔日皇叔摄政王多尔衮擅政事件重演。自康熙五年（1666 年），鳌拜借圈地事件打击苏克萨哈，渐成专擅之势。翌年索尼病故，鳌拜跃居辅臣之首。康熙八年（1669 年）五月，康熙帝将鳌拜籍没拘禁。另一辅臣遏必隆同时也被究治。至此，四大臣辅政时期始告终止。四大臣辅政时期，实行了某些赈恤捐免、奖励垦荒等恢复农村经济的措施，但保存满族的旧制度，抵制汉文化的影响，如撤销从明朝沿袭而来的内阁制度和翰林院，恢复内三院旧制；裁汰十三衙门，设内务府；废除八股文，只用策论，大大减少进士名额。此外，四辅臣还穷治“通海案”，制造“明史案”等大狱，以打击以江浙为中心的东南汉族士绅的传统势力。

平定三藩叛乱

明清之际，明将吴三桂、尚可喜、耿仲明叛明降清，分别被清廷封为平西王、平南王和靖南王，镇守云南、广东和福建，称为“三藩”。他们各拥重兵，割据一方，严重威胁着清王朝的统一。1673 年，康熙帝下令撤藩，引发三藩叛乱，一时波及十余省。康熙帝采取“剿抚并用”的策略，对元凶吴三桂坚决打击，对随同叛乱者大力招抚，到 1681 年，清军攻破昆明，三藩之乱被平定。

达赖、班禅制度

清朝统一全国后，承袭了元、明以来西藏地区与中央政府之间的政治关系。顺治九年（1652 年），达赖五世亲自到北京朝见顺治帝。次年，清廷封达赖为“西天大善自在佛所领天下释教普通瓦赤喇怛喇达赖喇嘛”，颁赐金册金印。自此法定了达赖喇嘛的封号，确立了他在西藏的政教地位。康熙五十二年（1713 年），清廷又册封驻在日喀则的班禅五世“班禅额尔德尼”的封号，赐给金册金印，也确立了班禅的政教地位。还规定了今后历世达赖和班禅都必须遵守中央政府册封的制度。此后，建立了金奔巴（“奔巴”，藏语“瓶”）制度。凡达赖、班禅及呼图克图（活佛）死时出生的男性婴儿，被认为是他们转生的，可以继承他们的职位。这个婴儿被称为“灵童”。若出生几个“灵童”时，为确定继承权，驻藏大臣把“灵童”的姓名等写在牙签上，投入金奔巴之中，由喇嘛诵经抽签，中签的“灵童”就成为合法继承人，在驻藏大臣的主持下坐床（就职）。

军机处

雍正八年（1730 年），因用兵西北，需及时处理军机要务，雍正皇帝遂于宫中隆宗门内设军需房，后更名军机房。雍正十年，改称办理军机处，简称军机处。军机处无公署，其办公处所称值庐。不置专官，而于大学士、尚书、侍郎中，挑选亲信入值，称军机大臣。初为临时性的军事机构，后逐渐成为常设的处理全国军政大事的最高办事机构，完全按照皇帝的旨意办事。乾隆时定为满、汉两班，每班 8 人，后增至四班 32 人。军机处大员需每日觐见皇帝，接受旨意，再以面奉谕旨之名向各官署和地方官员发布指示。自军机处设立后，议政王大臣会议已形同虚设，专制主义中央集权统治得到极大的加强。

南书房

南书房最初是康熙皇帝读书的地方，康熙十六年（1677 年）开始设置，并选调了一些翰林学士当值，称为“南书房行走”。入值的大臣最初的职责是文学侍从，随时应召侍读、侍讲，皇帝外出巡幸也随驾出行。由于接近皇帝，这些侍从们也经常秉承皇帝旨意撰拟诏令，参预机务，对于皇帝的决策和大臣的升迁都有一定的影响力，实际上演变成为皇帝处理政务的一个机要秘书班子。它不仅分割了内阁的权力，而且也削弱了议政王大臣会议的作用。军机处设立以后，南书房虽然仍是翰林入值，但是不再参与政务。对于清朝的士人来说，这里仍然具有很大的魅力，能够入值南书房，是读书人的莫大荣耀。

乾隆南巡

从 1751 年到 1784 年间，乾隆帝曾仿效其祖父康熙帝，六次南下巡幸江浙。每次南巡，自北京至杭州往返四五个月，行程近 6000 里。随行的船只、车马成百上千，沿途还建有 30 处行宫，所经之处官员富商争相搭建彩楼，进献财物，极尽奢侈。乾隆南巡耗费了大量钱财，导致奢靡之风盛行，百姓负担加重，苦不堪言。

康乾盛世

康乾盛世起于康熙二十年（1681 年）平定三藩之乱，止于嘉庆元年（1796 年）川陕楚白莲教起义爆发，持续时间长达 115 年。康乾盛世是清朝的辉煌时期，在政治、经济、文化等诸多方面将中国传统社会推向了一个新的高峰，创造了中国历史的奇迹。有学者认为，国家统一的最终完成，社会经济的高度繁荣，学术文化的集大成趋势，是康乾盛世最显著的历史特征。

闭关锁国

从乾隆二十二年（1757 年）起，鉴于国内人民与外国人交往日益频繁，清朝政府担心交往的扩大会给自己的统治带来威胁，开始实行闭关锁国的政策。政府一方面限制中国人出洋贸易和居住，严格控制出洋船只的大小与装载货物的品种和数量，以及水手和客商的人数，另一方面还规定了严格的往返期限。中外贸易活动只限于广州一个口岸通商，外商的贸易及其他事务的交涉，都必须和清政府特许的行商进行，不得和官府与民众直接交往；外商在华必须住在城外指定的商馆，不得擅自出入城市；对外贸易的品种和数量也有相应的严格限制。清政府闭关锁国的政策，窒息了中国的对外贸易和航海事业，妨碍了中国向西方学习先进的思想文化和科学技术，对国家发展的负面影响不可估量。自此中国与西方的差距越拉越大。鸦片战争以后，列国打破了中国的国门，闭关锁国政策被迫取消。

白莲教起义

白莲教是清代民间一个秘密地下宗教，其参加者多为贫苦农民。嘉庆元年（1796 年），湖北枝江、宜都的白莲教徒在聂杰人、张正谟的率领下，首先起义，各地的白莲教徒纷纷响应。其中以襄阳黄龙垱王聪儿、姚之富领导的起义军力量最强。但起义军没有统一的斗争纲领和口号，各自为战，力量分散。清军采取坚壁清野和剿抚并用的策略，使起义军陷入困境。1798 年，王聪儿、姚之富陷入清军的包围之中，起义军全部战死。随后，其他的起义也相继失败，到嘉庆九年（1804 年），公开的武装斗争基本结束。白莲教起义是清朝由盛变衰的转折点。

虎门销烟

18 世纪，西方殖民主义者将鸦片这一毒品大量输入中国，中国吸食鸦片者日众。清廷于嘉庆元年（1796 年）下诏严禁鸦片进口，后又一再重申禁令，但为英、美等国洋行收买中国官吏和武装贩运所破坏，致使烟祸泛滥。因鸦片输入，使白银大量外流，每年在一千万两以上。道光十七年（1837 年），鸦片输入竟达 39000 余箱。1838 年底，湖广总督林则徐被任命为钦差大臣，赴广东查禁鸦片。他在广东整顿海防，缉拿烟贩，勒令各国商贩交出所有鸦片，并保证不再贩运。1839 年 6 月，林则徐在虎门海滩凿方塘二口，当众销毁了收缴英、法等国商人的 237 万余斤鸦片。这一举动沉重打击了侵略者的气焰。史称“虎门销烟”。

鸦片战争

林则徐打击鸦片走私，惹怒了英国殖民者。1840 年 6 月，英国派兵侵华，发动了鸦片战争。清军在英军强大的现代武器面前不堪一击，1842 年 8 月，英军舰艇驶达南京江面。清政府被迫与英国签订了丧权辱国的《南京条约》。条约规定割让香港岛，赔白银 2100 万两，开五口通商，关税由双方协定等。从此，中国逐渐沦为半殖民地半封建社会。

租界

自鸦片战争以后，在通商口岸划定“租界”，是资本主义列强蓄意攫取在华特权的侵略活动之一。所谓租界，实际上是列强违约强加给中国的，因为在《南京条约》和《虎门条约》中只提到准许外国人在五口租房寄居，并无设立租界的明文规定。租界地区内中国主权的丧失，是逐步形成的。首先向中国勒索租界的是英国。1843 年上海开埠，英国第一任驻上海领事巴富尔就积极进行勒取居留地的活动。他利用《虎门条约》第七款中有关允许英人租地造屋的规定，曲解条文，硬要划定一块纯供外国人占用的居留地，并以华洋杂处难免发生纠葛为由，引诱清地方官吏满足他的要求。经过近两年的谈判，双方达成协议，于 1845 年 11 月 29 日以上海道台宫慕久的名义公布了《上海租地章程》。章程议定以洋泾浜（今延安东路）以北、李家厂（今北京东路）以南、东临黄浦江为自然界限之地，准许租与英国商人建屋居住。当时西边未划界。第二年又议定以边路（今河南中路）为西界。这样，这方圆达 830 亩的地皮就成为英国人的居留地，也就是后来所称的英租界。1848 年该居留地又向西扩展至泥城浜（今西藏路），占地达 2820 亩。《上海租地章程》的公布，为外国侵略者攫取在华租界开了先例。1848 年美国在上海苏州河以北今虹口一带擅自广置土地，建造房屋，把这一地区划为美租界。1849 年 4 月法国取得了上海县城北门外的城河与英租界南址洋泾浜之间约 986 亩地皮，作为法租界。1863 年 9 月上海虹口的美租界与英租界合并，称为“外人租界”，1899 年改称“公共租界”。自上海租界后，西方侵略者在中国许多通商口岸划占了租界。截至 1905 年，英、美、法、日、德、俄、比、意和奥匈帝国等九国在上海、广州、厦门、福州、天津、镇江、汉口、九江、芜湖、重庆、杭州、苏州、沙市和长沙，强占租界三十多处。这些租界，情况不同，有的只是居留、贸易地段，有的则成为中国境内的独立王国、中国法令所不及的特区，变成帝国主义列强对中国进行政治、经济、军事侵略的重要据点。

太平天国运动

1843 年，洪秀全创立了拜上帝会，宣传人人平等的思想，号召人们起来斗争。1851 年 1 月 11 日，洪秀全在广西桂平金田村宣布起义，建号太平天国，3 月宣布登基，称天王，太平天国运动开始。1851 年 9 月攻克永安后，封杨秀清为东王，萧朝贵为西王，冯云山为南王，韦昌辉为北王，石达开为翼王，各王均受东王杨秀清节制。次年，太平军经桂林，克全州，进军湖南、湖北。1853 年 3 月，太平军攻占南京，改名为天京，定为太平天国的首都。到 1856 年，太平军击溃清军江北、江南大营，达到了军事上的全盛时期。就在此时，太平天国领导集团内部发生了自相残杀的“天京事变”，清军趁机全面反攻。1863 年，曾国藩统率的湘军开始围困天京。次年 6 月洪秀全病逝。7 月，湘军攻破天京，太平天国运动失败。

第二次鸦片战争

1856 年，英国为了进一步扩大侵华权益，借口“亚罗号”事件派兵进攻广州，法国借口马神甫事件同时出兵。沙俄和美国则充当了帮凶的角色。1857 年 12 月，英法组成联军攻陷广州。1858 年 5 月，英法舰队在美俄两国支持下，偷袭并攻陷大沽口炮台，进犯天津。清政府被迫与俄、美、英、法各国代表分别签订了《天津条约》，与沙俄签订《瑷珲条约》。1859 年 6 月，英、法、美以进京换约被拒为由，率舰队炮击大沽。1860 年 8 月，联军登陆，进占天津，进攻北京。咸丰帝和慈禧太后仓皇逃往承德，英法联军占领北京，在城郊烧杀抢掠，焚毁圆明园。清廷派恭亲王奕䜣主持议和，1860 年 10 月签订了中英、中法、中俄《北京条约》，赔偿巨额赔款，丧失大片领土。

火烧圆明园

圆明园是清代最大的皇家园林。从1707年兴建到1860年被焚毁，清政府花费了巨大的财力物力，一共经营了153年。1860年10月，英法联军占领北京以后，冲入圆明园。联军司令部下令可以“自由抢劫”，一万多名侵略军官兵大肆抢掠和毁坏园内文物。10月18日，几千名英军手持火把再次进入圆明园，这座世界上最壮观的皇家园林连同园内的数百名太监、宫女和工匠被尽付一炬。火烧圆明园，是人类文化史上的一大浩劫。

辛酉政变

1860年，英法联军攻进北京，焚烧圆明园。咸丰皇帝带着皇族大臣逃往热河。1861年（农历辛酉年）8月，咸丰皇帝病危，临终前遗诏立6岁的长子载淳为皇太子，任命怡亲王载垣、郑亲王端华、协办大学士户部尚书肃顺、额驸景寿、兵部尚书穆荫、吏部左侍郎匡源、礼部右侍郎杜翰、太仆寺卿焦佑瀛八人为顾命大臣辅政，一切军政事务由辅政大臣处理。八大臣与恭亲王奕䜣、慈禧太后矛盾日深。慈禧太后（叶赫那拉氏）首先以圣母皇太后的身份取得了干预朝政的权力，然后和恭亲王奕䜣勾结，预谋除去辅政大臣，以达到垂帘听政的目的。慈禧太后利用咸丰灵柩运回北京的时间，于11月2日发动政变，逼令载垣、端华自杀，肃顺被斩首，其他辅政大臣被革职查办。11日，同治皇帝正式登基，任命恭亲王为议政王。从此两宫太后开始垂帘听政，而慈禧独掌晚清朝政大权近50年。

总理衙门

鸦片战争以前，清朝的对外事务，分别由礼部和理藩院管理。经过两次鸦片战争，清朝被迫割地、赔款、开口通商，涉外事务骤增，必须设专门机构办理对外事务。第一次鸦片战争后，清政府设立“五口通商大臣”，管理通商事宜，办理对外交涉事务，并相继由两广总督和两江总督兼任。第二次鸦片战争后，因开口通商遍布沿海并深入内陆，交涉事务更加繁重，设立一个统筹“夷务”的正式外交机构迫在眉睫，这样，总理各国事务衙门（简称总理衙门）便于咸丰十一年（1861 年）正式成立。该衙门总揽外交及与外国发生干系的财政、军事、教育、矿务、交通等各个方面的大权，实际上成为清政府的“内阁”，但无权指挥各省督抚，各省督抚也不对总理衙门直接负责。在它存在的 40 年间，总理大臣以恭亲王奕䜣任职时间最长，前后共 28 年，其次是庆亲王奕劻，前后共 12 年。光绪二十七年（1901 年），改总理衙门为外务部。

洋务运动

鸦片战争后，清朝统治阶级就如何解决内外矛盾的问题，形成了一个较为开明的洋务派。洋务派在中央以奕䜣为代表，在地方上则以曾国藩、李鸿章、左宗棠、张之洞、盛宣怀、沈葆桢、丁日昌等为主力。他们力主学习西方的先进生产技术，以富国强兵，自强御侮。1861 年，曾国藩创办安庆军械所，是中国最早的近代军事工业。1872 年，李鸿章在上海开办轮船招商局，这是中国第一家近代轮船公司，也是洋务派兴办的第一个民营企业。其他还有开平矿务局、汉阳铁厂、电报总局、上海机器织布局等企业。同时，还兴办铁路事业，创建海军，筹设海防。为适应需要，洋务派还开办了京师同文馆等一批新式学堂，培养人才，并分批派遣留学生出国深造。洋务运动引进了西方先进科技，在客观上刺激了中国资本主义的发展。

京师同文馆

京师同文馆于同治元年（1862 年）设立，是清代在北京开办的采用班级授课制的第一所洋务学堂。京师同文馆以外国人为教习，专门培养外文译员。初期仅招收 14 岁以下的八旗官学学生，后兼收年岁较长的八旗子弟及汉族学生。课程开始时只设英文，后来增设法文馆、俄文馆。再后又增设德文、日文。1867 年增设天文算学馆。1872 年拟定了八年课程计划。京师同文馆有统一的课程设置和管理章程，基本不学“四书五经”之类的传统科目，被人视为中国近代新式学校的发端。1902 年，京师同文馆并入京师大学堂。

中日甲午战争

1894 年至 1895 年日本侵略中国和朝鲜的战争，因战争爆发的 1894 年为农历甲午年，故称甲午战争。1894 年春，朝鲜爆发东学党农民起义，朝鲜政府请求清政府派兵协助镇压。清政府派直隶提督叶志超、太原镇总兵聂士成率淮军 2500 人赴朝驻牙山。日本也以保护侨民为名派兵入朝。朝鲜政府为消除日本出兵借口，6 月 13 日请求中国撤兵。清政府要求日本同时撤兵，日本不肯。25 日，日本不宣而战，在牙山口外丰岛海面击沉中国运兵船高升号；同时日本陆军向驻牙山中国军队发起进攻，挑起战争。8 月 1 日，中日政府同时宣战。甲午战争开始。

北洋水师

1874 年，清政府总理各国事务衙门提出创立北洋水师的建议。1875 年，清政府派李鸿章督办北洋海防事宜，1876 年起陆续派遣学生分赴英、法学习海军，1879 年在天津设立海军营务处，1880 年在天津开办北洋水师学堂，向外国订购铁甲战舰，修筑军港。到1888年，北洋舰队（亦称北洋水师）正式编成，共有舰船25艘，其中铁甲舰2艘，巡洋舰7艘。丁汝昌任海军提督，军事训练由德国、英国人操纵。1894年9月，黄海海战中，中、日舰队互有伤亡，后李鸿章借口“保船制敌”，下令避免作战，困守威海卫军港。1895年初在威海卫被日军包围袭击，丁汝昌等将士在腹背受敌的情况下，仍坚持战斗。2月12日敌军入踞刘公岛，北洋舰队全军覆没。以后虽购置一些军舰，但已不成军。1909年，海军事务处成立，北洋海军从名义上也被取消。

旅顺大屠杀

1894年10月，继黄海海战后，日军又从陆上向清军发动突然袭击，其第二军由司令官大山岩大将指挥，于辽东半岛东侧（今大连庄河）偷偷登陆，直扑金州、大连湾、旅顺口。11月21日，日第二军第一师挫败清军防守，闯入旅顺城区，在全城内外疯狂屠杀手无寸铁的无辜平民（包括若干已经放弃抵抗的清军士兵），持续了四五天，街道码头死尸累累、堆积如山，至少有1.8万人被日本军人杀害。英、美等国报纸随后作了报道。1895年，日本人在退出辽东半岛前将中国遇害者的尸体火化，骨灰埋葬于城郊西北之白玉山，坟前竖碑曰“清国将士阵亡之墓”，欲掩世人耳目。后清军在墓前改立高大石碑“万忠墓”。

“门户开放”政策

当帝国主义列强在中国划分势力范围时，美国正在入侵菲律宾。等到它侵占了菲律宾，发现各国已在中国划定了势力范围。于是，美国国务卿海约翰于1899年9月6日分别训令美国驻英、俄、德、法、日、意等国大使，向各驻在国政府提出了关于对华“门户开放”政策的照会，其主要内容是：各国互相承认在中国的势力范围、租借地和通商口岸的既得利益；在这些势力范围里，各国船只的入港费和货物运费，都不得高于占有这个势力范围的国家。其实，“门户开放”政策的核心，是在承认列强在中国“势力范围”的前提下，谋求美国的贸易机会均等。列强都先后从不同角度和不同程度地加以承认。

公车上书

1895 年 4 月《马关条约》签订以后，举国上下掀起了反侵略、反投降的斗争。当时在北京应试的各省举人举行集会，公推康有为起草上皇帝万言书，签名的举人有 1300 多人。5 月到都察院呈递。这就是著名的“公车上书”（据历史典故，汉代以公家车马送应举之人赴京，后来人们用“公车”作为举人入京应试的代称。由于康有为等是举人，这次上书被称为“公车上书”）。康有为在上书中痛陈割让辽东和台湾是列强瓜分中国的信号，亡国大祸即将临头，因此，拒和、迁都、练兵、变法是当前的正确对策。而变法以立国自强最为急务。公车上书是一次爱国知识分子的请愿活动，在社会上产生了巨大影响，标志着知识分子改良主义运动在中国的开始。

戊戌变法

1895 年《马关条约》签订以后，康有为等人发动公车上书，提出变法的主张。他们陆续创办报刊，组织社团，宣传维新变法。在梁启超、谭嗣同等维新人士和翁同龢、文廷式等帝党官员的积极推动之下，1898 年（农历戊戌年）6 月 11 日到 9 月 21 日，光绪皇帝先后颁布了一系列变法法令，进行自上而下的改革。这些革新政令，目的在于学习西方文化、科学技术和经营管理制度，发展资本主义，建立君主立宪政体，以达到富国强兵的目的。维新变法遭到了以慈禧太后为首的顽固派的极力反对。他们在 9 月 21 日发动政变，囚禁了光绪，慈禧太后宣布“亲政”，废除全部新政。戊戌变法失败。支持变法人士有的被撤职，有的出逃，更有谭嗣同、杨锐、刘光第、林旭、杨深秀、康广仁“六君子”被处死。变法从开始到失败，前后仅 103 天，因此又称“百日维新”。

教案

鸦片战争后，欧美各国利用不平等条约，派遣大批教士潜入中国各地进行非法宗教活动，刺探情报，攫夺权益，强占土地，欺凌群众，挑起教徒与非教徒的纠纷，因而激起公愤，广大群众纷纷起来焚烧教堂，驱逐传教士，收回被侵占的土地财物。这样的案件史称“教案”。从 1856 年至 1889 年先后发生的教案就达三百多起，著名的有 1870 年的“天津教案”。至 1900 年，终于激起全国性的义和团运动。

义和团运动

1898 年秋，山东、直隶（今河北一带）的义和拳组织树起“扶清灭洋”的大旗，率众攻打当地教堂，揭开了义和团反帝爱国斗争的序幕。次年秋，斗争迅速蔓延到东三省、内蒙古、山西、河南等地，影响全国。清政府任命袁世凯为山东巡抚，血腥镇压义和团。1900 年春，义和团挥旗北上，连克州县，势力发展到了京津地区。慈禧太后见义和团难以剿灭，就改用“招抚”的办法，默许其为合法民团。是年 6 月初，八国联军侵华战争开始，清廷对外宣战，义和团运动达到高峰。8 月初，八国联军由天津进犯北京，慈禧太后在出逃途中颁布

"剿匪"谕旨，通令官兵对义和团斩尽杀绝。在中外反动势力的联合绞杀之下，义和团运动归于失败。

八国联军

19 世纪末和 20 世纪初，中国北方爆发了义和团运动，帝国主义为了扩大对中国的侵略，借口清政府"排外"，拼凑联军，大举进犯。1900 年 5 月底 6 月初，各国以"保护"使馆为名，英、美、德、法、俄、日、意、奥八个国家派侵略军四百余人进驻北京使馆区，另有千余人进驻天津租界。6 月 10 日，英海军中将西摩尔率联军两千余人，自大沽、天津进犯北京，沿途遭到义和团及清军抗击，未能得逞。6 月 17 日，联军在沙俄海军中将基里杰勃兰特率领下攻陷大沽炮台。6 月 21 日，清政府被迫向八国宣战。7 月 14 日，联军攻陷天津。8 月 14 日，联军攻陷北京。所到之处，杀人放火，奸淫抢掠，无恶不作。北京陷落后，逃往西安的慈禧命奕劻和李鸿章为全权大臣向各国乞和。9 月，德国陆军元帅瓦德西被推为联军总司令，侵略军陆续增至 10 万人左右，由京、津出兵，分兵侵犯张家口、山海关、保定、正定以至山西境。俄国又在参加八国联军侵略京、津同时，单独出兵 17 万，入侵东三省。八国联军迫使清政府签订了空前屈辱的《辛丑条约》。八国联军除留一部常驻京津、津榆铁路线外，其余撤兵回国。

海兰泡惨案

海兰泡，原名孟家屯，位于黑龙江省爱辉县（今黑河市爱辉区）黑龙江北岸。1858 年，沙俄强迫中国签订《瑷珲条约》后割占，改名为布拉戈维申斯克。1900 年，义和团运动期间，沙俄派军队参加八国联军进攻京、津的同时，又单独大规模出兵入侵东三省，并不断迫害海兰泡的中国居民，迫使他们大批逃至瑷珲。同年 7 月 15 日，海兰泡俄军突然封锁黑龙江面；17 日，强令中国居民和商人数千人聚集江边。然后手持刀斧的俄军，屠杀手无寸铁的中国民众，除当场死亡者外，伤轻者被迫投江溺死，仅数十人游至江对岸瑷珲被救起。连续数天的屠杀，使中国被杀五千余人，这就是举世震惊的海兰泡惨案。

同盟会

1905 年 8 月 20 日，日本东京赤阪区霞关阪本金弥子爵的宅邸聚集了一批雄姿英发的革命志士，孙中山、黄兴、廖仲恺、宋教仁……中国第一个资产阶级的革命政党——中国同盟会在此成立。它是以兴中会和华兴会为基础，联络光复会成员组成的。在会上通过了孙中山起草的《同盟会宣言》《同盟会对外宣言》以及由黄兴等起草的《中国同盟会总章》。《总章》规定，同盟会总部设在东京，以孙中山在 1903 年提出的“驱除鞑虏，恢复中华，创立民国，平均地权”十六字政纲作为宗旨。会议选举了总部的主要干部。孙中山被一致推选为同盟会总理。总理之外设执行、评议、司法三部，黄兴被推举为执行部的庶务，汪精卫任评议长，司法部判事长为邓家彦，检事长为宋教仁。国内设东、西、南、北、中五个支部，省设分会；国外有南洋、欧洲、美洲和檀香山四个支部。

三民主义

1905 年 11 月，在同盟会机关刊物《民报》的发刊词中，孙中山把同盟会的纲领阐发为“民族”“民权”“民生”三大主义，简称为三民主义。民族主义就是“驱除鞑虏，恢复中华”，推翻清朝专制统治，反对民族压迫；民权主义即推翻君主专制政体，建立民国政府，这是三民主义的核心；民生主义即平均地权，就是国家核定地价，征收地租税，同时逐步向地主收买土地。之后，孙中山又提出“土地国有”政策。后来，中国国民党成立，把三民主义改造为“新三民主义”。

鉴湖女侠秋瑾

秋瑾字璿卿，别号鉴湖女侠，为我国杰出的女革命家。秋瑾自幼爱读书，工诗文，且习骑马击剑。她成年后，依父命嫁与湖南湘潭富绅子弟王廷钧，后为冲破封建家庭束缚，于1904年东渡日本留学，并加入反清革命组织，为同盟会浙江省主盟人。1906年初，秋瑾回国，在上海与易本羲等创办中国公学，安置留日回国学生，后往湖州浔溪女校任教。1907年1月14日，她在上海创办《中国女报》，以“开通风气，提倡女学，联感情，结团体，并为他日创设中国妇人协会之基础”为宗旨，仅出二期而止，旋至诸暨、义乌、金华、兰溪等地联络会党，计划响应萍浏醴起义，未果。继与徐锡麟分头准备于浙、皖两地同时举事。绍兴等地会党暴露目标，徐锡麟于7月6日仓促起义，刺杀安徽巡抚恩铭，被捕遇害。秋瑾亦受牵连入狱。绍兴知府贵福深夜提审秋瑾，她坚贞不屈，仅书“秋风秋雨愁煞人”七字以对。1907年7月15日凌晨，秋瑾就义于绍兴轩亭口。

黄花岗起义

同盟会成立以后，先后发动了萍浏醴等七次起义，都宣告失败。1910年11月，孙中山在槟榔屿（今属马来西亚）举行秘密会议，召集黄兴、赵声、胡汉民等人商议在广州再次起义。1911年1月，在香港成立了起义领导机关。由于中途事情变故，起义时间一再推迟，最后确定为4月27日。起义前，黄兴、林觉民等敢死队员写了绝命书，表示了誓死革命的决心。4 月 27 日，黄兴集合先锋队员 120 多人起义，进攻两广总督衙门。战斗进行得十分激烈。由于寡不敌众，起义最终宣告失败。同盟会牺牲的党员众多，其中有七十二人的忠骨葬于广州黄花岗，这就是黄花岗七十二烈士。这次起义也因此被称作黄花岗起义。

剪辫运动

自从 1645 年清廷颁布剃发令后，男子剃发蓄辫就成为满族贵族统治中国的重要象征，剪辫被视为叛逆。经过一场“留头不留发”和“留发不留头”的抗争后，以汉族的臣服而告终。鸦片战争后，经过中西风俗习惯的对比，人们才重新认识到二百余年来的蓄辫习惯不适应近代社会生活的需要，但还是少有贸然敢将发辫剪除者。随着一次次对外战争的失败，不思改革进取、顽固守旧的清政府威信愈降愈低。甲午惨败后，海外华侨为与当地社会同风俗，开始有剪辫行动。留学生归国后，带回了剪辫的风气。1903 年时，江南一带，青年学生剪辫者已不乏其人，且官方并不严禁，表明清政府统治的衰弱。但剪辫毕竟不合法，故遇有科举考试，应试者仍需戴上假发辫。而遇有革命党起事，清廷实行大搜捕，则民间倒霉者，首先是剪辫之人。随着 20 世纪初清政府各项改革措施的出台，蓄辫与一些新规矩的矛盾越来越大，开明派与顽固党为此较上了劲。1908 年慈禧死后，顽固党失去依恃，朝廷中形成一股赞同剪辫的势力，军队以鸣枪打仗不便为由开始剪发。1910 年 10 月 3 日，资政院（清政府在预备立宪中所设置的中央咨议机关）第一届常会开幕，一直开到 1911 年 1 月 11 日才闭会。开会不久，议员罗杰便提出了《剪辫易服与世大同》的议案，其后周震麟又提出《剪除辫发改良礼服》议案，两案以大多数议员赞同获得通过。此事如一声炸雷，使酝酿数年的剪辫运动风起云涌，席卷全国。

武昌起义

1911年（农历辛亥年），四川省保路运动日益扩大的同时，湖北的革命团体文学社、共进会等在同盟会的推动下，也在积极准备起义。起义的主要力量是倾向革命的新军。由于起义计划不慎泄露，10月10日晚，武昌城新军工程营的革命党人提前发动起义，各标营奋起响应，次日天明攻下湖广总督署，很快占领了武汉三镇，成立湖北军政府，强推原新军第二十一混成协统领黎元洪为军政府都督，传檄全省各州县一体反正，通告全国各省即起响应。武昌起义拉开了辛亥革命的序幕。

各省都督代表会议

武昌起义后，湖南、陕西、江西、山西、云南、上海、贵州、浙江等十余省（市）宣告独立。湖北和江浙军政府先后发出通电，请各省派出代表，商组中央临时政府。11月15日至12月29日，各省代表相继在上海、汉口、南京开会，决推湖北军政府代表中央临时政府，制定《中华民国临时政府组织大纲》，选举孙中山为临时大总统。

清王朝终结

武昌起义爆发后，清朝政府陷入了内外交困的境地。1911年11月，清廷被迫重新起用袁世凯为内阁总理来收拾局面。袁世凯陈兵长江，向革命党要挟议和，威胁孙中山让位，并挟制清帝退位。1912年2月12日，在袁世凯的威逼下，清王室不得不宣布皇帝退位。当时，宣统皇帝溥仪只有6岁，还不怎么懂事，所以根本不可能表达自己的观点，隆裕太后代其下了退位诏书。从此，中国的封建制度彻底结束了。清朝统治者自从 1644 年入主中原，经历了顺治、康熙、雍正、乾隆、嘉庆、道光、咸丰、同治、光绪、宣统十个皇帝的统治。1925 年 10 月，故宫博物院成立。

清朝

清朝（1636 年—1912 年），是中国历史上最后一个封建王朝，共计 276 年，一共经历十二帝。这一时期统一多民族的国家得到巩固和发展，并奠定了中国版图。清朝时期中国古代封建专制制度达到了高峰，其前期的农业和商业也很发达，人口众多，突破四亿大关。后期在遭遇列强入侵、政局动荡的形势下迅速衰落，结束了统治。

时代文化

四大镇

明清时期，景德镇、佛山镇、汉口镇、朱仙镇合称四大镇。它们都是以手工业和商业发达而闻名于世的。明代以来，景德镇制瓷业很发达，有官窑 58 座，民窑近千座。乾隆时，有“民窑二三百区，终岁烟火相望。工匠、人夫，不下数十余万，靡不借瓷资生”的记载。明代，佛山有规模较大的冶铁、铸铁业；清代，佛山的丝织业、棉染织业也有相当的规模。乾隆、嘉庆年间，商铺、市集、作坊如林，共有 622 条大小街巷。汉口镇更是交通要冲，商业经济以盐、当、米、木、花布、药材六行最大。朱仙镇自元代贾鲁河开通后，货运至此转陆运到达开封，商业繁盛。

钱庄

至清代乾隆时，钱庄已发展成具有相当规模的独立行业。早期钱庄均为独资或合伙组织，多由商人投资。乾隆时，大贵族和珅用银 60 万两，开银号十处。鸦片战争后，钱庄由买办投资，最初，经营不同货币间的兑换业务，进而经营放款、存款以及汇兑等业务。称为钱店的小钱庄，只经营兑换业务。钱庄营业区域一般在本地区，经营汇兑时，采取同业往来制，即委任异地同业办理汇解。钱庄放款对象主要是商业行号，也经手官款和官僚个人款项生息。鸦片战争后，钱庄接受外国银行贷款，转向为外国资本主义的进出口贸易调节资金，便于买办活动。清末，随着银行业的兴起，钱庄逐渐为银行取代。

票号

票号是一种以经营汇兑为主的信用机构，多数为山西人所经营，故亦称“山西票号”。专业票号的产生时间至迟在清道光初年。第一家专业票号为山西日升昌票庄。票号初期由商人投资，后有官僚、买办化商人等投资，经营业务有汇兑、存放款以及发行银票和买卖货物。票号承汇款项，开始时以民间款项为主，后转以官款为主。票号汇兑方式为分号往来制，即利用设在各地的分号，相互通汇，在无分号地方才经过他号。19 世纪中叶后，票号营业兴盛，国库、省库几乎全由票号经理。后由于户部银行，各省官银号经手官款生意以及外国银行的扩展，票号日渐衰落。辛亥革命后，因无法收回对清官僚的放款，票号受到严重打击而趋于消亡。

晋商

晋商成长于宋代。清初，晋商足迹不仅遍及全国，而且远达俄国与印度。后除经商外，晋商进而经营票号，经手官款，19 世纪后期，在汇兑业务上几乎处于独占地位。晋商分为若干小帮，经商的多为平阳、泽州和潞安府人，经营票号的则为平遥、太谷和祁县人。晋商于清末日渐衰落，但至 20 世纪三四十年代，仍与广东商人并称，有相当势力。

徽商

徽商萌发于东晋，成长于唐、宋，盛于明中叶至清乾隆年间。明代其活动已遍及全国，直至海外，成为仅次于晋商的主要地方商人集团。徽商经营范围很广，尤以食盐、典当、文具商为著名，其兴盛与食盐专卖的关系十分密切。清代，淮扬盐业几乎可以操纵全国金融。光绪时，上海、汉口的典当业，几乎都是由徽商做（掌柜）。清末虽日渐衰落，但仍有“无徽不成市”的说法。徽商出身的胡雪岩，成为能操纵江浙商业、垄断金融的大买办商人。国民党政府统治时期，徽商趋于衰落。

《大清律》

1647 年，清政府制定《大清律集解附例》，颁行全国。但这部法典无异于明律的翻版，有些规定与清初的社会现实完全脱节，经过康熙、雍正两朝，屡有增订。《大清律》于乾隆时重修，对原有律例逐条考正，折衷损益，于乾隆五年（1740 年）完成，定名《大清律例》，简称《大清律》。这部法典分为名例律、吏律、户律、礼律、兵律、刑律、工律 7 篇，律文 400 余条，附例 1400 余条，其附例在法律上占有优先的地位，有例照例，无例依律。《大清律》以“十恶”作为最重罪，还规定，凡三品以上官员革职拿问，不得使用刑夹，用刑亦须请旨，凡八议（亲、故、功、贤、能、勤、贵、宾）犯罪，一般都必须恭听圣裁。在量刑轻重、换刑、减刑、审判机关、监禁的处所等方面，《大清律》对于汉人和满人、官和民、良民和贱民的规定是不同的，满人享有司法特权。《大清律》集历代法典之大成，是中国封建社会最后一部成文法。

詹天佑和京张铁路

詹天佑，字眷诚，广东南海人，中国近代著名铁路工程师。1872 年，他以中国首批留学生赴美留学，1881 年毕业于耶鲁大学，获土木工科学士学位。回国后，他先后任教于福州船政局、广东博学馆、广东海图水陆师学堂。1888 年，他任中国铁路公司工程师，参与修筑津沽及关内外铁路。1905 年至 1909 年，他以总工程师身份主持修建京（北京）张（张家口）铁路，也就是我国自建的第一条铁路建造时，采用新工程技术，减少缩短了工程数量和工期，并培养了我国第一批铁路工程师。民国成立后，詹天佑历任交通部技监、汉粤川铁路督办、交通部铁路技术委员。1919 年他奉派参加协约国西伯利亚铁路监管会，任技术部中国代表。著有《铁路名词表》《京张铁路工程纪略》。

中国第一枚邮票的诞生与“大清邮政”的开办

清代邮政一开始是由海关试办的。1878 年，即海关试办邮政的当年，印行了中国第一套以“江山云龙”为图案的普通邮票——大龙邮票。大龙邮票每套三枚，以银两为面值单位，有 1 分银、3 分银和 5 分银三种。这就是中国第一枚（套）邮票。1885 年起接着又发行了小龙邮票。1894 年 11 月为慈禧太后的六十寿辰发行了中国第一套纪念邮票，俗称“万寿票”，全套 9 枚，图案各不相同，面值为 1 分银到 2 钱 4 分银。1896 年 3 月 20 日，清政府正式开办“大清邮政”，历代发展起来的驿站制度逐渐衰败。1913 年 1 月，北洋政府宣布将驿站全部裁撤。

徽班进京与京剧形成

乾隆五十五年（1790 年），扬州“三庆”徽班进京，应召为乾隆帝八十寿辰大典演出，以其新奇多彩的剧目、唱腔、表演独步京师剧坛。不久，四喜、春台、和春三个徽班相继入京。这就是 18 世纪末中国戏剧史上有名的“四大徽班”进京。徽班兼收并蓄，实力雄厚，在京风靡一时。到嘉庆、道光年间，与湖北汉调艺人合作，相互影响，又接受了昆腔、秦腔的部分剧目、曲调和表演方法，并吸收了一些民间曲调，融合、演变、发展而成为京剧。京剧音乐基本上是板腔体，唱腔以徽调的二黄和汉调的西皮为主，旧时也称“皮黄”；表演上歌、舞、乐、白并重，动作多虚拟，念白讲求节奏感与音乐性，是戏曲“唱做念打”有机结合的艺术典范，对清后期各地剧种影响很大。流行全国至今已有二百余年，被国人尊称为“国剧”，被世界公认为东方最优美的戏剧艺术。

扬州八怪

“扬州八怪”是清代乾隆年间扬州地区画坛上出现的一群敢于革新变法、讲究意趣和特立独行的画家。“扬州八怪”最典型的说法有八人，他们是郑燮、金农、黄慎、李鱓、李方膺、汪士慎、高翔、罗聘。他们的思想情趣、艺术手法，虽然各有特点，但都反对模仿抄袭古人、矫揉造作，而主张流露真情，自成蹊径。他们在政治上都不同程度地表现出不满现实、傲岸不驯的特点。画坛的正统派认为他们“怪”“偏”，所以有“扬州八怪”之称。这是清代重要的画派，对后世起着积极的影响。“八怪”中的代表人物郑燮也就是著名的郑板桥。

八大山人

八大山人，本姓朱，小名耷，谱名朱统銮，明宗室宁王朱权后裔。因祖上封藩南昌，故称南昌人。明亡后他曾出家为僧，又当道士，在南昌建青云谱道院。他别号甚多，到59岁始用“八大山人”这一别号，即以此号名满天下，由神州大地而遍及全世界。他擅画水墨花卉禽鸟，笔墨简括凝练。画鸟只画一足，画眼则眼珠向上，所谓“白眼看青天”，以寓其胸中不平之气。他的山水画多为残山剩水，一片荒凉，深深寄托他的亡国之痛。他用署款“八大山人”，联缀似“哭之”或“笑之”的字样，以表达故国沦亡、哭笑不得的心情。为了避免政治迫害，曾经装哑巴，在门上贴一个大“哑”字，不与人语，哭笑无常，好酒似颠，布袍烂鞋，以书画自娱。

黄宗羲及其思想

黄宗羲，字太冲，号南雷，又号黎洲，世称黎洲先生，浙江余姚人。他的主要著作有《明儒学案》《宋元学案》和《明夷待访录》等。黄宗羲激烈反对君主专制制度，他还进一步批判了封建专制主义的法制。他指出，专制帝王的法，是为了保护他们自己的统治而制定的，因而是非法的。黄宗羲主张提高宰相的权力以分君主的权势。同时，为了限制君主的胡作非为，他还主张扩大学校的职权，加强学校的舆论力量。他的《明夷待访录》大胆揭露了封建君主专制的毒害，清乾隆间列为禁书，对清末民主思想的兴起颇有影响。

顾炎武及其思想

顾炎武，字宁人，号亭林，世称亭林先生。江苏昆山人。著有《日知录》《天下郡国利病书》《音学五书》《肇域志》《亭林诗文集》等。其中《天下郡国利病书》和《肇域志》是他在地理学上的代表作；《日知录》系读书札记，为其一生精力所注，以“明道”“救世”为宗旨，包括作者全部学术政治思想，不少论述，切中时弊。顾炎武反对唯心主义理学，提出“盈天地之间者气也”的命题，认为没有脱离物质而独立存在的精神。他反对脱离实际的“心学”，提倡“经世致用”。他反对君主专制，提出“天下兴亡，匹夫有责”，主张“众治”，反对“独治”。

唯物主义思想家王夫之

王夫之，字而农，号姜斋，湖南衡阳人，因晚年隐居在衡阳曲兰的石船山麓，世称船山先生。他的著作很多，主要的有《张子正蒙注》《周易外传》《读四书大全说》《黄书》《读通鉴论》和《宋论》等。王夫之是中国17世纪杰出的唯物主义思想家。他在宇宙观方面，认为宇宙万物是由物质性的气构成的，整个宇宙充满了这种物质性的气。在理气关系的问题上，王夫之提出“理在气中”，批判了宋明理学家的“理在气先”和“心外无物”等各种唯心主义的谬论。王夫之还批判了宋明理学提倡的“去人欲，存天理”的唯心主义道德观，提出“天理”即在“人欲”之中，主张满足人的物质要求。王夫之与黄宗羲、顾炎武是清初思想界出现的三大家，被尊称为“三先生”。

魏源与《海国图志》

魏源，字默深，湖南邵阳人，道光进士，曾任内阁中书，著名的思想家、史学家。魏源曾受林则徐嘱托，据《四洲志》译稿及中外文献资料，编成《海国图志》。该书叙述世界各国的地理分布和历史政情，分析鸦片战争经验教训，探求富国强兵抵御外侮之道；主张学习西方科学技术，“师夷长技以制夷”；热情歌颂广东三元里人民的抗英业绩，谴责投降派“夷兵不可敌”的卖国论及顽固派视坚船利炮为“奇技淫巧”的昏愦；提醒人们在警惕“英吉利蚕食东南”之时，勿忘“鄂（俄）罗斯兼并西北”之野心。此外，魏源斥责宋明理学为“俗学”“庸儒”，批评汉学（考据学）锢天下聪明智慧，宣传今胜于古，变古愈尽，便民愈甚。其历史进化观点与要求变革的思想，成为近代中国资产阶级改良思想的前驱先路。他的著述还有《圣武记》《古微堂集》《元史新编》《老子本义》等。

蒲松龄及其《聊斋志异》

蒲松龄，字留仙、剑臣，别号柳泉居士，山东淄川人，清初著名的小说家。他屡试不中，到处碰壁，穷困一生，只能以教书授徒为业。因此，他对清朝的黑暗统治有较深的感受。为了发泄自己的不满，在清朝文化统治的高压下，他借妖狐鬼怪的故事，写了一部短篇小说集——《聊斋志异》。《聊斋志异》文笔流畅，语言简洁而生动，富有浪漫主义色彩，几百字的短文，能使故事情节波澜起伏，引人入胜。其实质是借花妖狐鬼之形，影射封建社会的黑暗腐败，发泄作者愤世嫉俗的思想感情。

词人纳兰性德

纳兰性德，原名成德，后改性德，字容若，号楞伽山人，满洲正黄旗人，为康熙宠臣大学士明珠长子，康熙十五年（1676）成进士，后一直为康熙侍卫。纳兰性德自幼聪慧好学，长而博通经史，尤好填词，才华照人，气质上深受汉文化的影响，是清初负有盛名的一位满族大词人。其所作《侧帽词》《饮水词》，风格清新婉丽、抒情真挚，描写生动自然，不事雕琢，只是情调过于感伤。他又工诗文，今存《通志堂集》包括赋一卷，诗四卷，经解序跋三卷，序、记、书一卷，杂文一卷，《渌水亭杂识》四卷。此外，他还编刻过《大易集义粹言》《词韵正略》《今词初集》《通志堂经解》等书。

吴敬梓及其《儒林外史》

吴敬梓，字敏轩，晚年号文木，安徽全椒人。他所写的《儒林外史》，是我国一部优秀的古典讽刺小说。该作品以批判、抨击封建科举制度为中心，对追求功名富贵的各种类型的封建儒生和贪官污吏的丑恶面目作了无情的暴露。在他笔下，“儒林”围绕功名富贵而互相勾结、吹捧、敲诈，礼、义、廉、耻等封建道德一概“绝灭”。这部作品还描写了当时地主与农民生活的两极分化和对立，对封建官僚宣传的“太平盛世”作了绝妙的讽刺。此外，它还有力地揭露和批判了封建礼教的吃人本质，并对下层市民深寄希望和同情，这在当时历史条件下是有进步意义的。

曹雪芹及其《红楼梦》

曹雪芹，名霑，号雪芹。其先世原为汉人，清军入关前入了满洲正白旗籍。他祖上三代世袭江宁织造的肥缺，是一个受到康熙帝特别赏识的贵族世家。后来他家被抄，移居北京西郊，他本人穷困潦倒，连饭都吃不上。曹雪芹就是在这种情况下开始写作《红楼梦》的。《红楼梦》初名《石头记》，成书于18世纪，是一部杰出的古典长篇小说。全书一百二十回，前八十回为曹雪芹所作，后四十回是高鹗续写的。曹雪芹在《红楼梦》里，以描述贾宝玉、林黛玉的爱情悲剧故事为中心，联系着广阔的社会背景，具体解剖了贾府这个贵族家庭由盛而衰的历史过程及原因，揭露了封建社会后期的种种黑暗和罪恶以及不可克服的内在矛盾，向人们揭示了封建社会必定灭亡的历史规律。作者通过描写贾府封建家族内部的尔虞我诈、钩心斗角及其骄奢淫逸的生活，无情地批判了封建的伦理道德、礼制法规的虚伪和反动性。对于残酷的阶级压迫和剥削，作者也揭露得比较深刻。

红学

红学是研究《红楼梦》及其作者的学问。“红学”一词，最早见于清代李放的《八旗画录》中的一条小注：“光绪初，京朝士大夫尤喜读书之，自相矜为‘红学’云。”可见《红楼梦》在当时就有了很大的影响。二百多年来，红学产生了许多流派，有评点、评论、题咏、索隐、考证等。以考证派代表作——胡适的《红楼梦考证》的出现为界，一般又划分为旧红学和新红学。旧红学比较重要的流派是评点派和索隐派。评点派主要采用圈点等形式，对《红楼梦》进行评点。索隐派盛行于清末民初，主要是用历史上或传闻中的人和事，去比附《红楼梦》中的人物和故事。新红学的考证派则注重搜集有关《红楼梦》作者家世、生平的史料和对版本的考证。

京师大学堂

京师大学堂是中国近代第一所国立大学。创立于光绪二十四年（1898 年），是戊戌变法的“新政”措施之一，目的是为变法培养人才。主要招收官僚子弟及各省中学堂毕业的学生入学。变法失败后，京师大学堂却保留了下来，1902 年，京师大学设立了预备科（包括政科、艺科）和速成科（仕学馆、师范馆），1903 年又增设了进士馆、译学馆、医学实业馆。1910 年，京师大学发展有经、法、文、格致、农、工、商七科。1912 年，京师大学改名为北京大学。与此同时，清政府于光绪三十一年（1905 年）废除了科举制，推行学校教育。

《读史方舆纪要》

《读史方舆纪要》编著者顾祖禹，字景范，江苏无锡人，是明末清初著名的历史地理学家，也是一个具有民族气节的爱国学者。他从

29岁开始写《读史方舆纪要》，前后历20年，十易草稿，一直到50岁时才完成全书。该书规模宏大、内容丰富，着重考订古今郡县的因革变迁，详列山川险要、形势利害，共280余万字。全书分为四个部分：第一部分记载从唐虞三代、春秋战国直到明代的政治区划和沿革。第二部分以明代两京（直隶、江南）、十三布政司（山东、山西、河南、陕西、四川、湖广、江西、浙江、福建、广东、广西、云南、贵州）的行政区划为单位，分别叙述各地的情况，各有概论形势的总序一篇，下按府、州、县排列，次第叙述所辖境内的城镇、山川、关隘、桥梁、驿站等等。这是全书的主要部分。第三部分采录历代地理书中对于山川、江河的记载。第四部分列出历代史志中关于各地星宿分野的说法。书后附有《舆图要览》四卷，用图表说明自京师到各省、边疆漕运以及海洋等的情况。该书收录地名在三万条以上，是一部具有较高学术价值的历史地理名著，自清以来，始终盛行不衰，至今仍为我们所利用，是学习研究历史地理的必读参考书。

《四库全书》

从乾隆三十八年（1773年）到乾隆四十七年（1782年），清政府选派纪昀等360余人编辑《四库全书》。《四库全书》分经、史、子、集四大类，各类又分许多子目，检阅比较方便。这套大型丛书，共收录书籍3400余种，装订成36000余册。书的来源可分两部分，一是清廷的内府藏本，一是收集各省的民间私藏本。成书之后，抄录七部，分藏于北京的文渊阁（在紫禁城东南角文华殿后）、文源阁（圆明园中），承德避暑山庄的文津阁，沈阳故宫的文溯阁，江苏扬州大观堂的文汇阁，镇江金山寺的文宗阁，杭州西湖孤山的文澜阁。七阁之中，文源阁在咸丰十年（1860年）为英法联军焚毁，文汇阁在咸丰四年

（1854年）焚毁，文宗阁在咸丰三年焚毁，文澜阁在咸丰十年倒塌，书多有失。《四库全书》是中国最大的一部丛书，其中保存了许多珍贵的文献资料。但清政府在修《四库全书》的过程中，曾大量销毁和删改旧书，使文化遗产遭到了大破坏。

《弟子规》

《弟子规》初名《训蒙文》，清康熙年间由山西学者李毓秀（字子潜）编写而成，后经山西平阳儒生贾存仁（字木斋）修订而更名为《弟子规》。它以孔子《论语·学而》中“弟子入则孝，出则悌，谨而信，泛爱众，而亲仁，行有余力，则以学文”为总纲，分为五节，各选择《论语》《孟子》《礼记》《孝经》和朱熹语录纂辑而成。该书主要讲述处世做人的道理，其中对待人接物、侍奉父母、尊重师长、生活起居等各方面都有明确的叙述。它是对童蒙进行学习指导和品德修养的启蒙读物。它仿《三字经》体例，三言韵语，通畅可读，便于背诵记忆。几百年来，《弟子规》在城乡私塾列为必读之书，广为流传。

避暑山庄

避暑山庄位于河北承德北部四周峰峦起伏的山谷平地上，康熙四十二年（1703年）兴建，乾隆五十五年（1790年）全部工程完竣，占地564万平方米，有宫殿楼台、庭园阁榭、寺院庙宇等120多处，原称热河行宫，因正门有康熙帝所题“避暑山庄”，故又得其名。山庄大部分建筑不施彩绘，不用琉璃瓦，显得古朴淡雅，园中堆筑吸收江南塞北奇异景致，颇具自然山水本色。当时，康熙帝、乾隆帝每逢夏秋两季常居于此，处理朝政，时间往往长达五六个月。

紫禁城

皇帝自称天子。相传天帝居紫微星垣，众星环绕，所以天子居处便称作“紫微禁地”，皇宫则叫作“紫禁城”。紫禁城在明永乐十八年（1420 年）建成后，又经明清两代多次修缮扩建。禁地由城墙环绕，高 7.9 米，顶面宽 6.66 米，顶外侧筑堞，城垣四隅各立角楼。四门建于坚厚的墩台中，上有城门楼。城东、西、北外侧有守卫房 732 间，设朱车栅栏 28 处，守卫房外有护城河，宽 52 米，深 6 米。紫禁城外围有皇城，皇城之外又有内城，再外面又有外城拱卫。各城层层叠套，箭楼炮台林立，并有御林军驻守，构成严密的防卫体系。

沈阳故宫

沈阳故宫在沈阳市旧城中心，又名盛京宫阙，为清初皇宫，清入关后称奉天行宫。清太宗皇太极在此秉政，清世祖福临 1644 年（顺治元年）在此即帝位。沈阳故宫始建于后金天命十年（1625 年），清崇德元年（1636 年）基本建成，乾隆、嘉庆时又有增建。全部建筑有十多个院落，三百多间房屋，占地面积六万多平方米。四周以高大宫墙环绕，宫内以崇政殿为中心，由大清门至清宁宫组成一条中轴线，将全宫分为东、中、西三路。东路以东政殿为中心，辅以左右翼王亭和八旗亭，是皇太极举行大典和八旗王公办公之地。中路是整个故宫建筑的主体，正殿为崇政殿，为皇太极日常理政和朝会之所。西路以文溯阁为中心，配以仰熙斋、嘉荫堂，是收藏《四库全书》和供皇帝读书的场所。沈阳故宫既有明代汉族宫殿的特色，又有满族的民族风格。整个建筑楼阁耸立，殿宇巍峨，宏丽壮观，是我国现存仅次于北京故宫（紫禁城）的最完整的皇宫建筑。

学者评述

清朝对祖国统一事业的贡献，不是脱离明朝的基础，而是在明朝的基础上进一步实现的，它使祖国的版图进一步确定和巩固起来。中国的版图，基本上就是那个时期的版图。清朝对这方面作出主要贡献的是康熙皇帝和乾隆皇帝。

——吕振羽

清之盛，唯康熙、雍正、乾隆三朝；嘉、道而下，国祚衰矣。满人既主中夏，为帝王者，自必习中国之文学。康熙诸帝，尤精力过人而事博涉。

——柳诒徵

清代中央集权之所以强化，一个原因是经过训练的皇帝具有丰富的统治经验。明代洪熙之后的皇帝，几乎是白痴，不谙政事，不理朝政，或者刚愎自用，以至亡国；清朝不然，多数皇帝都是经过特种训练的，而且有一套培养办法。

——郑天挺

一个朝代的出现，必然有其剧烈复杂的时代背景。清朝之崛兴，是怎样的呢？用一句话来概括是两个字——“乱世”。所谓“乱世”，就是社会上的各个阶层、各个派别、各个地域的利益，处于三百年一遇的大分裂、大震荡、大争夺、大重组、大调整、大变革的陵谷隆替之期。其时，全辽地域主要有四大政治——民族利益集团：南为大明、东为朝鲜、西为蒙古、北为女真。各大利益集团之间及其内部，纵横捭阖，明争暗斗，历史又到了一个充满劫难的乱世。

——阎崇年

满族崛起的最为重要的因素在于精神力量。一支充满朝气，奋发向上的满族，托起了民族的脊梁，艰苦拼搏，百折不挠，以少胜多，以弱胜强，直至创建全国政权，精神力量是不可或缺的根本因素。

——戴逸

清朝武力强盛，在明帝国基础上，开拓了广大的疆域，在征服汉族前后，也征服了其他许多民族……

——范文澜

第三个黄金时代的最伟大的成就，在于满洲人的清政府为中国开辟了广袤的疆土。东西汉两个王朝和唐王朝都曾为中国增加了一百七十万平方公里的面积，但不久就失去。而清政府为中国增加的领土，超过从明王朝承袭下来的中国领土的四倍。

——柏杨

清朝帝王世系图

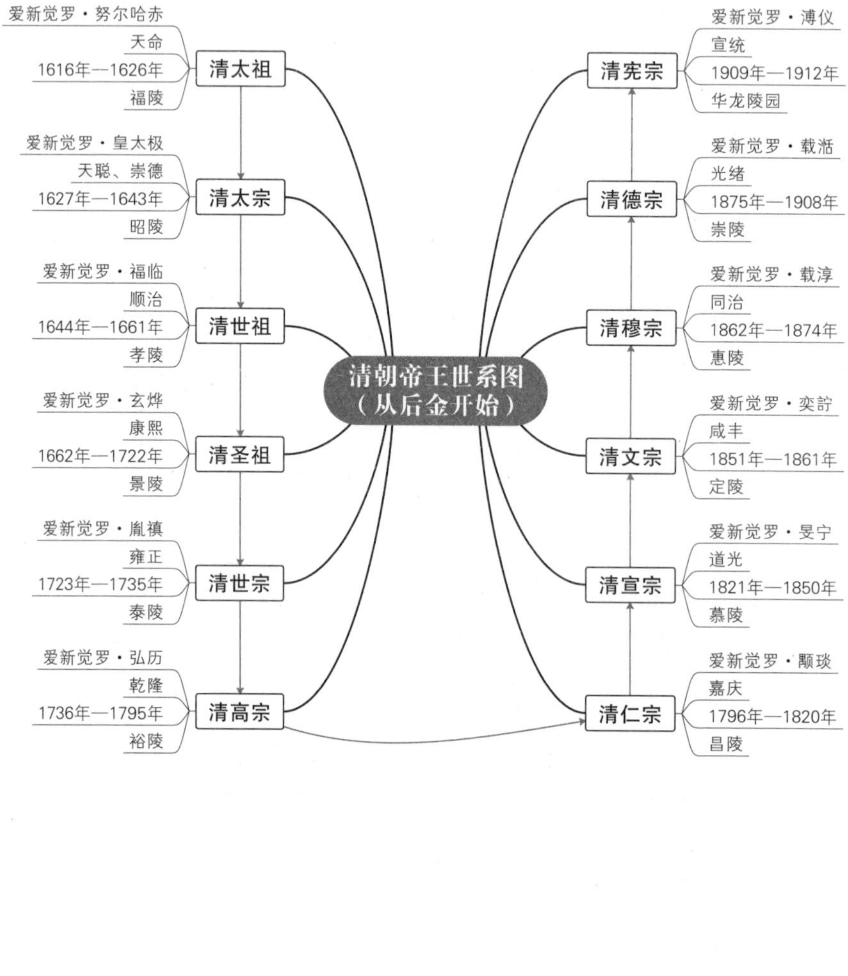

清朝帝王世系图（从后金开始）
清太祖
爱新觉罗・努尔哈赤
天命
1616年—1626年
福陵
清太宗
爱新觉罗・皇太极
天聪、崇德
1627年—1643年
昭陵
清世祖
爱新觉罗・福临
顺治
1644年—1661年
孝陵
清圣祖
爱新觉罗・玄烨
康熙
1662年—1722年
景陵
清世宗
爱新觉罗・胤禛
雍正
1723年—1735年
泰陵
清高宗
爱新觉罗・弘历
乾隆
1736年—1795年
裕陵
清仁宗
爱新觉罗・颙琰
嘉庆
1796年—1820年
昌陵
清宣宗
爱新觉罗・旻宁
道光
1821年—1850年
慕陵
清文宗
爱新觉罗・奕詝
咸丰
1851年—1861年
定陵
清穆宗
爱新觉罗・载淳
同治
1862年—1874年
惠陵
清德宗
爱新觉罗・载湉
光绪
1875年—1908年
崇陵
清宪宗
爱新觉罗・溥仪
宣统
1909年—1912年
华龙陵园